U0541607

黎东方
作品

细说元朝

黎东方 著

2019年·北京

本书简体中文版权由传记文学出版社股份有限公司,经北京麦士达版权代理有限公司,授予商务印书馆及其子公司北京涵芬楼文化传播有限公司独家出版发行,非经书面同意,不得以任何形式任意重制转载。本书限于中国大陆发行。

涵芬楼文化 出品

目 录

自序　　　　　　　　　　　　　　　　001

一　源远流长　　　　　　　　　　　　001
二　寡妇孤儿　　　　　　　　　　　　015
三　失妻，夺回　　　　　　　　　　　020
四　盟兄分手　　　　　　　　　　　　023
五　义父信谗　　　　　　　　　　　　029
六　吞并南部乃蛮　　　　　　　　　　032
七　吞并北部乃蛮　　　　　　　　　　035
八　受推为"成吉思可汗"　　　　　　 037
九　组织雏形的帝国政府　　　　　　　042
一〇　讨伐西夏　　　　　　　　　　　046
一一　受畏吾儿之降　　　　　　　　　053
一二　受斡亦剌惕等部之降　　　　　　058
一三　囊括西辽旧壤　　　　　　　　　060
一四　消灭花剌子模　　　　　　　　　065
一五　击溃钦察人与俄罗斯人　　　　　071
一六　伐金　　　　　　　　　　　　　075
一七　灭金　　　　　　　　　　　　　091
一八　金宋之间　　　　　　　　　　　102

一九	宋与蒙古之间	106
二〇	蒙古汉军	121
二一	成吉思可汗的遗产	123
二二	窝阔台、贵由、蒙哥三个可汗得位的经过	128
二三	与忽必烈争夺可汗大位的四个人	133
二四	海都对铁穆耳可汗也不承认	139
二五	硕德八剌以后八个可汗的继位纠纷	141
二六	蒙古可汗与元朝皇帝的名单	142
二七	耶律楚材	144
二八	耶律铸、察罕、字鲁合	152
二九	王文统	154
三〇	姚枢	157
三一	阿合马	160
三二	卢世荣	168
三三	桑哥	172
三四	完泽	177
三五	脱虎脱	178
三六	六部	180
三七	中央的其他机构	183
三八	行省	184
三九	达鲁花赤	191
四〇	路、府、州、县	192
四一	其他的地方机构	199
四二	四大汗国	200
四三	马可·波罗	202
四四	南方民众的反抗	209

四五	宋末诸儒	211
四六	经学	215
四七	史学	217
四八	文学	221
四九	成宗铁穆耳	228
五〇	武宗海山	233
五一	仁宗爱育黎拔力八达	237
五二	英宗硕德八剌	241
五三	泰定帝也孙铁木儿	243
五四	文宗图帖睦尔	246
五五	惠宗（顺帝）妥懽帖睦尔	251

自 序

元朝的历史最难读，也最难写、最难细说。

谢谢《新生报》王社长、童副总编辑，与有关的几位先生，他们勉励我闯这一关。

我在闯关的中途，生了一场大病，幸亏有丁农、田可高、林克炤三位医士与几位亲友救了我。病后，我未敢等待健康完全复原，便鼓起余勇，把这关闯完。

闯完了关以后，我又把若干章彻底改编了一下，让单行本比连载的原稿眉目清楚一些。

每一种断代史，都是终生研究也研究不完的，而元朝这一代尤其是如此。这一部《细说元朝》只不过是我个人关于元朝的研究的开端而已，同时也算是贡献给未来的同好之士一种铺路工作。

在我以前，柯绍忞与屠寄，以及钱大昕、沈曾植与王静安先生，姚从吾与札齐斯钦两位教授，法德日美的若干蒙古史专家，也曾经为我铺了路。

现在，我又得暂时放下元朝，准备我的次一工作，《细说宋朝》了。

一　源远流长

"蒙古"这一个名词，蒙文的字义，并不是彭大雅所说的"银"(《黑鞑事略》)，也不是萧特所说的"勇士"(《大英百科全书》，"Mongols"条)，而是"永恒的河"。首先做如此解释的，是札齐斯钦教授（姚译《蒙古秘史》第五十二节附注）。

我以为这"永恒的河"不仅仅是预祝幸运的部落之名。它确有所指，而所指的是"蒙兀室韦"之北的"望建河"。"望"字的古音从"m"，不从"w"。今天的上海话，仍把"望"读成"芒"，去声。"建"字的古音，从"k"或出气的"g"，不从"jh"。今天的台湾话，仍把"建"读成"给因"，去声。

望建河与蒙兀室韦，见于《旧唐书·室韦传》。看《室韦传》的口气，很像是把整个的黑龙江都称为望建河。"永恒的河"四字，黑龙江自然是当之无愧。即使我们追步津田左右吉与王静安（国维）先生的后尘，用严格的标准检讨《室韦传》，说它的作者误于传闻，事实上望建河并非整个黑龙江，而是黑龙江上游的一支：源出俱轮泊（呼伦泊）的额尔古讷河。然而，这额尔古讷河从呼伦泊流到与石勒喀河汇合而成黑龙江之处，也够宽够长，够得上称为"永恒的河"。

蒙兀室韦，只是室韦的若干部落之一。与蒙兀室韦夹望建河而对峙的，有"落俎室韦"。在他们的西边，有"大室韦"。"大室韦"的西边，有"东室韦"。东室韦的西边，有西室韦。西室韦的西南边，是呼伦泊。呼伦泊的西南，有葛塞支部落、移塞没部落、乌素固部落。乌素固部落与当时的回纥相邻接。此外，在柳城（热河朝阳）的东北，直至大兴安岭的山麓，也都有若干室韦部落。

这些室韦部落，在汉朝不曾有人说过，很像是到了北魏之时，才突如其来、出现于今日的内蒙古自治区境内和辽宁省东部。事实上，他们的祖先，早就生活繁衍于这个区域了。"室韦"二字，依照法国汉学家伯希和（Paul Pelliot）的看法，与"鲜卑"二字同音同义，是一个名词的两种译法。

鲜卑这一个名称，常被汉朝以后的史家滥用，因此而兼指了很多的部族与部落。真正的鲜卑，只是东胡的西支。他们的领袖檀石槐，于东汉桓帝之时成为"东却夫馀，西击乌孙，尽据匈奴故地"的霸主。檀石槐死于灵帝光和年间（公元178-183年），传位给儿子和连。和连死后，和连的侄儿魁头继位。其后，和连的儿子骞曼与魁头争位，鲜卑因而中衰。魁头死后，魁头的弟弟步度根，与鲜卑的另一新兴领袖轲比能分据东西，而轲比能的势力较大。

两晋南北朝时期的慕容氏、拓跋氏、宇文氏、乞伏氏、秃发氏，皆被称为鲜卑。慕容氏之为鲜卑，没有什么问题。拓跋氏，伯希和以为是在语言上属于突厥语系，然而他所据以判断的拓跋氏词汇极少，因此他的说法迄今仍未成为学术界的定论。我们姑且仍依《魏书》，把拓跋氏认作鲜卑。宇文氏呢，曾经被称为"乌丸鲜卑"，显然就是乌桓，属于东胡的东支，与女真满洲相近。乞伏氏起家陇右，秃发氏发迹河西，这两氏是否是鲜卑，亦成问题。秃发氏又似乎与拓跋氏本为一家，如果拓跋氏是鲜卑，秃发氏便可能也是鲜卑了。

室韦的名称，最初见于魏收的《魏书》，写作"失韦"。魏收说，失韦人的语言，和库莫、奚、契丹、豆莫娄等国的人相同。唐朝李延寿编《北史》，把失韦改写为室韦，补充了一些部落的名称，并且说，"盖契丹之类，其南者为契丹，在北者号为室韦"。五代后晋的刘昫编《旧唐书》，把部落的名称增加了很多，其中的一个便是望建河之南的蒙兀室韦。

薛居正的《旧五代史》，说契丹在唐僖宗之时出了一位国王，名叫沁丹。此人"乘中原多故，北边无备，遂残食诸郡，达靼、奚、室韦之属，咸被驱役"。这一位沁丹，是辽太祖以前的契丹领袖。辽太祖耶律阿保机对室韦各部落颇用了几次兵。就大体来说，室韦各部落对契丹的帝室相当服从。

脱脱所主修的《辽史》，成于元朝末年。当时的史臣很讳言元朝祖先对辽的关系，他们只在道宗本纪留下了两条"萌古国遣使来聘"。一条在道宗太康十年二月，一条在同年三月（宋神宗元丰六年，1083年）。道宗的继位者天祚皇帝受女真打击，常得"谟葛失"援助。这谟葛失三字很像是人名，其实，"谟葛"是"蒙兀"与"萌古"的异写，"失"与《旧唐书·突厥传》的"设"相同，意思是君长。

谟葛失一面援助辽朝的天祚皇帝，一面也和新兴的女真建立友好关系。《金史·太祖本纪》说，"天辅六年五月，谟葛失遣其子菹尼括失贡方物"。天辅六年相当于辽朝天祚皇帝的保大二年，宋朝的徽宗宣和四年，公元1122年。

这位菹尼括失，我们在现有的蒙古史料之中找不出来。应该详细记载蒙古及其帝室先世的《金史》，把金对蒙古和战的事闪烁其词。这不怪职司记载的金之史臣，而该怪写定《金史》的元之史臣。《金史·章宗本纪》，提起了"北边"的军事，而并不说明"北边"的敌人是谁，只一度说出带兵官移剌睹等为"广吉剌部兵所败，死之"。王静安先生说，这广吉剌部便是《元朝秘史》之中的"翁吉剌"，《元史》之中的"弘吉剌"。

蒙兀室韦在金朝的时候已经发展为一大部族，被政府称为"萌骨部族"。室韦的其他部落，先后遭受辽金两朝的政府打击或吸收，多数不再被人提起。

蒙兀部族及其血统相近的人向南延伸，到达了呼伦泊、贝尔泊、喀尔喀河（合塔斤族及撒勒只兀惕族）；向西延伸，到达了斡难（鄂嫩）河

一 源远流长

与克鲁伦河的河源（孛儿只斤族）；向西北延伸，到达了贝加尔湖沿岸（篾儿乞惕族与瓦剌族）；向西南延伸，到达了阴山山脉之北（汪古族）。

蒙兀人何以能够起来得如此之快，是历史上的一个谜。他们的子弟参加了金朝政府的乣军（称为"萌骨乣"），可说是转弱为强的原因之一。不过，十几个其他的部族也参加了乣军。蒙兀人的发祥地，比起其他的室韦部落，是除了落俎室韦以外，离开辽金二朝的中央政府所在地可谓最远，因此而遭受打击的机会较少，于是休养生息，形成一个大国。

这个新兴的大国，虽则在金太宗天会七年（1125年）"举部降金"，却在十七年以后，使得金朝政府为其所"困"（《宋史·洪皓传》）。到了金世宗金章宗之时，政府的大军便不得不一而再再而三有事于"北边"了。大定七年（1167年），负责征剿萌骨的是移剌子敬；大定十年与十一年（1170年与1171年），是（完颜）宗叙；大定十七年（1177年），是宗颜觌古；明昌六年（1195年）至承安三年（1198年）是夹谷清臣、右丞相（完颜）襄与（完颜）宗浩。移剌子敬、（完颜）宗叙、宗颜觌古，这三人和蒙兀部族的何人交手，无考。夹谷清臣的对手方，据王静安先生考证，是呼伦泊之东的合塔斤族与撒勒只兀惕族。右丞相（完颜）襄的对手方，本是蒙兀的某一氏族，却因偏军被阻鞑靼（鞑靼）所包围，于是改向鞑靼进攻，追他们追到了呼伦泊西北三百多里的斡里札河（乌里杂河）。（完颜）宗浩的对手方，是广吉剌（翁吉剌）部长忒里虎、合底忻（合塔斤）部长白古带、山只昆（撒勒只兀惕）部长胡必剌。白古带与胡必剌均向（完颜）宗浩屈服。胡必剌告诉宗浩说，在他的山只昆部之中，有"必烈土"，住在移米河（伊敏河），"不肯偕降，乞讨之"。王静安先生以为这必烈土便是《蒙古秘史》之中的"别勒古讷惕"。所谓别勒古讷惕，原为朵奔·篾儿干第二个儿子别勒古讷台的后代，正如成吉思可汗是朵奔·篾儿干第五个儿子孛端察儿的后代。

有人说，孛端察儿不是朵奔·篾儿干的第五个儿子，而是朵奔·篾儿干第三个儿子。又有人说，孛端察儿根本不是朵奔·篾儿干的儿子，而是他的寡妇阿兰美人与"一道白光"之神所生的儿子。

孛端察儿在成吉思可汗的祖先之中，占有承前启后的地位。在孛以前，有过十二代；在孛以后，也有过十二代。从第一代的祖先，名叫"苍狼"的数起，数到第二十五代，便是成吉思可汗，而孛恰好是第十三代。

苍狼的名字，在明朝初年被人从蒙古话译成北京话写作孛儿帖·赤那（《蒙古秘史》）；在清朝初年又被人写作博尔忒·漆诺（《蒙古世系谱》）。

《新元史》的作者柯绍忞，比起《元史》的主编人宋濂，也是略逊一筹。宋濂懂得孔子"断自唐虞"的大手法，把成吉思可汗的祖先只从孛端察儿讲起。柯绍忞有了《蒙古秘史》作为参考，本有把历史向上推的权力，却不该盲目地抄袭波斯人拉施特的《史集》，说"蒙古之先，出于突厥"。这与《蒙古世系谱》的著者把成吉思可汗的祖宗说成印度人，同样荒谬。

《蒙古秘史》是一部极好的史料，而其中的问题极多。能研究这些问题的一个或若干个，便足够资格受博士学位。我有一位美国朋友约翰·史屈特，便是因研究了《蒙古秘史》写成时的蒙文文法，而获得博士学位，并且进一步执教于威斯康星大学的。此外又有一人，因研究明初《蒙古秘史》的汉文音译，说出当时汉字的读音，也得了博士而在另一个州立大学教书。

《蒙古秘史》的第一段，据明初译本，是说苍狼与白鹿先渡过"腾汲思湖"，才来到斡难河源头的不儿罕山。这"腾汲思湖"指的是什么湖？就是一篇博士论文的好题目。原来在蒙古文里面，"腾汲思"便是湖。这个"腾汲思湖"，岂不是"湖湖"了么？伯希和不理这一套，干脆把它翻译成"海"。

也许，苍狼先生和他的太太白鹿女士，是来自贝加尔湖的那一边吧！贝加尔湖，比起里海来，更是既像湖，也像海呢！

一　源远流长

在成吉思可汗的时候，贝加尔湖的东边与西边，都有蒙古人。他们属于篾儿乞惕族与瓦剌族。然而，在苍狼先生与白鹿女士之时，亦即早于成吉思可汗二十四代之时，我们便不敢再说当时能有蒙古人在贝加尔湖的那一边了。色楞格河下游，直至唐朝中叶，为属于突厥语系的回鹘部族所占据。鄂尔浑河流域，是突厥本族的地盘。土拉河流域，在成吉思可汗之时，是克烈族的领土。克烈族是蒙古人还是属于突厥语系的人，今天还没有定论，而相信他们是属于突厥语系的学者较多。（当然，语言和血统不一定是符合的，说突厥话的人未必就是突厥人。反之，说蒙古话的，也未必是蒙古人。）

最初见于中国历史官书的"蒙古人"，是额尔古讷河之东、黑龙江之南、大兴安岭之西、呼伦泊之北的"蒙兀室韦"。那时候，是唐朝初年，公元7世纪，比成吉思可汗早六百年。室韦之未"分"为若干部，或若干部的名称之未曾为长城以南的人知道，或室韦之入居或定居额尔古讷河与大兴安岭之间，自然是更早于唐朝初年了。《魏书》上已有室韦。北魏是在公元4世纪开始的。况且，汉朝的时候已有鲜卑，而鲜卑于以前被笼统称为东胡之时，住在中国东北，比起商周两朝统治中原还要早些。

我倒有点儿以为，苍狼先生与白鹿女士所渡过的腾汲思，既非里海，亦非贝加尔湖，而是呼伦泊。这不过是我的一个真正假设。他们可能是先由蒙兀部落的所在地南下，到了呼伦泊之东，然后由于渔猎生活的需要而渡过呼伦泊，走向西面，来到了斡难河的河源不儿罕山，便在这山下住了下来。

他们两人在不儿罕山生子生孙，子子孙孙，一直住到了成吉思可汗之时。他们的儿子叫作巴塔赤罕。此人并非"可汗"或小于可汗的"汗"。所谓"罕"，在蒙文里等于"汗"，可以指君王，也可以作为男子的美称（像北京话的"少爷"、"老爷"）。

巴塔赤罕的儿子，叫作塔马察。塔马察的儿子，叫作"射箭能手豁里察儿"。当时的蒙古话，射箭能手是"篾儿干"。篾儿干在今天的蒙古话之中，却有"贤者"或"聪明人"之意。（这也是札齐斯钦教授说的。我可以加上一句：汉文满洲话中的"墨尔根"与此意思相同。清朝初年的"墨尔根岱青"是其一例。）

豁里察儿的曾孙，叫作"大眼睛"（也客·你敦）。这分明是绰号，而不是真名，然而他的真名却因为有了这绰号而失传。"大眼睛"的绰号，也不算坏，眼睛大，漂亮，也是胆量大的象征。

大眼睛的曾孙孛儿只吉歹，又是一个射箭能手。此人的太太，名字叫作"蒙古美人"（忙豁勒真·豁阿）。孛儿只吉歹的儿子，是脱罗豁勒真·伯颜。"伯颜"读作"巴颜"才对（Bayan），意思是"财主"。这位财主有两个儿子，大儿子瞎了一只眼，叫作"一只眼都蛙"，小儿子便是朵奔·篾儿干（也是一位"射箭能手"）。

我们暂且结一结苍狼先生以来的账：

苍狼——巴塔赤少爷（或老爷）——塔马察——射箭能手豁里察儿——阿兀站·孛罗温勒——撒里·合察儿——大眼睛（也客·你敦）——挦锁赤——合儿出——射箭能手孛儿只吉歹——脱罗豁勒真·伯颜——⎰一只眼都蛙
⎱射箭能手朵奔

一只眼都蛙替弟弟朵奔找到一位叫作阿兰美人的做媳妇。这阿兰美人的父亲是秃马惕（土默特）部的部长，母亲是巴尔虎部的部长之女，也是一位美人。

一只眼都蛙有四个儿子。死后，四个儿子不愿与叔叔朵奔同居，分门分户，成为其后杜尔伯特部（四族部）的祖先。

朵奔与阿兰美人生下两个儿子：不古讷台，其后成为不古讷惕部的始祖；别勒古讷台，其后成为别勒古讷惕部的始祖。

一 源远流长

朵奔死后，阿兰美人寡居，又生了三个儿子（《蒙古秘史》）：牡鹿合塔吉，是其后合塔斤部的始祖；犍牛撒勒只，是其后撒勒只兀惕部的始祖；傻子孛端察儿，是其后孛儿只斤（博尔济锦）部的始祖。

《元史》说阿兰夫人寡居以后只生了傻子孛端察儿一个人，而她之所以能寡居生儿，是因为"夜寝帐中，梦白光自天窗入，化为金色神人，来趋卧榻，阿兰惊觉，遂有娠，产一子"。《元史》并且以为阿兰于丈夫尚在之时所生的儿子是博寒葛答黑（牡鹿合塔吉）与博合睹撒里（犍牛撒勒只），而不是如《蒙古秘史》所云，为不古讷台与别勒古讷台。

《蒙古秘史》记下了阿兰自己所说的话："每天夜里有黄白色的人，借着天窗和门额上露天地方的光，进到帐里来……出去的时候，借着日月的光，俨如黄狗一般，（摇摇摆摆地）……飘升着出去了。"

阿兰死后，兄弟五人分家。四个哥哥都欺负傻子孛端察儿，不给他任何家私（食粮与牲畜）。孛端察儿很气，自言自语地说道："还留在这里干什么？"他于是便骑了自己仅有的背上生疮的马，去到了巴勒谆小河（巴尔吉尔河？）的河中之洲，搭了一个草棚子独住。不久，他捉到一只鹰，利用这鹰捕野鸭子吃，也用箭射死为群狼所困的野兽，甚至吃那些狼所吃剩下的东西。附近在统格黎克河边有一群牧人，他常常去找他们，向他们讨酸马奶子喝。

这样，过了一年，他的一个哥哥来找。这位哥哥是牡鹿合塔吉。他跟随这位哥哥回不儿罕山的老家；其后，就引了四个哥哥又来统格黎克河边这些牧人的放牧之处，将他们征服，于是便有了牛羊，也有了"使唤的人"。孛端察儿而且也捡得了一个妻子、身已怀孕的兀良哈妇人。（兀良哈的原义是，"树林中打牲口的人"，也就是渔猎之民；这时候也已成为部落之名。）她说，她属于札儿赤兀惕族，阿当罕氏。我们不妨称她为阿当罕氏夫人。阿当罕氏夫人带来的将生之子，叫札只剌歹。札只剌歹的后裔，成为札只剌惕氏。其中的一人札木合，是成吉思可汗的好友，其后变成成吉思可汗的仇敌。

阿当罕氏夫人替孛端察儿生了一个儿子,巴阿里歹。此人的后裔成为巴阿邻氏。

阿当罕氏夫人不是孛端察儿的"正妻"。孛端察儿的正妻叫什么名字,今已无考,这位正妻所生的儿子,勇士合必赤,便是成吉思汗的"曾祖的曾祖的曾祖"。

勇士合必赤的曾孙海都,早年丧父,靠叔父勇士纳臣扶立为汗。

《元朝秘史》说那莫伦是海都的母亲,《元史》说她是海都的祖母,《元史》对。屠寄根据拉施特的书,也说她是海都的祖母(却把她的名字写成莫挐伦)。那莫伦游牧到清朝车臣汗的所在地,定居在诺赛儿吉与黑山之间,养了很多的牛羊,一群一群地按照毛色来分别放牧在山谷之中。不幸,来了几十车子的札剌亦儿族的老人与小孩子(他们的壮丁已为辽朝政府的兵击溃)。有若干札剌亦儿族的小孩子在那莫伦的牧地掘草根做食粮。那莫伦一怒而驾了车冲去,辗伤了很多,辗死了几个。不久,札剌亦儿族的壮丁便把那莫伦的马群完全裹走。那莫伦和六个儿子去追,都被札剌亦儿人杀死。只有纳臣幸免于难。他不在家,和巴尔虎族住在一起。他的岳父是巴尔虎人。

纳臣从岳父那里回来,救出侄儿海都与"十几个老太婆",抢回马群,带去巴尔虎部;其后辅佐海都,立他为汗,兼有巴尔虎部与怯谷部,并且征服了札剌亦儿部。

海都可算是蒙古人的第一个汗(khan),虽则不是可汗(khaghan)。汗是王,可汗是皇帝。(成吉思可汗是可汗,不是汗;一般书籍中称他为"成吉思汗",习非成是。)

海都的大儿子的一个孙子,是合不勒可汗。海都的二儿子的一个孙子,是俺巴孩可汗。合不勒可汗的第四个儿子,是忽图剌可汗。这三个可汗,是成吉思以前的三个可汗。

一 源远流长

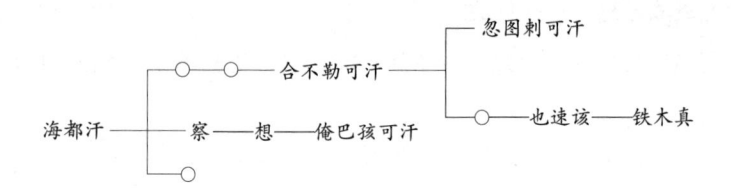

```
                            ┌── 忽图剌可汗
            ┌──── 合不勒可汗 ──┤
            │                └── 也速该 ──── 铁木真
海都汗 ──── 察 ── 想 ── 俺巴孩可汗
            │
```

上边表上的"察"字，代表察剌孩·领忽的全名。"想"字代表想昆·必勒格的全名。姚从吾先生译《蒙古秘史》，所据的本子与伯希和所据的相同，以俺巴孩为想的弟弟。我这张表，所根据的却是海尼士所译的本子。

察剌孩是一个"领忽"。日本那珂通世博士以为这"领忽"是汉文中的"令公"。洪钧以为是辽朝的官名，"详稳"之下的"令稳"。我以为这"领忽"是否与"翎侯"有关系，值得研究。

想昆·必勒格，据《蒙兀儿史记》的著者屠寄说，是"详稳·贝勒"：上半段是辽朝政府给他的官，下半段是他在部落内自称的头衔。喇锡德的书中，说察剌孩·领忽的儿子之一是"莎儿郭图鲁·赤那"。莎的儿子是俺巴孩。屠寄认为，莎与想是一个人。本名叫莎儿郭图鲁·赤那，而官名与称号是想昆。

看起来，屠寄的解释是对的。海都虽则贵为一部之长、几部之霸，尚不曾获得辽朝政府的重视。他的儿子察剌孩，才受封为一世袭的小官。察的儿子莎儿郭图鲁·赤那，地位更进一步，做了"详稳"，差不多等于唐朝羁縻州的都督。

在莎死后，他的侄儿合不勒当了可汗，成为全部蒙古部族的领袖。合不勒死后，才由莎的儿子俺巴孩担任可汗。俺巴孩死后，于是又由合不勒的儿子忽图剌担任可汗。

合不勒可汗的父亲，是"聪明的"屯必乃；屯必乃的父亲，是"刚强粗暴的"伯·升豁儿。总而言之，这两人似乎均没有怎样大的官职。合不勒之所以当了可汗，可能是经过推选，正如中古日耳曼人的国王与皇帝，也要经过贵族大会的推选一样。蒙古人的"宗亲大会"，叫作"忽里勒台"。《蒙古秘史》不曾说合不勒可汗是经过宗亲大会推选出来的，只说了其后的忽图剌可汗是如此得位。

合不勒可汗，《元史》写作葛不律寒。他是不是《金史·天祚皇帝本纪》之中的所谓"谟葛失"？不是。王静安先生认为，谟葛失不是人名，而是"蒙兀"一词的异译。但是，看天祚皇帝本纪的语气，谟葛失倒真像是一个"北部"的部长：保大二年（1122年）四月，"上遂遁于讹莎烈，时北部谟葛失赆马驰食羊"。六月，"谟葛失以兵来援，为金人败于洪灰水，擒其子陀古"。保大四年（1124年）正月，"谟葛失来迎，赆马驰羊，又率部人防卫。……封谟葛失为神于越王"。这位谟葛失，另有一个儿子，名叫俎尼菹括失，见于《金史·太祖本纪》，天辅六年（1122年）五月："谟葛失遣其子菹尼括失贡方物。"凭这两个儿子的名字，我们已可假定谟葛失不是合不勒可汗。合不勒可汗的儿子，《蒙古秘史》说，共有七人。这七人的名字，没有一个与陀古或菹尼括失相近。然而，谟葛失虽不是合不勒可汗，他是蒙古的一个君长，却没有问题。

这位"谟葛"的"失"，很懂得多边外交。辽朝天祚皇帝倒霉，他雪中送炭，并且派了一个儿子帮助作战。金朝太祖皇帝（阿骨打）势如破竹，他也派了另一个儿子送礼，聊表敬意。其后，到了金朝太宗（吴乞买）的天会三年（1125年），他索性"来附"，金朝的大将斡鲁代他向太宗请求"授以印绶"。

他既不是合不勒可汗，是否为想昆·必勒格，或想昆·必勒格的父亲察剌孩·领忽？这就有待于新史料的发现，或现有史料的进一步研究了。

辽朝天祚皇帝于战败以后逃往沙漠，其后投奔西夏。他不可能被"迎到克鲁伦河以北、斡难河源的蒙古国"。他所寄居的地方，可能是汪古部。

《蒙古秘史》说，合不勒可汗曾经统治过全部的蒙古。这蒙古，不是

一 源远流长

地名，而是部族之名。《大金国志》说，合不勒可汗到过金朝的京城，向金熙宗上过朝，在某一次的宴会上闹酒，捋过金熙宗的胡须。《大金国志》又说，合不勒可汗回国以后，金熙宗派使者叫他再来，他不来，而且杀了使者，于是金熙宗在天会十五年（1137年）派遣胡沙虎率兵征讨，胡沙虎"粮尽而返"，被合不勒可汗追击，"大败其众于海岭"。屠寄以为这海岭不是海中的山岭，而是译音"海岭"，是今天的海拉尔地区。

合不勒可汗死后，他的侄儿俺巴孩被推选为可汗。

拉施特的《史集》说：合不勒可汗留下的七个儿子，都是一母所生，这位母亲是翁吉剌惕部的人，有一个弟弟名叫赛因的斤。赛因的斤生了病，请来"主因塔塔儿人"之中的一位跳神赶鬼的"巫"来医治，不曾医好，死去。翁吉剌惕部的人，便杀了这个巫。主因塔塔儿人的领袖木秃儿勇士，也就带兵来打。合不勒的七个儿子都来到翁吉剌惕部，帮助母亲娘家，抵抗敌人。七个儿子之中的合答安勇士，一枪刺伤主因塔塔儿人的领袖木秃儿勇士。木秃儿勇士养伤一年；一年以后，再战，木秃儿勇士死于合答安勇士之手。

从此，主因塔塔儿人对蒙古部人记下了深仇。

主因，据王静安先生研究，不是塔塔儿人之中的一个部落，而是塔塔儿人之中的"乣军"。所谓"乣军"（乣字读纠），是辽朝"属国军"的后身，金朝政府加以正规化，在东北设了八个单位，其中的一个叫作"萌骨部族乣军"。这个塔塔儿人的单位，不见于《金史·兵志》，是否就是"萌骨部族"的乣军，或西北其他七个部族之一的乣军？待考。

塔塔儿人是新旧《唐书》与新旧《五代史》之中的"达怛"、"达靼"，《辽史·圣宗本纪》之中的"达旦"，《辽史》其他部分的"阻卜"，《金史》之中的"阻䩑"，新旧《元史》之中的"塔塔儿"，《明史》之中的"鞑靼"。

西洋历史中的"Tatars"，在语言上属于突厥语系。中国历史中的塔塔儿或达怛、鞑靼等等，究竟是不是在语言上也属于突厥语系？这问题颇不容易答复。他们在种族上属于匈奴种,抑属于东胡种?那就更不容易答复了。

唐朝的达怛,占有三个不同的广大地区。王静安先生替他们创了名称:东鞑靼、西鞑靼、南鞑靼。东鞑靼住在突厥的东北,"与金元间之塔塔儿方位全同"。西鞑靼住在中受降城的西北,回鹘牙帐的东南数百里,达旦泊附近。南鞑靼住在阴山之北。

单就相当于"金元间之塔塔儿"的东鞑靼而论,他们是突厥东北边隅的部落,在种族与语言上皆可能与突厥同属一系,甚至是突厥的一个支族。倘若如此,他们和西洋历史中的"Tatars"便真正是远房本家了。在合不勒与俺巴孩可汗的时候,所谓塔塔儿人是住在呼伦泊与贝尔泊之间的兀儿失温河(即乌尔顺河,亦称呼伦河)流域。今天这流域的居民,所说的却是道地的蒙古话,也有不少人会说汉语。当年的塔塔儿人,除了被成吉思可汗消灭了的以外,剩下的人的苗裔,早已被邻近的蒙古人同化了。

塔塔儿人之中的"主因"(乣军)既然和蒙古部族结下了仇,其后就把俺巴孩可汗害了。

俺巴孩可汗被害的经过是:他把女儿嫁给一个塔塔儿人,这个塔塔儿人不属于乣军,而是住在呼伦泊与贝尔泊之间的乌尔顺河流域的阿亦里兀惕族或备鲁兀惕族的分子。俺巴孩可汗亲自把女儿送去,走到中途,被主因塔塔儿人掳了去,送给金朝皇帝。

这一位金朝皇帝,是金熙宗(金主亶)。《蒙古秘史》说,金熙宗把俺巴孩可汗钉死在一个木头驴子上。

俺巴孩可汗在未被主因塔塔儿人押解南下以前,派人回去,告诉自己的十个儿子之中的合答安太子与合不勒可汗的七个儿子之中的忽图剌:"我是万民的可汗、国家的主人,竟因为亲身送自己的女儿,致被塔塔儿人擒拿!今后(你们)要以我为戒!你们就是把你们自己的五个手指甲

一　源远流长

磨掉,十个手指头都坏了,也要努力给我报仇!"(姚从吾教授译文)

《蒙古秘史》说:此后,"全体蒙古泰亦赤兀惕人"就在斡难河豁儿的豁讷森林边,推选了忽图剌(Qutula)为可汗。这一句话(《蒙古秘史》第五十七节第一句)原文有点儿含混。看口气,参加大会的只是蒙古人之中的全体泰亦赤兀惕族。这正是伯希和译文中的词意。海尼士加进去一个"和"字:全体蒙古人和泰亦赤兀惕族。这样译,颇有语病,因为泰亦赤兀惕族也是蒙古人。

忽图剌当了可汗以后,展开对主因塔塔儿人的复仇战争,打了十三次,"不曾替俺巴孩可汗报得仇"。俺巴孩的两个孙子塔儿忽台与脱朵延(合答安太子的儿子),作战得很出力,然而捉不到也杀不掉塔塔儿人之中的阔端巴剌合与札里不花。

倒是忽图剌可汗的一个侄儿也速该勇士,在某一次的战斗中,活捉得一个叫作豁里不花与另一个叫作铁木真兀格的塔塔儿人。恰巧这时候,也速该的夫人诃额仑生下了一个儿子在斡难河上的"母牛乳房冈"。也速该高兴之余,将儿子命名为铁木真。

这一年,是公元1162年,宋高宗绍兴三十二年,金世宗大定二年。

四十四年以后,公元1206年,铁木真被各部各族的蒙古人公推为可汗,称为成吉思可汗。

二　寡妇孤儿

也速该勇士在儿子铁木真九岁之时，把他带到呼伦泊之东的翁吉剌惕部，想去斡勒忽讷兀惕族那里替他找一个媳妇。这斡勒忽讷兀惕族正是也速该的夫人诃额仑的娘家。

也速该勇士在中途遇到翁吉剌惕部婆速火族的首领德薛禅。德薛禅爱铁木真"眼中有火，脸上有光"，不让也速该勇士再到斡勒忽讷兀惕族去找媳妇，而坚持把自己的十岁女儿孛儿帖许配给铁木真。并且，要留下铁木真在自己家里住一些时候。也速该勇士答应了。

不料，当也速该辞别德薛禅，向斡难河的家走去，在扯克扯儿地方的"黄色旷野"碰到了不知属于何族的若干塔塔儿人在宴会，因为口渴，便坐下来参加。他们的态度似乎很友善，也速该喝了几杯，吃了一顿，离开。他吃进了毒药。三天以后到家，毒已大发，疼痛难忍，便叫人去德薛禅那里，把铁木真接了回来。没等到这人出发，也速该已经断气而死。（这是《蒙古秘史》的说法。洪钧在《元史译文证补》里说，铁木真在岳父家里住了四年，到了十三岁的时候，也速该来看他，才在归途中毒而死。）

铁木真于是回家，陪着寡妇母亲与三个同胞弟弟、一个妹妹、两个同父异母的弟弟，过十分艰苦的日子，受到很多次打击。

首先受到的打击，是被俺巴孩可汗的一房本家撇弃。这一房本家，叫作"泰亦赤兀惕族"（《元史》中的泰赤乌部）。这个族名的字义，可能是"太子族"，源于俺巴孩可汗的儿子合答安太子。合不勒可汗的子孙，包括铁木真，叫作乞牙惕族。"乞牙惕"作为族名，源于也速该的胞兄忙格秃·乞颜。

从合不勒可汗到忽图剌可汗，汗位在由大房乞牙惕族和二房泰亦赤兀惕族轮流。忽图剌属于大房，他死后，该由二房的合答安太子当可汗了。当了没有？《蒙古秘史》上一字未提。

但是，在《圣武亲征录》里面却有一位"阿丹汗"。很像是：合答安太子在忽图剌可汗死后，不曾当选为全蒙古的"可汗"，而只是泰亦赤兀惕一族的"汗"。同时，也速该或忽图剌可汗的儿子拙赤，做了自己一族（乞牙惕族）的领袖。

《圣武亲征录》说："初，泰赤乌部长别林，旧无怨于我，后因其主阿丹汗二子塔儿忽台、忽邻拔都，有憾，遂绝。"别林，王静安先生以为就是俺巴孩的父亲想昆·必勒格。忽邻拔都，我以为便是脱朵延·忽邻勒。

"有憾"的经过，《圣武亲征录》没有说。《蒙古秘史》却说得很详细："有一年春天，俺巴孩的两个'后妃'斡儿伯与莎合台，到祭祖的地方（坟墓）举行'烧饭'（焚化食物），故意不等候诃额仑，以致诃额仑'到的晚了'，什么祭品也没分得着。诃额仑一怒之下，说：'也速该勇士死了，我的儿子将来怕长不大！……眼看……起营的时候也不与呼唤了！'两个后妃说：'……正因为俺巴孩可汗死了，甚至诃额仑都这般地说！'这两个后妃又向下边的人说：'论起来呵，就这般做！（她既然说，眼看起营的时候也不与呼唤了，那我们明天）把他们母子撇在营盘里。起营走时，不携带他们。'"

果然，第二天，泰亦赤兀惕族的塔儿忽台胖子与脱朵延·忽邻勒就吩咐大家起营，顺着斡难河搬走，把诃额仑母子撇下，并且把若干"收集来的百姓"裹胁了去。有一位好心的老年人，晃豁坛族的察刺合，追上前去劝阻，却被脱朵延刺了一枪，鲜血直流。

诃额仑夫人擎起也速该留下的牛尾缨子枪，自己上马去追赶那些跟着泰亦赤兀惕族跑走的人，"阻止住一部分的百姓"，"但那些被阻留的人，仍然不能安顿下去，又陆陆续续随着泰亦赤兀惕人迁徙走了！"

然而，诃额仑夫人越受挫折，勇气越大。她"系着短上衣，沿着斡难河上下奔跑，拣拾杜梨、山丁（野李子），抚养她的幼小的儿子们，白日夜里，获得温饱"。"美丽聪慧的夫人，用韭菜野葱抚养长大的儿子们，都成了不知畏缩的好汉。既到膂力过人的时候，都是斗志高昂，敢作敢为。他们……用火烤弯了针，当作钓钩去钓细鳞白鱼和骖条鱼；用结成的渔网去捞小鱼和大鱼：如此报答着、奉养了他们的母亲。"

他们兄弟六人，除了太小的合赤温与帖木格以外，其余四人常常在一起钓鱼、射鸟。不幸，由于其中有两人不是诃额仑所生，就和她的亲生儿子渐渐分了派别。铁木真与合撒儿是一派，异母的别克帖儿与别勒古台又是一派。

这两派终于来了一次小规模的火并。

有一天，铁木真与合撒儿用除去箭头的箭，射得了一只小鸟，却被别克帖儿与别勒古台抢了去。

第二天，他们两人钓得了一条金光灿烂的小白鱼，又被别克帖儿和别勒古台抢了去。他们跑回家告诉母亲，母亲不责备抢鱼的人，反而把他们两人训了一顿。

他们两人"怒从心上起，恶向胆边生"，就在当天瞄准了别克帖儿，将他射死。别克帖儿在临死之前，求他们饶了别勒古台的性命。他们果然便把别勒古台饶了。

母亲诃额仑在知道消息以后，狠狠地骂了他们两人一顿，骂过了也就算了。（别勒古台从此也不再和他们闹派系，追随他们一直到打平了天下以后。）

然而，作为领袖部落的泰亦赤兀惕族，尤其是该族的族长塔儿忽台胖子，却不肯放过这个来找麻烦的机会。他们带了武器来到诃额仑母子所住之处，加以包围，说："只捉铁木真一人，别的人都没有事。"别勒

二　寡妇孤儿

古台很好,他折断了木头,扎成篱笆,帮大家赶做寨子,让铁木真逃进森林。

铁木真在森林里躲了九天,找不到吃的,终于走出来,束手就缚。塔儿忽台胖子把铁木真上了枷,叫人押解到各处的"村营"里示众,在每一个村营住一夜。过了若干夜,在一个皓月当空的晚上,泰亦赤兀惕族的人正在饮酒作乐,铁木真歪头、弯腰,用自己项上的枷,把看守他的人打昏,然后飞奔,奔到斡难河边的树丛里躺下,躺了一阵,跳进斡难河,仰面而泳,借着枷的浮力,顺流而下。

不久,塔儿忽台胖子下令,点起火把分途搜捕。有一位叫作锁儿罕·失剌的,本身不是泰亦赤兀惕族的人,而是泰亦赤兀惕氏脱朵格的仆人。他一向看不惯泰亦赤兀惕族欺负诃额仑母子的行为,偏偏这晚找到了铁木真的是他。他向铁木真说:"正因为你眼中有火、脸上有光,所以才引起了你的泰亦赤兀惕兄弟们那般嫉妒你!你就这样小心地躺在水里吧!(放心好了)我不向他们说。"这天夜里,塔儿忽台胖子叫大家再找一次。锁儿罕·失剌再度来到铁木真躲藏之处,叫他小心。机警的铁木真,候到人声静寂以后,偷偷地走到锁儿罕·失剌的住处来,"请求庇护"。锁儿罕·失剌的两个儿子与一个女儿对他表示欢迎。父子四人,卸开铁木真的枷,烧了灭迹,把他藏在装羊毛的车子里。三天以后,有人来查,查到了这装羊毛的车子。锁儿罕·失剌说:"这么热的天,羊毛里怎能受得了?"查的人也就跳下车子走了。

锁儿罕·失剌成了铁木真的救命恩人。(其后,铁木真当了可汗,锁儿罕·失剌受封为免税的千户侯,领得色楞格河流域一大片牧地。他的小儿子赤老温,做了"四杰"之一;大儿子沈白,也立了不少战功。女儿合答安,做了铁木真的妃子。)

铁木真脱险以后,回到临时的寨子,已经看不到母亲与弟弟妹妹。找了很久,才在斡难河的一条支流乞沐儿合小河旁边的一座孤独的小山

细说元朝

之中，找到了他们。不久，全家搬到桑沽儿小河边的黑锥山之下，扎了帐篷住。

太平日子过了不久，又被马贼欺负。马贼在一天之中，拐走了八匹骟马（阉了的马）。勇敢的铁木真年纪虽小，却有心担起家长的责任：他单枪独马去找。中途，遇到了一位富家子孛斡儿出，一见如故，愿意陪他辛苦。两个人骑着两匹马，又奔了三天，找到了那八匹骟马，套了回来。马贼听到动静，追了来，铁木真撑满了弓，搭上箭，瞄准。马贼心里明白，犯不着为了那八匹本来是属于人家的马，送自己的性命。

从此，孛斡儿出成了铁木真的好朋友。不久，在铁木真结婚以后，他瞒着父亲——财主纳忽，来到铁木真家，日积月累地用弓用刀用枪，把铁木真捧成了可汗。他自己也成了"四杰"之一，实际上可称为"四杰"之首。（除了他和赤老温以外，其他的两杰是木华黎与孛罗忽勒。木华黎替铁木真灭了金朝；孛罗忽勒勇冠三军，不幸早死，阵亡于讨伐豁里秃马敦族之役。）

铁木真能有孛斡儿出那样的朋友，真是一生的幸福。刘备当年能有关羽、张飞，情形颇与此仿佛。刘备的"帝国"远不及铁木真的庞大，然而他以仁义立国，可谓自有其千秋。铁木真与刘备这一类型的人，大都是慷慨豁达，因此而常常"盛意可感"，叫一些做朋友的愿意改做部下。

赤老温和他的父亲与哥哥，一时尚未能前来追随。他们要等到泰亦赤兀惕氏灭亡以后，才肯过来。铁木真最初所能倚仗的，可说是仅有孛斡儿出与者勒篾二人而已。

者勒篾是兀良哈族的人。他父亲叫作札儿赤兀歹老人。父亲把他带了来见铁木真，说是要送他给铁木真"备马鞍子，开屋门使唤"。实际上，两家是世交。

这时候，铁木真也结了婚，势力蒸蒸日上。

二 寡妇孤儿

三　失妻，夺回

正因为势力蒸蒸日上，打击又来，来自篾儿乞惕族的脱黑脱阿。

脱黑脱阿是篾儿乞惕族三个分族之一的领袖。他的这个分族，叫作兀都亦惕，住在鄂尔浑河沿岸。另外两个分族，一个是住在鄂尔浑河与色楞格河之间的兀洼思，领袖为答亦儿·兀孙；另一个是住在恰克图一带的合阿惕，领袖是合阿台·答儿麻剌（屠寄如此说）。

脱黑脱阿在三个分族领袖之中，是最有力量的一人。他有过一个弟弟，叫作也客·赤列都。铁木真的母亲诃额仑，原本是也客·赤列都从翁吉剌惕族那里娶过来的，途经斡难河，被铁木真的父亲也速该抢了去，成为也速该的妻，和也速该生下儿子铁木真、合撒儿、合赤温、帖木格，女儿帖木仑。

也客·赤列都失去诃额仑以后，回家，其后如何，我们一点儿也不知道，也许死了。隔了二十年或二十多年以后，脱黑脱阿才带了三百个兵来报仇。

俗语说，"君子报仇，三年不晚"。脱黑脱阿却能等待上二十年之久，真是劲儿够长的。他为什么不在也速该未死以前，来和也速该一决雌雄？又为什么不在也速该刚死不久，铁木真等兄弟尚未长大成人之时，来找这些孩子出气？事实上，他曾经来过一次，而且绑走了铁木真，却在绑去铁木真不久，让诃额仑派人赎了回来。

这一次，可能也不是为了报仇出气，而是由于物质方面的动机。据说，篾儿乞惕人是天性喜欢掳人勒赎的。（说公道话，也速该当年用武力抢别人的太太，实在是"也不该"。）

在诃额仑的左右，有一个年老女仆，叫作豁阿黑臣（这四个字，似乎是"老美人"的意思。不过，明朝翻译《蒙古秘史》的人，偏要用一个"黑"字、一个"臣"字，倒像是尉迟恭或包拯的外号。）豁阿黑臣的耳朵很灵。她在某一天的黎明，听到远远的地方有军队行动之声，便叫醒诃额仑，告诉诃额仑说："赶快起来，（我）听见地面上有震动的声音了。莫不是扰乱咱们的泰亦赤兀惕人们又来啦？"

诃额仑一面穿衣起身，一面向豁阿黑臣说："赶快把儿子们叫醒。"铁木真、合撒儿等人，于是急急忙忙起来，去抓各人自己的马。四位同母兄弟与异母弟别勒古台每人骑了一匹。字斡儿出与者勒篾也每人骑了一匹。诃额仑母亲抱着帖木仑小妹妹也骑了一匹。他们家里一共只有九匹骟马。这样，骑了八匹，剩下的只有一匹，铁木真用来作为"从马"（以便作战或逃跑之时，换着骑）。

于是铁木真的新妇孛儿帖，与老妈子豁阿黑臣，就没有骟马骑，只好坐上一辆牛车逃难；走不了多远，便成了脱黑脱阿的俘虏。

脱黑脱阿的兵，围绕着不儿罕山走了三圈，不曾找到铁木真，就带了一老一少两位女俘虏，回鄂尔浑河的"营地"。

脱黑脱阿吩咐，把孛儿帖赏给赤勒格儿·力士。赤勒格儿是脱黑脱阿的弟弟，也是也客·赤列都的弟弟。（很像是也客·赤列都的胞弟，和脱黑脱阿只是堂兄弟或异母弟。）

赤勒格儿享受意外的艳福，没有多久。铁木真邀约了干爹和干哥哥，带来了四万兵之多，一举而击溃了整个的篾儿乞惕族。铁木真的干爹是克烈亦惕族的君长王汗。干哥哥是札只剌惕族札答阑部的部长札木合。

铁木真、王汗、札木合，以四万多兵袭击脱黑脱阿，使得脱黑脱阿觉得敌人如从天窗上降下来的一般。脱黑脱阿仅仅能和兀洼思分族的答亦儿·兀孙，"带着很少的几个人，顺着薛凉格（色楞格）河，逃亡到巴儿忽真地面"。"巴儿忽真"这四个汉字，意思是"巴尔虎部的"。换句话

三　失妻，夺回

说，脱黑脱阿与答亦儿·兀孙等人，逃奔到巴尔虎部的地方，向巴尔虎人请求保护。合阿惕分族的首领合阿台·答儿麻剌，做了俘虏，被带至铁木真的不儿罕山，处死。

铁木真与王汗及札木合的兵，把脱黑脱阿的"妻子、儿女，掳掠净尽"。这句话可能是过甚其词。不过，篾儿乞惕族一般分子所受到的战祸，是可以想象得到的："将所余的妇女小孩们，可以搂抱的，都搂抱了；可以门里面使用的，都使用了。"

在兵荒马乱之中，铁木真找回了孛儿帖与女仆豁阿黑臣。

铁木真异母弟别勒古台的母亲、也速该的姨太太苏气姬尔，本已随同孛儿帖一齐做了篾儿乞惕人的俘虏，这时候也早被分配给一位篾儿乞惕族的男子。她见到自己儿子的兵来，却连忙躲开，钻到树林子里面去，不愿意和儿子见面，和儿子回原来的家。原因是："我在这里配了歹人！儿子们的面，怎么再见得？"这真是够惨的。

此后，过了相当时候，铁木真与王汗两人又进攻了篾儿乞惕族一次。再过相当时候，王汗一人，瞒着铁木真，把篾儿乞惕族的人口、牲畜、牧地，完全抢去。

脱黑脱阿与儿子忽图、赤剌温，以及答亦儿·兀孙与他的女儿忽兰，便到处流浪，先后寄食在札木合与王汗那里；再其后，答亦儿·兀孙献出忽兰，向铁木真投降。投降以后，又叛，被解决。脱黑脱阿依附了乃蛮一阵子，被追击至额尔齐斯河边，射死。

四　盟兄分手

札木合和铁木真交换过礼物，成为"安答"，好比内地人拜把子一样。札木合的年岁略大，是盟兄、干哥哥。论起血统来，他们两人也勉强可算是远房本家，虽则并无共祖。

他们两人的关系，要远溯到孛端察儿，才能叫我们明白。孛端察儿的第一位太太阿当罕氏，有过一位前夫；她于身怀六甲之时，为孛端察儿所劫。不久生下一个儿子，叫作札只剌歹，其后裔称为札只剌惕族。札只剌惕族的诸部之一，是札答阑部，而札木合便是这札答阑部的部长。阿当罕氏后来替孛端察儿生了一个儿子，叫作巴阿里歹，其后裔称为巴阿邻氏，与铁木真并无直接的血统关联。铁木真的远祖，把林·失亦剌秃·合必赤，是孛端察儿的另一位太太所生，其后裔称为孛儿只斤氏。

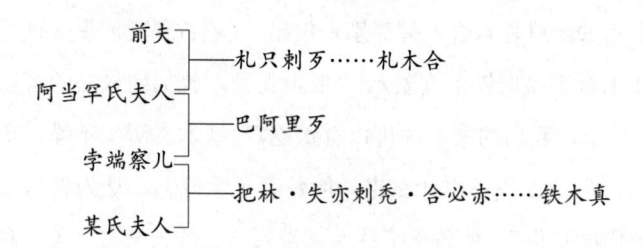

```
                    ┌─ 札只剌歹……札木合
         阿当罕氏夫人┤
前夫─────┤           └─ 巴阿里歹
         孛端察儿
         某氏夫人 ──── 把林·失亦剌秃·合必赤……铁木真
```

孛儿只斤氏一分再分，分到了铁木真的时候，他这一房已经是所谓孛儿只斤·乞颜惕氏了。这很近于周朝"别子为祖"、"以王父之字为氏"的制度，而不甚有规律。

铁木真与札木合初次相见，不是在斡难河源的不儿罕山，或札木合的"家乡"、今日尼布楚（Nerchinsk）附近，而是在王汗的住处。那时候，铁木真仅有十一岁，札木合也不过是十几岁而已。

札木合与王汗的关系，也是"安答"，和王汗互称为兄弟；虽则铁木真与王汗的关系，却是义父义子。札木合幼年的家境，远比铁木真的好，所以很快地便成为石勒喀河一带的"要人"，而且势力跨过了额尔古讷河，到达呼伦泊以南的蒙兀族的合塔斤部、撒勒只兀惕部与翁古剌惕族。

所以，在铁木真受篾儿乞惕族侵侮、失掉了孛儿帖之时，札木合能够动员两万人之多。这两万人之中的一半，札木合告诉铁木真，原是也速该的"旧部"，而迁到北边、散居在札木合的领土之中的。

札木合为人很讲义气，作战也极内行；在当时的黑龙江流域上游，可算是铁木真以外的第一人才。他对铁木真很好，一举而替铁木真报了夺妻之仇，并且在击溃篾儿乞惕族以后，和铁木真在一起放牧，共有十八个月之久。然而，不幸终于分手。

铁木真在某一天黄昏，应该扎营的时候不扎营，却带了队伍、眷属，连夜地向前继续走，走到"合剌只鲁坚小山，阔阔纳浯剌"（黑色小孤山之旁的蓝色小湖），才驻扎下来放牧。

铁木真如此对札木合不辞而别，很错。《蒙古秘史》说，这是札木合的错，札木合不该向铁木真表示："依山扎营，我们的放马的可以有帐房住；傍水扎营，我们的放羊的可以有水吃。"铁木真听了不懂，走去问母亲诃额仑，母亲也答不出什么来。倒是妻子孛儿帖，认为札木合"莫非有图谋咱们的意思"，便怂恿了铁木真带领自己的人马与牛羊，和札木合分道扬镳。

奇怪的是，札木合并未骑马追赶，向铁木真问个明白，或真个用刀用枪"图谋"铁木真一下。两个把兄把弟，一向是亲亲密密地结合着，现在却糊里糊涂地分开了。这是历史上的一大悲剧。俗人说，"两雄不并立"，其实，历史上何尝不曾有过两个或两个以上的英雄，水乳交融，合作到底的事!

被札木合代为召集起来的也速该旧部一万人马,这时候可能有一大部分归到铁木真的一边,不再"散居"在札木合的领土里去。因此之故,铁木真才骤然地壮大起来,以一个仅有九匹骟马的小户长,不久便变成了"蒙古部族的汗"(从篾儿乞惕族那里抢来的人马也不在少)。

铁木真经过泰亦赤兀惕族的驻地,把泰亦赤兀惕人吓跑,跑去札木合的地方。铁木真的母亲捡得了泰亦赤兀惕部的别速惕分部的一个小孩子,叫作阔阔出,将他收养。

铁木真沿途搜罗人才,其中有不少确是自动来投效的,却也未必如《蒙古秘史》所说,没一个不是自动。这些人才,很快地便替铁木真撑开场面。

豁儿赤·兀孙与阔阔搠思,带来了巴阿邻氏的若干部落之一。至于敞失兀惕氏与巴牙兀惕氏,这两氏的人全体走来参加铁木真的阵营。

铁木真在招得了若干人才与敞失兀惕、巴牙兀惕两个氏族以后,又陆续吸收到忽难、撒察别乞、忽察儿、阿勒坛,与这四个人每人所带来的一个部落。

忽难,属于格你格思氏。他带来的人有一个营之多。

撒察别乞,带了他的弟弟泰出别乞一齐来。("别乞"与清朝的"贝子"似乎是一个名词,虽则含义稍有出入。)他们两人的祖父斡勤·巴儿合黑,是合不勒可汗的长子。他们的父亲是莎儿合秃·主儿乞。因此,他们被称为主儿勤·乞颜惕氏,简称为主儿勤氏。

忽察儿是铁木真二伯父捏坤太子的儿子。捏坤何以称为太子,很值得我们推敲。此人是合不勒可汗次子把儿坛之子,与也速该为兄弟,也速该行三。他是否曾被合不勒或忽图剌指定为"太子"、继承人?我们在现存的史料之中,找不到答案。(其后,在俺巴孩可汗的几个儿子之中,也有一位合答安被称为"太子"。)屠寄说,"太子"一词,在汉译《蒙古秘史》之中是译错了的，应该译成"太石"，而它的字源是汉文之中的"太师"。那么，为什么不索性译成"太师"呢？无论怎样，捏坤及他的儿子忽察儿，确是相当重要，举足轻重。捏坤此时已死，他的部落便由忽察儿带到铁木真的麾下来。所谓部落，不仅是妻子儿女，还有相当多的"世仆"、"奴隶"与"百姓"。

阿勒坛是忽图剌可汗的儿子，也是一位举足轻重的人。他的大哥，是术赤，称为"拙赤罕"，虽非可汗，而确是一部之汗。

和札木合同属于一个氏族（札答阑氏）的木勒合勒忽，也投奔到铁木真这一边来。这是很奇怪的事。铁木真倘无与札木合决裂之心，很应该劝他回去。

更叫札木合生气的，是铁木真不派人向札木合报告或商量，而接受豁儿赤、忽察儿、阿勒坛、撒察别乞等人的拥戴，贸然地在宋孝宗淳熙十六年（1189年）称起"蒙古汗"来。

事后，铁木真派遣阿儿孩·合撒儿（不是他的胞弟术赤·合撒儿）与察兀儿罕两个人，去通知札木合。札木合很生气，叫他们回去告诉忽察儿与阿勒坛："当初安答（铁木真）与我在一起的时候，（你们）为什么不立他为汗？"

不久，铁木真的一个部下搠只·答儿马剌，为了几匹马而射死札木合的弟弟给察儿，札木合与铁木真之间的大战，便爆发了。

札木合动员了十三个单位的兵，共有三万人之多，由北而下，对铁木真突袭。铁木真赶紧开拔向东，迎战，两军遭遇于呼伦泊之西南的"答阑，巴勒渚讷"。（答阑是平地，巴勒渚讷是呼伦泊之西南的"前水泊"。）

这一次大战，是铁木真自己主持的第一次战役。结果，大败，向西北奔逃，一逃便逃了三百多里，到斡难河之南的哲列捏山口（在呼伦泊之西北）。

札木合整军而回，把砍下的察合安·兀洼思的头，挂在自己坐骑的马尾之上；又在归途，将赤那思部各氏的亲铁木真派族长，捉来活煮，煮了七十锅之多。

战败了的铁木真，反而因此获得了民心。术赤台率领了兀鲁兀惕氏全部，忽亦勒答儿率领了忙忽惕氏全部，晃豁坛氏的蒙力克率领了他的七个儿子，不约而同、陆续离开札木合，来投效铁木真。

此后，铁木真做了许多别的事（灭主儿勤氏，会同王汗帮金朝政府军打塔塔儿族；迎救王汗于王汗被乃弟所逐、逃往西辽、又从西辽逃回之后，和王汗一齐打篾儿乞惕族；和王汗一齐攻乃蛮的北部与乃蛮的南部）。札木合也一度与铁木真言归于好。

传说，当铁木真陪同王汗打乃蛮南部之时，札木合却挑唆王汗，王汗单独不战而退。事实可能是，札木合看出了王汗已有撤退之意，才追上前去，说铁木真的坏话，向王汗讨好。（屠寄《蒙兀儿史记》，卷二十："昧爽，〔札木合〕遥辨王汗军旌纛离旧处，知有异，即背成吉思，追从〔王汗〕而谓之曰：'我于君是白翎雀；我之安答，告天雀也。白翎雀和鸣同栖，告天雀一噪而散耳。'"）

此后，铁木真连续对篾儿乞惕族与泰亦赤兀惕氏作战，也在贝尔泊抵抗了合塔斤氏等五族的同盟军。这五族是：合塔斤、撒勒只兀惕、朵儿边、塔塔儿、翁吉剌惕。

到了辛酉年（1201年，宋宁宗嘉泰元年），这五族连同亦乞剌思氏与豁罗剌思氏等等，大会于根河的"刊沐涟洲"，公举札木合为所谓"古儿汗"。札木合接受，即位于根河之北的特勤布尔河河旁，誓师。（"古儿汗"这个称号，西辽的皇帝们用过，意思是"普天之下的皇帝"。）

这一回，战于海拉尔河与特诺克河之间的旷野。铁木真胜。

次一年，壬戌年，秋天里，札木合的几族联军又来，而且加进了篾儿乞惕族脱黑脱阿的残余，与北部乃蛮不亦鲁黑汗与斡亦剌惕（瓦剌）忽都合别乞的生力军。铁木真看见来势很凶，便向王汗求救。王汗领兵

四　盟兄分手

沿克鲁伦河东下,与铁木真会师于乌尔浑河及色野集尔河之间。会师以后,铁木真仍旧感觉到没有十分把握,就邀同王汗,向西撤退,撤退到"阿兰塞",金朝政府的边堡。

铁木真与王汗两支兵力,背倚边堡,面对奎屯河,与追来的札木合联军大战于阔亦田(奎屯)之野。传说,札木合下面的不亦鲁黑汗与忽都合别乞会呼风唤雨,但是所唤来的风雨,反而掉转方向,对着自己部队吹。因此,铁木真又获得了一次大胜。(呼风唤雨,很像是神话,但铁木真打了胜仗,确是事实。)

以上,札木合与铁木真打了三次仗,是依照《圣武亲征录》的说法。拉施特的《史集》,也做如此说。《蒙古秘史》却把三次合起来,说成一次,亦即阔亦田之野的一次。

其后,札木合便不再有力量与铁木真对垒。他在阔亦田败了以后,向王汗投降,做了王汗的部下。王汗似乎在未得铁木真同意以前,不应该受札木合的降,却竟然受了。结果,王汗与铁木真之间的关系便日益恶化,终于兵戎相见。

其后,王汗被铁木真消灭,札木合带了若干部族逃到南部乃蛮的太阳汗那里作客。再其后,太阳汗对铁木真作战,据《蒙古秘史》说,札木合反而用心理作战的方法替铁木真瓦解太阳汗的斗志,并且暗中派人以太阳汗的虚实告诉铁木真。

最后,札木合潦倒飘零,只剩下五个"仆役"。这五人有一天将他绑了,押送给铁木真。铁木真一面杀掉这五人,替札木合出气,一面要求札木合重新和自己言归于好,帮自己打天下。札木合表示很感谢,却不愿意活,恳求铁木真赐他以"不流血的死"。铁木真照办。

五　义父信谗

铁木真的义父王汗,是居住在土拉河流域(包括库伦)的客列亦惕人的君主,本名脱斡邻勒,自称为汗,受金朝之封为夷禢堇。夷禢堇俗译为"王",因此他就被当时的人称为"王汗"。他是属于景教教会的基督徒。中古西欧有很多关于他的传说,把他描写成一位完人,称他为"牧师约翰"。

王汗与铁木真的父亲也速该,有过密切关系。王汗在四十个兄弟之中,年龄最大,继承了父亲忽儿察忽思的汗位。即位以后,杀了两个弟弟,吓走了一个弟弟。叔父(客列亦惕人的)"古儿汗",得了借口,来讨伐他,将他击溃。他只剩一百人,沿着色楞格河,逃往篾儿乞惕族的所在,送女儿给脱黑脱阿,请求保护。后来,投奔也速该,也速该为了他而和客列亦惕人的古儿汗打了一仗,把古儿汗赶走,赶到了西夏去,使得王汗顺利复位。

王汗受了也速该的如此深恩,却也并未忘恩负义。铁木真在十一岁之时来到他家,受他十分宠待,他把铁木真看成和自己儿子一样,收为义子。王汗与铁木真,是道地的义父义子。其后,铁木真受脱黑脱阿欺侮,被抢走了妻子孛儿帖,王汗毫不考虑地点齐两万兵,会同札木合,打脱黑脱阿,帮铁木真把孛儿帖抢回。

而且,在铁木真与札木合闹翻以后,王汗也一而再地站在铁木真的一边,打札木合。

错,就错在于阔亦田之役以后,单独受札木合之降。

铁木真心里反对,却无权阻挡。铁木真颇想用结亲的方法来巩固与王汗及其亲生儿子你勒合·桑昆的关系。于是，向王汗建议：要王汗的女儿阿兀儿公主嫁给自己的儿子术赤，也把自己的女儿豁真公主，嫁给王汗的孙子、你勒合·桑昆的儿子秃撒合。王汗没说什么，他肯不肯，我们不知道。你勒合·桑昆却明明白白地拒绝了铁木真的建议。

两家的友谊，从此一落千丈。传说，这时候到了王汗父子身边的札木合，便大大地挑拨一番，说铁木真已经暗中勾结南部乃蛮的太阳汗，图谋对王汗不利。

不幸的是，有几位铁木真的"本家"，已经背叛铁木真，来到王汗之处，鼓动王汗父子对铁木真翻脸。这几位本家是：铁木真的亲叔叔答阿里台、堂房兄弟忽察儿（二伯父捏坤太子之子）与同一曾祖的本家叔叔阿勒坛（合不勒可汗的孙子、忽图剌可汗的儿子）。这三人不仅是个人"跳了槽"，而且是带了每人的整个部落而去的。

跳槽的，除了这三人以外，还有一个与王汗同名的人：脱斡邻勒。这一个脱斡邻勒，地位很低，是铁木真家中的世仆。

王汗本人，始终并没有对铁木真打仗的意思。坏事的，是他的儿子你勒合·桑昆与札木合、答阿里台、忽察儿、阿勒坛、世仆脱斡邻勒等人。

他们叫人告诉铁木真，说结亲的事王汗已经答应，请铁木真来喝"许婚酒"。铁木真果然带了十个随从前来。来到半途，被随从之中的蒙力克提醒，于是派两个随从做代表，自己掉转马头回家。

你勒合·桑昆等人，这就怂恿王汗对铁木真袭击，大战于贝尔泊之南，"卯·温都儿"（不幸的高山）背后的"合剌·合剌只惕"（黑色的不毛之地）。铁木真惨败，只剩下两三千人马，逃到统格黎克小河（董嘎泊）躲藏，然后移驻在巴勒渚沟水（前水泊）。这是宋宁宗嘉泰三年（1203年）的事。

不久，王汗的内部发生分裂。这也许是由于铁木真派去了阿儿孩·合撒儿与速客该·者温二人，向答阿里台、札木合等人分头"传话"的缘故。事实究竟如何，史料不够，难以断定。不过拉施特的《史集》和《圣武亲征录》均说，王汗几乎被答阿里台等人阴谋杀死。参加这阴谋的，除了答力台斡真（答阿里台）、按弹（阿勒坛）、火察儿别乞（忽察儿）、札木合、忽都花别乞（忽都合别乞），还有他们的部众及梭哥台等人。这梭哥台，据屠寄研究，就是铁木真派去传话的速客该·者温。此人于传话以后，留在王汗的营里不曾走。

王汗发觉了答阿里台等人的阴谋，下令捕捉他们。答阿里台与忽勒巴里，带了撒合亦惕氏与温真氏两族回来，到铁木真的营里投降。札木合与阿勒坛、忽察儿、忽都合别乞，都逃去南部乃蛮的太阳汗那里。

这一年（嘉泰三年）秋天，铁木真带兵向西，突袭王汗，跑到"折额儿·温都儿"王汗帐幕之时，王汗正在举行宴会。王汗与你勒合·桑昆仓皇出走。他们的大将合答黑勇士对铁木真顽强抵抗了三天，为的是让王汗父子走得远些。然而，王汗走进了乃蛮境界，却被乃蛮的戍将豁里·速别赤错认为强盗，杀掉。你勒合·桑昆远远地看见父亲被杀，不敢去救，换了方向奔逃，逃去了西夏，当强盗为生，被逐，又逃去兀丹（和田）、乞思合儿（疏勒、疏附）、曲先（库车），在曲先为当地的君主黑邻赤哈剌所杀。

王汗父子所遗下的客列亦惕族及其土拉河流域的地盘，加上王汗所征服得的篾儿乞惕族在鄂尔浑河域的地盘，都移入铁木真之手。

铁木真的次一敌手，是南部乃蛮的太阳汗。再其次，是北部乃蛮的不亦鲁黑汗。灭掉了这两个乃蛮的两个汗，然后打西夏，受各方公推为成吉思可汗。

五　义父信谗

六　吞并南部乃蛮

《蒙古秘史》上南部乃蛮的太阳汗，监本《元史》与屠寄《蒙兀儿史记》均写作塔阳汗；《圣武亲征录》写作"太阳可汗"。所谓"太阳"或"塔阳"都是音译，而乃蛮的突厥语中之原文，本身又是汉语"大王"二字的音译，不过是未免译得有点儿走样。简单言之，太阳汗便是"大王汗"，比"王汗"多一个"大"字。

太阳汗只是一种称号。乃蛮的亦难察与他的儿子太亦不合，先后皆自称为太阳汗。我们在《蒙古秘史》与《圣武亲征录》等书所见到的太阳汗，却专指太亦不合。为了方便，我们把这太阳汗三个字，也用来专指太亦不合。

亦难察是全部乃蛮的君主。"乃蛮"的字义是"八"，实际上是八个黠戛斯族部落。有人说，黠戛斯为汉朝的李陵之后，这可能是附会之谈。黠戛斯属于突厥语系，为匈奴之一支，却是定论。亦难察的八个部落，原先住在唐努乌梁海，势力南及于阿尔泰山，曾经派兵帮助王汗的弟弟额儿克·合剌，逐走王汗，一度篡居王汗之位。

亦难察死后，太阳汗（太亦不合）继位，为了争夺亦难察的小老婆古儿别速，和弟弟不亦鲁黑汗（古出古敦）分了家。弟弟割据北方，这北方便是所谓"北部乃蛮"；他带了古儿别速，割据南方，亦即所谓南部乃蛮，建牙（设帐）于兀里牙速秃（乌里雅苏台。）

铁木真与王汗曾经袭击不亦鲁黑汗与太阳汗各一次。不亦鲁黑汗也参加了札木合的联盟，对铁木真与王汗讨伐一次。王汗在与铁木真翻脸、被铁木真击溃以后，逃入太阳汗的边界，死于戍将豁里·速别赤之手，太阳汗便决定了趁早将铁木真消灭。他派人通知阴山一带的汪古部的君主阿剌忽失·的吉惕·忽里，叫他准备出兵，做自己的右翼。

汪古部和蒙兀部同为鲜卑的苗裔，因此也可以算是"蒙古人"。阿剌忽失·的吉惕·忽里，虽则与太阳汗有点儿亲戚关系，似乎更重视与铁木真的种族关系。此外，铁木真这几年来的军事表现，对阿剌忽失·的吉惕·忽里也不无影响。结果是：阿剌忽失·的吉惕·忽里，不仅不想出兵帮助太阳汗打铁木真，反而派人去告诉铁木真以一切。

铁木真因此就不等待太阳汗的兵来打，而先发制人，在甲子年（1204年）的夏天祭旗出发，到达南部乃蛮的边界客勒帖该·合答。太阳汗领兵到合池儿水（哈瑞河）迎敌。

《蒙古秘史》把这一次太阳汗与铁木真之间的战役，描写得有声有色，而完全偏袒铁木真，把太阳汗形容为一个极其怯懦的人，说他被儿子屈出律与大将豁里·速别赤一激再激，才肯迎战。

两军一接触，乃蛮的军队就败，退守纳忽山山脚。蒙古军一直追进乃蛮军新阵地的营门。《蒙古秘史》说，太阳汗问札木合："那样如狼赶逐群羊……是些什么人？"札木合说："（他们是）曾用人肉喂养、用铁索圈着的四只狗（四獒）……他们这两个是者别和忽必来，那两个是者勒篾和速别额台（速不台）。"太阳汗于是说："是那样呀，离开那些下等人远些。"

《蒙古秘史》继续描写，说太阳汗挥军退守山腰。他又看到若干人"跳跃着、窜扰着前来了"，又问札木合。札木合告诉他，这些人是兀鲁兀惕氏与忙忽惕氏的战士。太阳汗这就又挥军后退，退到山上。其后，太阳汗看到一人，"像贪食的鹰，流着口水，张着尖嘴，前来"。札木合告诉他，这人就是铁木真。太阳汗说："好可怕！我们上山顶上去立住阵势！"最后，太阳汗看见合撒儿与帖木格·斡惕赤斤，又一退再退。

当天夜晚，于蒙古军的包围之下，乃蛮军纷纷跳下纳忽山的悬崖逃命，死了不少。第二天，蒙古军活捉到太阳汗。

以上，都是《蒙古秘史》的说法。《圣武亲征录》说得比较简单：激怒太阳汗、叫他迎战的，只是豁里·速别赤；太阳汗在当天日晡之时便死，不曾等待到第二天。

屠寄根据拉施特的《史集》，略加补充：太阳汗在当天夜晚"身负重伤，失血疲惫，偃卧山坡"。豁里·速别赤再三叫他起来，他起不来。豁里·速别赤知道太阳汗的确是快死了，便回到阵前，力战而死，先死给太阳汗看，让太阳汗安心闭上眼睛。第二天，太阳汗的尸首被铁木真找到。

《蒙古秘史》漏记了札木合中途率领他的部队撤退的事。这是很重要的一件事。虽则札木合其时已是铁木真的败将，但是蒙古"部族，多半从札木合在此"（太阳汗的儿子屈出律如此说）。这些"多半"的蒙古人是"札答阑氏、朵儿边部、合塔斤氏、撒勒只兀惕氏、斡亦剌惕部，加上篾儿乞惕族、塔塔儿族"。试想，当太阳汗既已与铁木真对垒之时，札木合突然带走了这许多人，太阳汗焉得不失败？

七　吞并北部乃蛮

太阳汗既死，他的领土、他所爱的父亲之妾古儿别速与大部分的南部乃蛮人民，都成了铁木真的战利品。朵儿边部、合塔斤氏、撒勒只兀惕氏和塔塔儿人，也都成了铁木真的俘虏。札木合只带了札答阑氏逃奔北部乃蛮。篾儿乞惕族的兀洼思部也被部长答亦儿·兀孙领来投降。答亦儿·兀孙而且献了女儿忽兰给铁木真。这位忽兰其后成为铁木真所最宠爱的妃子。

一部分的南部乃蛮人民，于太阳汗的儿子屈出律的统率之下，不甘屈服，企图据塔米尔河顽抗，来不及，只好再逃，逃到了阿尔泰山以南，被铁木真的军队穷追，在今日青河承化等县之南的乌伦古河被追及。屈出律只身脱走，又去了阿尔泰山以北，投奔叔父不亦鲁黑汗。他留下的部众，便流落在叶密立、海押立、别失八里等地。

篾儿乞惕族的兀都亦惕部部长脱黑脱阿，也投奔了不亦鲁黑汗。

次一年（宋宁宗开禧元年，1205年），铁木真从新疆东北部越过阿尔泰山，在科布多河的支流溃豁黑河（索果克河）遇到不亦鲁黑汗，将他活捉。（札木合的札答阑氏东奔西散，只剩下五个人，这五个人后来将札木合绑了，送给铁木真。）屈出律与脱黑脱阿，又得翻过阿尔泰山，向西逃。铁木真追他们，追到了额儿的失河（额尔齐斯河），恶战一场，脱黑脱阿中箭身亡；屈出律不曾死，又向西逃，逃到西辽的都城八剌沙衮。

八剌沙衮的另一名称，是"虎思·斡儿朵"（坚固的宫），位于伊犁河之西、塔拉斯河之东、吹河之北。当时在朝的西辽皇帝，叫作直鲁古，是西辽德宗耶律大石的孙子、西辽仁宗耶律夷列的儿子。

屠寄说，屈出律怕直鲁古不肯收容他，叫一个随从冒了自己的名字去见，自己站在门外，装作随从等候；偏偏被西辽皇后格儿八速碰见，带进宫去细问，问出了真相，便收他为干儿子，招他为公主晃忽的驸马，不到三天便结婚。

此后，他很得直鲁古的欢心与信任。直鲁古准他到叶密立、海押立、别失八里等地，招集流亡的乃蛮人，成立了一支私人军队。脱黑脱阿的儿子忽秃，曾经逃窜到畏吾儿国（都城在今天的吐鲁番），未被收容，这时候也带了残余的兀都亦惕部篾儿乞惕人来依附屈出律。

屈出律暗暗地建立实力，也暗暗地勾结外援。外援，是一度降属西辽，而此刻又已独立的花剌子模。到了宋宁宗嘉定四年（1211年，西辽直鲁古天禧三十四年），他实现了篡位的阴谋：直鲁古出外，讨伐窣堵利瑟那国的汗斡思曼，他公开叛变，占领讹迹刊城（乌兹根），进攻八剌沙衮。直鲁古从窣堵利瑟那国赶回，坚守。这时候，花剌子模国的兵，依照预定的阴谋入侵，攻破咀逻私城（塔拉斯）；城内的守军溃散，窜入八剌沙衮，杀了无辜的市民四万七千人。屈出律借此机会，以平乱为名，把军队开进八剌沙衮，软禁直鲁古，尊他为太上皇，自己当起皇帝来。屈出律当皇帝当了七年，铁木真派大将哲别来攻。次年，哲别杀死屈出律于撒里黑昆。

八 受推为"成吉思可汗"

铁木真在脱黑脱阿死后,一面派速不台穷追脱黑脱阿的儿子忽都、合勒、赤剌温等几人,一面顺便侵入西夏,借口是西夏"容纳了"王汗的儿子你勒合·桑昆。西夏因此而丧失了力吉里寨与乞邻古撒城。这是铁木真对西夏的第一次战争。那时候,是牛儿年,亦即宋宁宗开禧元年乙丑,公元1205年。

次年,虎儿年,公元1206年,冬天,各部族大会于斡难河的河源,拥戴铁木真为成吉思可汗。"成吉思"这个名词可能为"腾吉思"之讹转,意思是"海"。可汗,是大汗、皇帝。合起来,便是"海内的皇帝"。法国伯希和如此说,我国姚从吾与札齐斯钦二氏,均认为很对。

当了可汗,铁木真所做的第一件事,便是大封功臣。功劳最大的孛斡儿出与木华黎,被封为世袭的千户,同时也被任命为统率大军的万户。孛斡儿出是"右手的万户",木华黎为"左手的万户"。(十二年以后,木华黎被加封为"国王",不是某一国的国王,而是一个仅次于可汗的爵位。)

在孛斡儿出与木华黎以外,还有九十三个人也被封为"千户",一共是九十五个千户。

这九十五个千户的名单,载在《蒙古秘史》第二百○二节,所缺的共为七名。

真正有相当于"丞相"的权力的,是失吉刊·忽秃忽,亦即《黑鞑事略》一书之中的"胡丞相"。他出身为诃额仑的养子,自小和成吉思可汗一起长大,亲如同胞,替成吉思可汗办事也一向很卖力。成吉思可汗不仅叫他"治理全国人民",而且授予他以"最高断事官"的权力,"该杀的杀,该罚的罚";他并且是仅次于可汗本人的"出言为法"的立法家:"凡是失吉(刊)·忽秃忽和我商议制定的,白纸上写成青(黑)字,造成的册子,今后都不许更改。"这青册此后便成了蒙古帝国的根本大法。

就军事方面而论,地位最高的似乎是右手万户孛斡儿出与左手万户木华黎。不久,也许就在这虎儿年的冬天(阴历十二月?),甚至是就在封右左两个万户的当天,成吉思可汗又封了千户纳牙阿为"中军万户"。纳牙阿的战功,远不能与孛木二人相比。成吉思可汗欣赏他,第一是他不负故主塔儿忽台胖子,第二是他竭力保护了帝妃忽兰可敦(颇有关云长秉烛达旦的作风)。

塔儿忽台胖子是泰亦赤兀惕氏的领袖,一向专与成吉思可汗作对,纳牙阿和父亲失儿歌秃及另一人阿剌黑,都是这塔儿忽台胖子的部下。三个人到了最后,于战败流窜之时,把塔儿忽台胖子绑了,准备押送给成吉思可汗,作为投降见面礼。中途,纳牙阿良心发现,坚决主张把塔儿忽台胖子放走,然后三人空着手去向成吉思可汗投降。他的这个主张,被失儿歌秃与阿剌黑接受。到了成吉思可汗那里,成吉思可汗不仅不计较有没有活捉来的"敌酋",而且对纳牙阿这种不负故主之心,甚表同情。

其后,篾儿乞惕族的兀洼思部部长答亦儿·兀孙水尽山穷,想把尚未嫁人的女儿忽兰送给成吉思可汗,作为投降的礼物,中途遇到纳牙阿,被纳牙阿留在自己的营盘里三天三夜,才亲自护送了来。成吉思可汗起先颇为误会,到了与忽兰成婚以后,才恍然大悟纳牙阿的苦心:纳牙阿实在是有鉴于当时兵荒马乱,中途易遇歹人,不得不把她留上三天三夜,等自己抽得了身,才亲自护送了来,不仅无丝毫非礼之想,而且把成吉思可汗的事真正当作自己的事,小心翼翼地做。

右手万户、左手万户与中军万户三个人以外,另有一个万户,是巴阿邻氏豁儿赤。此人首先向铁木真"称说符命",使得铁木真立志向帝王的目标迈进，倒也不无贡献，至少是对铁木真本人。姚从吾教授认为他是萨满（巫）教中的人物。铁木真在当了成吉思可汗以后，不仅封他为千户，教他统辖巴阿邻族的三千户，又叫塔孩与阿失黑二人所管的七千户左右阿答儿乞人、赤那思人、脱斡列思人、帖良古人，凑成一万户，归豁儿赤以"万户"的身份加以节制。豁儿赤而且获得两项其他的特权：（1）统治额尔齐斯河一带的"林木中的百姓"；（2）任意选择三十个"投降百姓内的美妇人"。他后来闯下大祸，正因为执行这第二项的特权。秃马惕（土默特）部的人对他武装反抗，害得成吉思可汗损了一员大将：孛罗忽勒。

豁儿赤而且兼了"别乞"的头衔，这就差不多等于清朝的"贝子"，其地位仅次于"国王"木华黎了。（当时没有相当于"贝勒"的封号，虽则以前有过一位想昆·必勒格。）

豁儿赤又是所谓"答剌罕"（自在快活的人）：平时免税，战时免缴战利品。同时受封为答剌罕的，是锁儿罕·失剌、巴歹、乞失里黑。锁儿罕·失剌救过铁木真的命。巴歹与乞失里黑曾经把你勒合·桑昆与阿勒坛二人想偷袭铁木真的消息，飞马向铁木真报告，也算是救了铁木真的命。因此，铁木真在当了成吉思可汗以后，也封他们二人为答剌罕。

名为千户，而实际上所管超过千户的，除了四位万户以外，有下列几人：

阿剌忽失·的吉惕·忽里——管汪古部五千户。

阿勒赤·古列坚——管翁吉剌惕部三千户。

不秃·古列坚——管亦乞列思二千户。

术赤台——管兀鲁兀惕氏四千户。

也有四位，两人合管一千户，脱仑与脱鲁罕；古出古儿与木勒合勒忽。其中，只有脱仑与古出古儿是名义上的千户。

铁木真的护卫原先只有八十人左右。他做了可汗，便把这八十人

八　受推为"成吉思可汗"

增加为一万人,其中一千人是夜间入值的"宿卫",一千人是弓箭手,八千人是白天入值的"散班"。宿卫的长官,是也客·捏兀邻。弓箭手的长官,是者勒篾的儿子也孙·帖额。散班的八个长官是(1)孛斡儿出的弟弟斡歌运·扯儿必;(2)木华黎的弟弟不合(不是那位当千户的不合驸马);(3)亦鲁该的亲人阿勒赤歹;(4)朵歹·扯儿必;(5)朵豁勒忽·扯儿必;(6)术赤台的亲人察乃;(7)阿勒赤歹的亲人,也就是亦鲁该的亲人阿忽台;(8)阿儿孩·合撒儿。这八位散班长官,正如宿卫长也客·捏兀邻与弓箭手长也孙·帖额,都没有千户的爵位,而只是"千夫长"。

这一万名护卫,成了成吉思可汗的基本武力,被称为"大中军"。除非御驾亲征之时,护卫绝对不参加作战。每一名护卫,阶级虽低,而"比起在外边的千户那颜们,……在他们之上"。甚至,这些护卫的伴当(随从)地位也高于外边的百户与牌子头(什长)。

构成护卫的分子,是挑选而来或自愿来的精兵,与各位万户、千户、百户的"有技能、相貌好、愿在我跟前服务"的儿子。这些儿子,名义上是自愿参加,实际上是非来不可。他们其实是可汗借以控制新贵族的"质子"(作为人质的儿子)。

万户与千户的儿子来当护卫,不仅要自备鞍马,而且要带来十个伴当与一个所谓"弟弟"。我猜想这"弟弟"便是像脱斡邻勒那样的"世仆"。伴当与弟弟的鞍马用物,也由万户或千户的儿子自备。百户的儿子来当护卫,要带五个伴当、一个弟弟,也要自备七人的鞍马用物。牌子头与"白身人"的子弟来当护卫,要带三个伴当、一个弟弟与五个人的鞍马用物。

这一万名护卫,虽则称为"大中军",却似乎不归"中军万户"纳牙阿指挥。指挥他们的可能是成吉思可汗自己。他们分作"四班"(所谓四个"怯薛"),每班二千名散班、二百五十名宿卫、二百五十名弓箭手。四班的班长是:不合、阿勒赤歹、朵歹、朵豁勒忽。

铁木真以一个区区的"户长",所拥有的仅仅是九匹骟马,于饱经患难之后,一跃再跃,竟然统一了蒙古,兼有大兴安岭与额尔古讷河之间的"海拉尔区域",与新疆北部的"准噶尔盆地",受推戴为成吉思可汗,其威权较之长城以南的皇帝们,有过之而无不及。然而,他本人既无当皇帝的经验,左右也没有配得上当宰相的人(要等到以后打下金朝的中都北京,才获得耶律楚材)。他全凭为人慷慨,待朋友厚道,开辟成一大帝国。帝国既已造成,他一口气封了四个万户、九十五个千户,即此一端,已非一般的君主所能及。况且,他对于万户千户以外的人,也封赏了很多。八名散班长、一名宿卫长、一名弓箭手长,以及兼为散班长的四位"怯薛"班长,名字载在《蒙古秘史》。不曾载在《秘史》上的,是若干的"百户"的名字与"牌子头"的名字。百户与牌子头是下级干部,也就是基层干部。成吉思可汗待他们也很好。总而言之,成吉思可汗之所以能成功,绝非偶然。

九　组织雏形的帝国政府

铁木真虽则是合不勒可汗的曾孙，却不曾直接或间接继承到合不勒可汗的江山或制度。江山被合不勒可汗传给了俺巴孩可汗。俺巴孩可汗死后，新可汗忽图剌尽管是成吉思可汗的叔祖父，却不曾留下宝座给他。事实是，忽图剌一死，蒙兀部各单位就不再有共祖，直至铁木真于1189年（宋孝宗淳熙十六年）被选为"蒙古汗"之时。制度呢，从合不勒可汗到忽图剌可汗，就不曾有过什么像样的制度，所有的无非是部落联盟式的一种结合而已。各部落都保存了独立主权，可汗之下，没有可以称为"政府"的东西。

到了1206年，铁木真被公推为成吉思可汗之时，推他的人未必有创造一个帝国、建造一个政府之意。有此创造帝国、建立政府之意的，是铁木真自己。这便是他的了不起之处。

他做了成吉思可汗，便一举而封了九十五个千户，并且指定其中四人为所谓"万户"，气魄之大，迥非合不勒可汗等人可及。辽金二国的开创者，甚至汉唐二朝的开创者，就这一点而论，比他不上。项羽在到了秦的都城以后，一举而分封十八王，其痛快似乎与成吉思可汗相伯仲。然而，项羽没有远见，把土地和人民随随便便送掉了一大半，埋伏下自己的杀身之祸。成吉思可汗呢，一面施惠而一面以蓄养千户之子为护卫、为质子，加强了对功臣的掌握。"雄才大略"四字，他可谓当之无愧。

四个万户与九十五个千户，在理论上并非必须送儿子到可汗的身边来，候选为护卫。他们送不送、他们的儿子来不来，全凭"自愿"。事实上，谁不愿意？谁敢不愿意？有了儿子在可汗身边当护卫，哪一个万户或千户敢反？

千户"可以"送儿子来候选为护卫，"百户"与一般的老百姓也可以送儿子来候选。选的标准，是"有技能"与"相貌好"。所谓技能，无非是拉弓搭箭、使刀使枪而已。相貌，更简单，被可汗看得顺眼便成。

有九十五个千户，便是有九万五千以上的兵。事实上，每户的壮丁不止一人。打起仗来，父子兄弟全都出动。各族各部各氏的兵力，经过此次"分封"，实际上是反而合成了一体。成吉思可汗不是像项羽那样，把大好河山一块一块地切开送朋友，而是把各族各部各氏的人民一一安顿在自己的干部之下，以便指挥。

除了九十五个千户以外，成吉思可汗在护卫之中设十个千夫长。这十个千夫长是放在身边的将领，随时可以使唤，而一万名护卫在平时是凛不可犯的核心队伍，到了战时便是威力无穷的督战团。

一万名护卫直属于可汗。九十五个千户，在大体上分属于右手万户孛斡儿出、左手万户木华黎、中军万户纳牙阿与另一万户豁儿赤别乞。军政方面的组织，如此而已。

在民政方面，成吉思可汗仅有一个"最高断事官"，由失吉刊·忽秃忽担任。他的权力之大，比起金、宋的丞相来，的确有过之而无不及。他有权"惩治全国的盗贼，追查造谣惑众（的人），依理该杀的杀、该罚的罚"。

次于最高断事官的，是四位"谏官"：豁儿赤·兀孙、忽难、阔可搠思、迭该。

迭该兼做可汗的"牧羊官"。

我在上一章说过，忽难兼做皇子术赤的辅佐。术赤的其他两位辅佐，是豁儿豁孙与蒙古兀儿。

作为皇子察合台的辅佐的，是谏官阔可搠思与巴鲁剌思氏的合剌察儿。

窝阔台与拖雷,均只有辅佐一人;窝阔台的辅佐,是苏尼特氏的亦鲁该。拖雷的辅佐,是札剌亦儿氏的巴剌·扯儿必。

这位巴剌·扯儿必的哥哥,是勇冠三军、常当先锋的阿儿撒·合撒儿。巴剌·扯儿必本人也是一位名将。

另一位扯儿必,朵歹·扯儿必,地位也很重要。他的本职是护卫之中的一个千夫长。护卫分为四班(四怯薛),班长由十个千夫长之中的四个人兼任。朵歹·扯儿必是这四个人之一。他又兼了"管理家内人口"的职务。成吉思可汗说:"在宫帐周围的全体宿卫们、散班们,宫帐内的家童,放马的、放羊的、放骆驼的、放牛的和宫帐自身,都常川由朵歹·扯儿必管理。"

地位可能次于朵歹·扯儿必,而重要性不亚于他的,是可汗的"厨子"。如果把这个名词翻译得较为文雅而高贵些,便是"掌膳"、"御厨房总管"或"光禄寺正卿"。这厨子必须是可汗信得过的人。先后担任如此重要的职务的,是:四杰之一的孛罗忽勒,可汗的嫡堂兄弟翁古儿(蒙格秃·乞颜之子),谏官迭该的弟弟古出古儿,豁罗剌思氏的薛赤兀儿,塔儿忽惕氏的合答安·答勒都儿罕,晃豁坛氏的雪亦克秃·扯儿必。

厨子以次的官,可考的有车匠古出古儿与必阇赤之长失勒忽勒。车匠,实际上不是普通的匠人,而是总管车子的制造与修理的工程官。必阇赤,我以为与清朝的"笔帖式"是一个名词,意思是书记、秘书。引申起来,必阇赤便是管得了民事的文官了。

成吉思可汗的帝国政府,是雏形的,一切都很简单。他本人在助击塔塔儿族以后,当过金朝的"招讨使"。但是他对于金朝的制度并不熟悉,更无模仿之意。事实上,漠北的社会,与长城以南的中原迥不相同,成吉思可汗即使模仿了也未必行得通。根本,漠北在当时,不需要如何复杂的政治组织。

他用了四个万户,及八九十名不兼万户的千户,已经可以收到"如身使臂"的效用。一个最高断事官与四个谏官，似乎也足以辅佐他个人"综理万机"。帝国的基础是军队，而军队的核心是一万名"护卫"。其余，皇室内部的杂务与财务，有"管理家内人口"的朵歹·扯儿必。照料可汗饮食的有孛罗忽勒等"厨子"。辅佐皇子的有忽难、豁儿豁孙等人。加上牧羊官迭该、车匠古出古儿与必阇赤之长失勒忽勒，成吉思可汗的周围也可谓人才济济了。

一〇　讨伐西夏

成吉思可汗所伐的夏，中国史书称它为"西夏"，以别于商朝以前的夏朝。《蒙古秘史》称它为"唐兀惕"，译成英文是"Tanghut"。

它的创始人李继迁不属于鲜卑的"拓跋氏"，而属于党项的"托跋部"。它的人民，似乎是以党项人（藏族）为主体，但也包括了不少的汉人与回鹘（维吾尔）人。

藏族在今天所住的地方，不仅是西藏自治区与四川省西部，而且有青海的南半部。青海北部，也有很多的藏人。在唐朝的时候，藏族有一部分穿过了甘肃，而定居在宁夏与陕北等地。

李继迁的远祖托跋赤辞便是这一部分藏族的领袖。此人归顺了唐朝，被唐太宗安置在静边州（米脂县西）。静边州太大，其后分出一个"夏州"。托跋赤辞的后代托跋思恭，出生在夏州，兼有静边州、夏州、银州、绥州、宥州，一共五个州的地方。托跋思恭帮助唐朝政府打黄巢，被赐姓李，受任为"定难军节度使"。此后，他的子孙"世有夏州"等地。和其他的藩镇一样，"定难军节度使"成了一个世袭的封号。

唐朝结束以后，中原的"五代"都脆弱无能，"定难军"也自成一国，和其他的"十国"一样，不足为奇。后周的世宗皇帝柴荣，加封"李思恭"的后代李彝兴为"西平王"。

宋太祖赵匡胤即位以后，李彝兴进贡了三百匹马，宋太祖亲自督造了一条玉带，作为回赐。

李彝兴的孙儿李继捧，在宋太宗（赵匡义）太平兴国七年（982年）亲自到开封来上朝，表示不想回"定难军"，而情愿献出银、夏、绥、宥四州之地（静边州此时已废），留在开封京城。宋太宗准奏，改任李继捧为（泾川）彰化军节度使，派曹光实为"银夏绥宥四州都巡简使"，接收定难军的地盘，把李继捧的同族兄弟十二人都任命为大小的官，并且叫所有"缌麻"以上的同族都搬家到京城里来。

宋太宗的如此作风，是为了削割据、求统一，却逼反了李继捧的一个同族弟弟李继迁。这李继迁住在银州，已经受任为"管内都知番落使"，听说要强迫他搬家，就逃去了"地斤泽"造反。

次年，太平兴国八年，曹光实打他，杀了五百人，烧了四百多帐篷，虏了他的母亲与太太。

又过了两年，到雍熙二年，他诈降，诱杀曹光实，占据银州。宋太宗派田仁朗、王侁与郭守文去打他，烧了一千多个帐篷。契丹（辽）看见有机可乘，便在雍熙三年任命李继迁为"定难军节度使、银夏绥宥等州观察处置等使、特进、检校、太使、都督夏州诸军事"。

宋金二史的西夏传，均以为辽在宋太宗雍熙二年（985年）便已把义成公主嫁给李继迁，封李继迁为"夏国王"，很错。辽朝封他为夏国王的事，是在宋太宗淳化元年，亦即公元990年（据《辽史·本纪》）。把义成公主下嫁给他，比封王只早一年：公元989年。

李继迁和宋朝政府军打了很多次，取回了祖宗的四州之地，而且夺得灵州（宁夏灵武），作为都城。其后，在宋真宗咸平六年，公元1003年，他向河西走廊进攻，从藏族手中取得了西凉府（甘肃武威），被藏族领袖潘罗支暗算，中箭身亡。

他在西夏的历史上，是真正的创业之君，被追尊为太祖。

他的儿子、太宗李德明，夺得宋的怀远镇，建为新的都城，定名"兴州"（银川）。也夺得了回鹘人的甘州（张掖），降服了瓜州（安西）。此人死于宋仁宗明道元年，公元1032年。

李德明的儿子李元昊，本是夺得甘州的主将，继位以后，又从回鹘人手中拿下肃州（酒泉）、沙州（敦煌），从宋朝政府手中拿下盐州、会州、胜州，在宋仁宗宝元元年，即公元1038年称帝，国号大夏。他曾经一度对宋妥洽，被赐姓赵，所以有若干史书称他为"赵元昊"。称帝以后，宋朝政府削他的赐姓，他自己也不愿意再姓赵，仍旧姓李。

李元昊对宋作战，连获三次大胜，俘虏刘平、石元孙于延州（延安）城下，阵斩任福于好水川（甘肃隆德县之东），阵斩葛怀敏于镇戎（甘肃固原）。宋朝派了韩琦、范仲淹等名臣驻防今天的陕北与甘东，也不过是仅仅挡住了李元昊而已。

辽兴宗做宋夏两国之间的调人，实现了和平。夏对宋自称"男邦"，宋每岁赐夏以"银、绮、绢、茶"，并且封李元昊为"夏国主"。银绮绢茶的详细数目待考。李元昊要求"二十五万五千"，是否为总数共值银二十五万五千两，或每样二十五万五千两、二十五万五千匹、二十五万五千斤，我们无法查证。我们仅仅知道，宋第一次所拿出的是：银二万两、绢二万匹、茶三万斤。这也许是第一年的"岁赐"，也许不是，而是一种特别的恩赏。

李元昊死于宋仁宗庆历八年，被尊为景宗。

在他以后，有儿子毅宗谅祚、孙子惠宗秉常。毅宗谅祚在宋仁宗皇祐元年（1049年）被辽兴宗伐了一次，他用坚壁清野的方式逼得辽军撤退。他对宋有几次小战争，但在大体上和宋维持了和平。

惠宗秉常在宋神宗元丰四年被母亲梁太后禁闭，宋朝政府兴师问罪，抢了夏的兰州、米脂、宥州，也打了一个大败仗在永乐城，损失了二十万人以上（元丰五年）。

惠宗秉常的儿子是李乾顺，西夏历史上的崇宗皇帝。此人对宋作战，大胜四次：第一次，在宋哲宗绍圣三年（1096年），攻下（陕西安塞县北的）金明砦；第二次，在宋徽宗崇宁四年（1105年）战胜高永年于（青海西宁县北的）宣威；第三次，在政和六年（1116年）攻下泾原（甘肃泾川）

的靖夏城；第四次，在宣和元年（1119年）战胜刘法于统安城（可能在陕西横山县西、统万城旧址的附近）。

李乾顺也吃了几次亏：在政和五年大败于古骨龙，在政和六年丢掉了仁多泉城与臧底河城（这三处地名，待考）。

辽在宣和七年（1125年）为金所灭。李乾顺曾经在政和二年与宣和四年出兵救辽两次，均被金军击败。

辽亡以前的一年，金太宗向李乾顺颁发诏书，叫他投降。李乾顺依从，金太宗册封他为"夏国王"。

宋在辽亡以后的第二年被金打败，徽钦二宗被掳，高宗在南京（河南商丘）即位。北宋结束，南宋开始（1127年）。

西夏与南宋之间，没有打多少交道，也无从打起，中间隔着一个金。只有一次，在高宗绍兴三十年（1160年）金主亮伐宋之时，西夏趁火打劫，偷了南宋的荡羌砦（甘肃固原县北）、九羊砦（也在固原县内）、会川城（甘肃靖远西南）。那时候，西夏的皇帝是李乾顺的儿子李仁孝（西夏仁宗）。

西夏对金，相处得比以前对宋好。这固然是因为李仁孝天性爱好和平，西夏的实力，经过宋徽宗时的若干次大战，也确已空虚到不足与金较量了。

李仁孝的儿子桓宗纯佑无甚作为，在铁木真被推为成吉思可汗的一年（1206年，宋宁宗开禧二年）被堂兄弟李安全篡位。李安全也没有多大作为。他是西夏历史上的襄宗。

继李安全之位的，是远房的本家李遵顼（西夏神宗）。李遵顼即位之年（1211年，宋宁宗嘉定四年），成吉思可汗的兵战胜金兵于会河堡。次年，李遵顼也仿照李仁孝对宋趁火打劫的先例，对金作战，攻打葭州。1213年，攻打保安州、会州，拿下了泾州。1214年，金的兰州守将程陈僧叛金降夏。六年以后，会州也入于西夏之手。李遵顼不曾料到，七年以后，西夏自身会亡，而且亡在金前五年。

成吉思可汗打西夏，前后有过四次。第一次是在乙丑年（1205年），当时西夏的皇帝是李纯佑（桓宗）。战争的借口，是西夏容纳了王汗的儿子你勒合·桑昆。事实上，你勒合·桑昆并未正式"入境"，也未受到收容。他在西夏混了不久。成吉思可汗攻下西夏的力吉里寨，把寨内的人民杀光。拉施特说，有一个极大的城，乞邻古撒城，也被成吉思可汗攻破。成吉思可汗回军，经过落思城，却掳去了不少的人民与骆驼。

第二次，是在丁卯年（1207年）的秋天。西夏的罪名是"不纳贡"。这时候，皇帝已经是篡位的李安全。战争的结果，是成吉思可汗打下兀刺孩城。屠寄说，此城在宁夏西南部的"龙骨山"，与甘肃的山丹县接界。

第三次，是在癸未年（1223年）的冬天，《元史》记载不详，只说带兵的是史天祥，所攻破的地方是贺兰山，史天祥在归途之中遇伏，眼睛中箭。这一年，可能是在战后，李遵顼传位给儿子李德旺，自称太上皇。

第四次，是在乙酉年（1225年）的秋天，成吉思可汗亲征，借口是西夏没送"质子"，又不参加对西域（花剌子模等国）的讨伐。真正的原因，据屠寄说，是西夏对金讲和。和金便是"叛蒙"，所以成吉思可汗才亲自带兵来打。然而，西夏对金讲和，是在冬天十月，而成吉思可汗来打，是在秋天。屠寄以为成吉思可汗早已料到西夏会叛，我看未必。可能是，成吉思可汗来打在前，而西夏因他来打，才不得不在十月间对金讲和。成吉思可汗发动亲征是在乙酉年的秋天，而军队到达西夏境内，却在次年，丙戌年的春天。成吉思可汗在二月间拿下"黑水"等城，而李遵顼便在这时候死，很像是吓死的。到了夏天，成吉思可汗又拿下甘州、肃州等城。李德旺又跟着在秋天七月死去。继位的，是远房的侄儿李睍（屠寄误写成李睍）。李睍即位以后，成吉思可汗又拿下西凉府（武威）及搠罗、河罗、应理（宁夏中卫）等县。这些，都是在秋天拿下的。到了冬天，成吉思可汗进攻灵州城（宁夏灵武），李睍派了嵬名令公带领五十营来救。成吉思可汗撇下灵州，踏冰渡过黄河，迎战。嵬名令公大败，逃回"中兴"（就是兴州，宁夏银川）。成吉思可汗也再度到黄河东岸，向东南移动，扎营在盐州（宁夏与陕西交界之处的盐池县）的郊外。

成吉思可汗在丁亥年（1227年）的春天，留下若干军队攻西夏的中兴城，自己带了大队人马去攻金的积石州（甘肃临夏县西）。西夏挨到六月间正式投降，成吉思可汗派脱栾·扯儿必去受降，加以抚慰。这时候，成吉思可汗已经不仅攻下了积石州及临洮与西宁，而且回师到甘肃的六盘山避暑。

成吉思可汗由六盘山去清水县，又由清水县去了灵州，就在七月的壬午日，死在灵州。（这是《蒙古源流》的说法，屠寄认为可信。别的书都说他死在六盘山。）

李晛在成吉思可汗死后来朝，他不知道成吉思可汗已死。脱栾·扯儿必把李晛杀了，而且屠杀李晛的全族。西夏的人民被蒙古兵杀死了的，也不在少数。

传说，成吉思可汗在死前有过如此的吩咐，脱栾·扯儿必只是遵行遗命。直到今天为止，还不曾有人对这个传说怀疑。我却以为，成吉思可汗生平杀人虽多，但并不喜欢杀害已经向他投降的人，这个传说未必可靠。

西夏得到如此的结局，真是够惨。这个国家，自从公元985年李继迁袭取银州、叛宋自立以来，到1227年，已有二百四十三年的历史。倘若从公元883年拓跋思恭受唐僖宗的任命，充当定难军节度使的一年算起，那它的历史就不止二百四十三年，而有三百四十五年了。倘若只从"赵"元昊称帝之年（1038年）算起，也还有一百九十年之久。

它的领土，在极盛之时，有二十二个州。它的政治制度与文物典章，在大体上模仿唐宋。最醉心汉化的是李谅祚。对于佛教，西夏的君臣也很提倡。最了不起的一位皇帝是李元昊（景宗）。他是文武全才，于打仗办公之余竟能发明了整套的西夏文字，其外形是方块而内容是拼音。

可惜，李元昊和另一个西夏皇帝李乾顺，太喜欢打仗。李元昊的对手方是不为已甚的宋仁宗，所以结果还是和。李乾顺的对手是宋神宗与不太懂事、受童贯摆布的宋徽宗，以致两国国力互相抵消。宋丧失了汴梁于金兵之手，成为南宋。西夏也一蹶不振，始则对金驯服，终于被成吉思可汗消灭。

一一　受畏吾儿之降

"畏吾儿"是自动归顺成吉思可汗的一个国家。畏吾儿的人民，是今天新疆境内维吾尔族的祖先，也是唐朝回鹘人的苗裔。

回鹘人说的话属于突厥语系。他们在血统上与突厥人也很近，在政治上始则为突厥的藩属，继则为突厥的敌国。

他们的领袖特健俟斤与隋炀帝同时。特健俟斤的儿子叫菩萨。菩萨以五千骑兵，战胜突厥颉利可汗的儿子欲谷设，而欲谷设所率领的骑兵有十万人之多。这件事，发生在唐太宗贞观元年（627年）。

三年以后，唐太宗的兵俘虏了颉利可汗，漠北的霸权落入薛延陀国之手。薛延陀在贞观二十年被唐击溃，两年以后，薛延陀的残余，在可汗多弥的统率之下，为回鹘的君主吐迷度所消灭。吐迷度成为漠北的霸主，自称可汗，唐太宗封他为怀化大将军。

突厥人于默啜可汗的领导之下，一度复兴；回鹘人的独支解可汗逃奔到甘州（甘肃张掖）一带，其后在唐玄宗开元四年（716年）帮助唐朝军队，战胜默啜，杀死默啜。再其后，回鹘的可汗裴罗在天宝四年攻杀突厥的可汗白眉，便占有了漠北漠南、突厥旧有的领土。

裴罗的儿子磨延啜，派兵帮助郭子仪打安禄山，收复长安洛阳。

回鹘人的大帝国，维持了将近一百年，在唐武宗会昌元年（841年）为黠戛斯所击溃。黠戛斯人住在今天的唐努乌梁海，所说的话属于突厥语系。他们自称是汉朝的李陵之后。

一部分的回鹘人，有十万人左右，在乌介可汗率领之下，来到漠南，驻扎在云州之北的闾门山，要求"借"天德城，被拒绝；先后进攻云州与振武，被唐朝政府的军队击败，投降的很多。乌介可汗逃到了黑车子室韦那里去，被黑车子室韦的君主杀了，向唐朝报功。境内的回鹘人，其后被黠戛斯派兵来要了走。

另一部分回鹘人，由庞特勤率领，占据甘州，慢慢地新成一国，拥有"碛西"（戈壁之西）的若干城，以庞特勤为可汗。这一国，叫作"甘州回鹘"。他们的后代，我在甘州遇到过。

甘州的地望近于"北庭"。北庭曾经是唐朝"北庭都护府"。

回鹘人称北庭为"别失八里"。别失是"五"，八里是"城"。我见过这"别失八里"的遗址，它确是五个城合起来的一个大城，中央的一个很大。我在这遗址之中掘得了一具古人的遗体，送到新疆的博物馆保存。

在别失八里有一位回鹘"大酋"仆固俊，在唐懿宗之时（859年至873年）翻过天山，对吐蕃作战，从吐蕃人手中抢得了西州、轮台等城。

西州的遗址我也到过，在吐鲁番城的东边几十里，当地的人叫作"哈喇火加"。"哈喇"是黑，"火加"两个字是"和州"或"火州"的音变。它原是汉朝的"交河城"，宋辽金三朝称它为"和州"、"火州"。在清朝的文书上，"火加"写成"和卓"，很容易令人误会，以为这是与"大小和卓"两位"圣裔"有关的一个城。

仆固俊及其部下在西州定居下来，也自建一国，被中国史家称为"西州回鹘"，有时候被称为"高昌回鹘"。以前在南北朝的时候，此地确曾有过一个国家，叫作"高昌"，直到唐朝初年还存在。玄奘去印度，由高昌经过，高昌的国王颇想留他下来。

这西州回鹘或高昌回鹘，不仅占有今日的吐鲁番与轮台，而且逐渐掌握焉耆、库车、阿克苏、疏附，以及天山以南的整个南部新疆。南部新疆在西汉之时有三十六国，在东汉之时有五十几国，其中极大部分的人民是"白种人"，所说的话属于"印度欧罗巴语系"。西州回鹘花了几百年的工夫，做到使这些白种人的后裔都以为自己是"维吾尔人"，都只能说维吾尔语。

在宗教方面，西州回鹘在未到西州以前，所信的是摩尼教（波斯人摩尼所创的一种兼有耶佛祆三教内容的宗教）。到了西州以后，大部分的人改信佛教，其后在明朝中叶以后又全体改信了"回教"（伊斯兰教）。伊斯兰教是由葱岭以西传来的。

向成吉思可汗上表归顺的"畏吾儿"，便是这"西州回鹘"。关于西州回鹘在五代与宋之时的历史，我们所能知道的极少。

宋太宗在太平兴国六年（981年）派了王延德做答访"高昌"的使臣，因为"高昌回鹘"在宋太祖建隆三年、乾德三年及本年（宋太宗太平兴国六年），先后派了使臣来进贡。

这时候，高昌的"西州回鹘"久已有了可汗。对宋太宗进贡的一位可汗，叫作"阿厮兰汉"。阿厮兰，是狮子；"汉"是"汗"，是王。

王延德在太平兴国七年四月到达吐鲁番，只见到狮子王的"国舅"阿多于越，因为狮子王去了北庭避暑。（从这一点材料来看，北庭是隶属于狮子王的，西州回鹘的版图之大，于此可见。龟兹〔库车〕在五代的时候也已经是西州回鹘领土的一部分了。）

王延德于是又到了北庭，与狮子王相见。这狮子王对宋朝很有礼貌，"东向""拜受赐"。不久，狮子王要回西州，叫王延德先去，在西州等他。王延德留在西州，到了太平兴国八年的春天，才偕同狮子王的"谢恩使"一百多人启程回开封。

其后，在宋真宗景德元年（1004年），西州回鹘又有使臣来进贡一次。六年以后，在宋真宗大中祥符三年（1010年），有所谓"龟兹图王可汗"派人来送大尾巴羊、独峰骆驼等等物品。"图"字显然是"国"字之误。龟兹久已是西州回鹘的一部分，此时是否另成一国，或西州回鹘迁了都，不再沿称"高昌"，而改用新都所在的古国龟兹之名？

也许是，并未迁都，而仅仅是感觉到用"龟兹"比用"高昌"更有面子。宋《会要》一书之中，有这么几句话："龟兹，回鹘之别姓也。……或称西州回鹘，或称西州龟兹，或称龟兹回鹘，其实一也。"

辽朝与甘州回鹘颇有来往，与西州回鹘似乎来往很少。辽亡以后，耶律大石西奔，建立"西辽"。他派人去西州回鹘有所要求，碰了钉子。《金史·太宗本纪》，天会九年（1131年）："九月己酉，和州回鹘执耶律大石之党，撒八迪里突迪，来献。""和州"，也就是元明史书上的"火州"。

西州回鹘虽则有过这么一次对耶律大石抗拒，对金朝效忠，其后却免不了向耶律大石低头，成为西辽的一个属国。西辽不仅派了一个"少监"来监视西州回鹘，而且叫这少监就地征税。

因此之故，在成吉思可汗征服了乃蛮，兵力及于今日的新疆的北部之时，西州回鹘的君主（巴尔术·阿而忒·的斤）便杀掉当时的一个西辽少监，和西辽断绝关系，向成吉思可汗上表归顺。

《元史》卷一百二十二是巴尔术·阿而忒·的斤的传记。《蒙古秘史》称他为"亦都护"，其实亦都护不是他的名字，而是他的衔号。玄奘在唐朝见过西突厥的"叶护"。叶护和亦都护，是一个名词，字义近于"亲王"。

巴尔术·阿而忒·的斤并不是等到成吉思可汗派了使臣来，才杀掉西辽的少监和西辽翻脸，而是先杀掉西辽的少监，才看见成吉思可汗的使臣来到。所以，他之决心归顺，可谓出于自动。

他的代表，陪着成吉思可汗的使臣回去复命。《元史》译载了他所上的表："臣闻皇帝威德，即弃契丹（西辽）旧好。方将通诚，不自意天使降临下国。自今而后，愿率部众为臣仆。"

几年以后，在辛未年（1211年），他亲自来到怯绿连（克鲁伦）河来上朝，要求做成吉思可汗的第五个儿子。成吉思可汗欣然同意，并且赏他一个公主（阿勒·阿勒屯），招他为驸马。

从此，他成为皇亲国戚，而且做了成吉思可汗西征时的先锋，经常统兵一万人。

他的人民，在元朝被称为"色目"①，地位在华北的"汉人"与华南的"南人"之上，而仅次于"蒙兀"。

巴尔术·阿而忒·的斤传了若干代，对元朝的中央政府始终很好。他的孙儿马木剌·的斤，以先锋的资格，率领一万人参加元宪宗（蒙哥可汗）在西川合州钓鱼台的战事。他的曾孙火赤哈儿·的斤，忠于元世祖（忽必烈可汗），抵抗笃哇与八思巴等人的十二万兵，死守"火州"不降，事后，被元世祖赏以（定宗贵由可汗的女儿）巴巴哈儿公主。再其后，火赤哈儿·的斤驻守哈密，又遇到元世祖的敌人来攻，大战一场，阵亡。

火赤哈儿·的斤的儿子纽林·的斤，被元仁宗（爱育黎拔力八达可汗）封为高昌王，叫他对"内郡"（内地）称高昌王，对他的本国仍旧可以称"亦都护"。纽林的命很硬，连克两个公主，最后娶了第三个公主。头两个公主是元太宗窝阔台可汗的孙女，第三个公主是安西王阿难答的女儿。

纽林·的斤生了两个儿子：长子叫作帖木儿·补花，次子叫作籛吉。这两人其后相继为"高昌王·亦都护"。帖木儿·补花也娶了一个公主。他们家世世代代，做了元朝皇室的表亲。

---

① "色目"一词见于《唐律疏义》，意为"各色名目"，亦称姓氏稀僻者为色目人。《元史》中的色目人主要是指除蒙古以外所有西北诸族，包括中亚、西亚乃至欧洲各类人的泛称。

一一 爱畏吾儿之降

一二 受斡亦剌惕等部之降

斡亦剌惕在成吉思可汗之时是贝加尔湖西岸的居民。他们其后迁到新疆北部与青海北部,被汉人称为"瓦剌"、"厄鲁特"、"卫拉特"。

他们的"部长"忽都合·别乞,原先站在札木合的一边,与成吉思可汗作对;到了兔儿年(丁卯,1207年),他见到皇子术赤带兵前来,便不战而降,向先锋驸马不合(布哈)表示,情愿做向导,深入"众多的"斡亦剌惕人之境,劝降。于是,依次而降的便有:

(1)在今天赤塔一带的不里牙惕人。
(2)在贝加尔湖东岸的巴儿忽惕人。
(3)在贝加尔湖西岸的兀儿速惕人。
(4)在唐努乌梁海东北部的合卜合纳思人。
(5)在杭爱山脉之北的康合思人。
(6)在俄属托波儿斯克省的秃巴思人。

其后,皇子术赤派人到"众多的"乞儿吉速惕人(點戛斯,Kirgiz)境内,亦即唐努乌梁海境内劝降。乞儿吉速惕人三个部的部长:也迪·亦纳勒、阿勒迪额儿与斡列别克·的斤,都"望风款附"。

术赤不以收降了这些部族为满足,又继续招降了"七处林木中的百姓"。

成吉思可汗对于术赤有如此成就,十分高兴。他也很嘉许斡亦剌惕的部长忽都合·别乞,便把自己的女儿扯扯亦坚,嫁给忽都合·别乞的儿子亦纳勒赤；又把术赤的女儿溪罗罕，嫁给亦纳勒赤的哥哥脱列勒赤。

　　在这些人投降以前，成吉思可汗于即了帝位以后已派遣忽必来进攻今天伊犁一带的合儿鲁兀惕人（唐朝回鹘"葛逻禄部"的后裔）。合儿鲁兀惕人的君主阿儿思阑汗（狮子王）也是不战而降。此人于羊儿年（辛未，1211年）亲自来上朝，成吉思可汗招他为驸马，把女儿脱烈公主嫁给他。后来，阿儿思阑汗病死，成吉思可汗叫脱烈公主再嫁，嫁给阿儿思阑汗的前妻之子也先不花。

一三　囊括西辽旧壤

成吉思可汗于征服了乃蛮,招降了畏吾儿以及唐努乌梁海、中部西伯利亚与新疆西北部(伊犁一带)若干部族以后,已经与西辽帝国接壤。

关于西辽,我在前面第七节"吞并北部乃蛮",已经约略提及,它是辽国皇室成员耶律大石在"西域"所建立的一个大国。

耶律大石是辽太祖阿保机的八世孙,文武双全,中过进士,点过翰林,当过刺史、节度使。辽朝天祚皇帝因战败而逃往绥远,他死守燕京(北京),打退宋兵;其后金军进居庸关,他经古北口撤入热河,一度被金军俘虏,逃出,到绥远找天祚皇帝。

天祚皇帝保大四年(1124年)阴历七月,他离开天祚皇帝,带了二百人向北走,渡过"黑水",到了离开西库伦不远的可敦城,驻扎在"北庭"(单于庭)。《辽史·天祚皇帝本纪》"耶律大石"条把"北庭"写作"北庭都护府",错。

耶律大石召集了"七州十八部"的大会,凑集了一万人,企图复国。

新兴的金朝,有一名"泰州刺史",驻在离今天长春不远的泰州。他的名字叫作婆庐火。婆庐火在金太宗天会七年(1129年)向金太宗报告,说"耶律大石已得'北部'二营"。

次年,天会八年,耶律大石开拔,向西走。波斯的历史家志费尼在《世界征服者史》里面说,耶律大石"到了乞儿吉思人(黠戛斯人)的边界上,侵占了一片土地,被乞儿吉思人驱逐,才又到了叶密尔河(新疆西北部的额敏河)流域;在那里他们建起一座城池,其遗址'现在仍存'"。梁园东说,这个城便是常德在所著的《西使记》之中所提及的"叶瞒城"。

《辽史》说,耶律大石曾经写信给甘州的"回鹘王"毕勒哥,要求假道。毕勒哥迎接他到王府,大宴了三天。《辽史》这一段话,很成问题。耶律大石似乎并不曾经由甘州向西走,而是直接去新疆西北部的。并且,当时甘州久已入于西夏之手,西夏在六年前又已投降了金朝。

耶律大石在甲辰年(1124年)凑集了各部的兵一万人,驻扎在"单于庭"。这一年,他称王。

四年以后,他已经向西移动成功,占领了喀什噶尔。喀什噶尔的君主阿赫买德战死。(埃本·埃勒·阿替儿在所著《东土耳其斯坦》一书之中如此说。)

又过了两年,1130年,耶律大石在新疆西北部的额敏河流域,筑了一个大城。(志费尼在所著《世界征服者史》一书之中如此说。)

再过两年,1132年岁次壬子,他称帝于撒马儿干城之西的起儿漫城,建元延庆,国号仍叫作大辽。(《辽史》卷三十如此说。)

他何以能在撒马儿干城之西的起儿漫城称帝?因为,他战胜了当地("河中")的君主穆罕默德。(志费尼如此说。)

《辽史》说,耶律大石的这一次战争,是在称帝以前的九十多天;又说,对手方是"西域诸国"的联盟军,这联盟军有十万人之多,号"忽儿珊"。《辽史》的作者,显然是错认了"忽儿珊"一词为联盟军的"称号"。也把对"河中"的战争,与对"忽儿珊"的战争,混为一谈。

事实是:忽儿珊是国名,今天为伊朗的一个区域,写成英文是"Khorasan";这忽儿珊国的国君,叫作桑加儿。桑加儿不仅是忽儿珊国的国君,而且也是东部伊斯兰教世界的共主,速勒坛,握有相当实权。住在巴格达的所谓哈里发(Khalif, caliph,"教主代表")不过是名义上的领袖而已。

苏丹(sultan)这一个阿拉伯名词,意思是"俗世之主"。第一个获得这个封号的,是桑加儿的叔曾祖,秃赫鲁勒。颁赐这个封号给秃赫鲁勒的，是当时的哈里发，阿勒·卡伊姆。

秃赫鲁勒的祖父，是西突厥的奥胡斯部落（Oghuz）的领袖，名字叫作塞尔柱。

因此，从秃赫鲁勒开始的苏丹朝代，便叫作"塞尔柱朝代"。

桑加儿是这个朝代的佼佼者，却败在耶律大石之手。败的一年，据埃本·埃勒·阿替儿说，是1141年；那就迟在耶律大石称帝以后，而不是如《辽史》所说，在耶律大石称帝以前的九十多天。

《辽史》说，在耶律大石称帝以前的几天，亦即战胜了伊斯兰教诸国的联盟军以后的九十天，有"回回国"的国王前来撒马儿干，向耶律大石投降。

这"回回国"不是泛指任何一个伊斯兰教的国家，而是指的"花剌子模"（Khwarizm，Khwarizmia，Khorezmia）。花剌子模原为塞尔柱帝国的波斯的北边一个省。省长库特布德丁早已独立，自称"花剌子模·沙"。沙（Shah）的意思，是王。库特布德丁的儿子阿特西斯在1138年和桑加儿大战了一场，所以不仅不参加桑加儿的1141年对耶律大石之战，而且于桑加儿战败以后的九十天，亲自去撒马儿干，向耶律大石投降。

耶律大石于是不但有了锡尔河与阿姆河之间的"河中"，而且有了花剌子模作为藩属。（忽儿珊不曾变成耶律大石的藩属。耶律大石虽则战胜了桑加儿于撒马儿干附近，却不曾带兵到忽儿珊去，把忽儿珊征服。桑加儿虽败了一仗，实力依然雄厚。他在1157年死，要到了1194年他的后代才为花剌子模的国王、阿特西斯的孙子所消灭。）

耶律大石的帝国，却也够大。在西边，有起儿漫城、撒马儿干城，以及整个"河中"；在东边，有额敏河流域、喀什噶尔、和田，以及喀什噶尔与和田之间的莎车。作为他的藩属的，西边有花剌子模，东边有别失八里（新疆孚远一带，原属西州回鹘），与西州回鹘（畏吾儿），及其所包括的焉耆、龟兹（库车），北边又有势力相当大的合儿鲁兀惕（伊犁一带）。

耶律大石在1124年北走、称王，在1132年称帝于起儿漫，建元延庆。到了延庆三年，他迁都至新筑的虎思·斡儿朵（Khus-Ordo，坚固之宫）。这虎思·斡儿朵在旧有的八剌沙衮（Balasagun）附近。

耶律大石于迁都以后，改延庆三年为康国元年。这一年三月间，他派遣萧斡里剌为"都元帅"，率兵七万征金，萧斡里剌向东进军，走了一万多里，看不见敌人，无功而回。耶律大石不怪他，说"这是天数！"康国十年，1143年，耶律大石去世，儿子夷列年幼，皇后塔不烟摄政。

耶律大石死后，庙号德宗。他的皇后塔不烟摄政了七年，才由他们的儿子夷列继位。夷列在位十三年，死，庙号仁宗。在这位西辽仁宗在位之时，全国的户口有八万四千五百户。

仁宗的妹妹普速完，也摄政了十四年，才由仁宗的儿子直鲁古继位。

直鲁古在位三十四年，被乃蛮太阳汗的儿子屈出律篡位，于被篡两年以后去世。

从耶律大石称王之年（1124年）算起，算到直鲁古被篡之年（1211年），共有八十八年的历史。倘若从耶律大石称帝之时（1132年）算起，那就只有八十年的历史。

屈出律篡了位，并没有改西辽国号。西辽的种种制度，屈出律没有怎样加以更改。

然而，屈出律在文化的类型上距离西辽的历代皇帝很远。他本人丝毫未"汉化"，不懂得什么是"忠恕之道"、什么是"以大事小"。耶律大石等人，自己信佛教，却并不强迫别人信佛教。屈出律原是基督教景教派（Nestorians）的一分子，自从娶了直鲁古的女儿而改信佛教以后，竟然把和田的伊斯兰教首领阿赖乌德丁·穆罕默德钉死在清真寺的大门之上。

屈出律的胡作非为，包括：袭杀阿力麻里（Alimalik，废墟在今日伊宁城之北）的国王斡匝儿，劫掠屠杀合失合儿（即喀什噶尔，Kashgar，疏附）都城外的居民，连续做了两三年。

成吉思可汗于屈出律当西辽皇帝当了七年以后（1218年），派遣哲别以两万人来征讨。屈出律望风而逃，离开京城虎思·斡儿朵。京城以内的人民纷纷起义，屠杀城内的乃蛮人。屈出律一逃，逃到合失合儿；再逃，逃到巴达克山（Badakshan），被哲别的兵追及，捉到，砍头。

整个西辽帝国，于是也成了成吉思可汗的领土。

一四　消灭花剌子模

哲别在戊寅年（1218年）灭了屈出律所篡占的西辽；成吉思可汗在次年，己卯年，御驾亲征，征"回回国"。

所谓"回回国"，便是花剌子模。花剌子模原为中古波斯的一省，其中心城市为兀笼格赤，就是今天乌孜别克共和国的乌儿干奇，在咸海东南、阿姆河的南岸。

花剌子模自成一国，是在公元11世纪之末、塞尔柱突厥人的朝代瓦解之时。关于塞尔柱突厥人，我在前面已经略有交代。他们之中的秃赫鲁勒在1055年打下巴格达城，受当时的哈里发（伊斯兰教教主）之封，做苏丹（俗世之主）。此人的侄儿阿勒普·阿儿思阑，在1071年战胜东罗马，俘虏了东罗马的皇帝罗曼努斯四世。阿勒普·阿儿思阑的儿子马力克·沙把伊拉克和叙利亚并入版图，死于1092年。死后，马力克·沙的弟弟土土希与马力克·沙的儿子马赫谟德等人争立，塞尔柱帝国瓦解。马力克·沙的其他三个儿子是：巴奇雅罗克在位十年（1094-1104年）；穆罕默德在位十四年（1104-1118年）；桑加儿在位三十九年（1118-1157年）。

桑加儿所能真正统治的地方，仅有忽喇桑（忽儿珊）。他在1141年（西辽德宗康国八年，南宋高宗绍兴十一年）被耶律大石战败。三年以前，他与花剌子模的阿特西斯有过很大的冲突：占了花剌子模，但不久又失了花剌子模。

阿特西斯的祖父努希·的斤属于突厥种，自幼被人掠卖为奴，渐渐因功脱籍，升迁到马力克·沙下面的花剌子模总督。努希·的斤的儿子，是阿特西斯的父亲库特布德丁·穆罕默德；此人在马力克·沙死后，僭号，自称"花剌子模·沙"。

阿特西斯对桑加儿作战,对耶律大石投降。阿特西斯的儿子伊勒·阿儿思阑夺占忽喇桑的西半部。伊勒·阿儿思阑的儿子塔卡希夺占忽喇桑的其余半部,加上伊斯法罕。

塔卡希死于1199年,儿子阿拉·乌德丁·穆罕默德继位。这一个阿拉·乌德丁·穆罕默德和乃蛮余孽屈出律勾结,推翻了西辽直鲁古。他不把成吉思可汗放在眼里。

阿拉·乌德丁·穆罕默德在屠寄《蒙兀儿史记》中被称为"阿剌哀丁",在冯译《多桑蒙古史》中被称为"摩诃末"。我在本书本节以下,简称他为"阿拉·乌德丁"。

阿拉·乌德丁自从在1199年即位以来,先后脱离西辽的羁绊,并吞撒马儿干与浩儿国。

撒马儿干的"突厥人伊儿汗"朝代,于耶律大石以后,一向是西辽的藩属。这朝代的末了一个汗斡思蛮与阿拉·乌德丁合谋,对西辽独立,情愿改奉花剌子模为宗主国,改以献给西辽的岁币献给花剌子模。不久以后,斡思蛮后悔,对所娶的花剌子模公主冷淡,而对所娶的西辽公主宠爱,并且屠杀撒马儿干城内的花剌子模侨民。阿拉·乌德丁于是在1211年兴兵讨伐,杀掉斡思蛮,将撒马儿干据为己有。

浩儿国,位于今日阿富汗的西部,国都浩儿城在海喇特(Herat)的东南。它的国王也是突厥人。最后一个,马赫谟德,在1213年被哈里发纳昔儿派人刺死。阿拉·乌德丁的胞弟阿里·息儿当时在浩儿城作客,乘便僭夺王位,向撒马儿干城的阿拉·乌德丁请封。阿拉·乌德丁派使臣去,赐锦袍给阿里·息儿,就在阿里·息儿试穿锦袍之时,被使臣杀死。于是,浩儿王国亡国,土地变成了花剌子模帝国的直属领域。

其后,阿拉·乌德丁又战胜发儿斯国的国王撒德,收发儿斯国为藩属,取该国的赋税三分之一为岁币。里海西岸阿塞儿拜依姜国的兵,也被阿拉·乌德丁战败。国王欧斯拜克纳贡称臣。

再其后，于回历六一四年（1217-1218年），阿拉·乌德丁向巴格达城进兵，企图废掉哈里发纳昔儿，却没有获胜。

虽则小受挫折，阿拉·乌德丁仍然很志得意满。的确，他的版图不小，他的军队也号称有四十万人之多。

在他看来，成吉思可汗不过是东南的一个小国君长而已。成吉思可汗派了三个人来看他，向他说："我看待你，如同看待所爱的儿子一样。……我不再需要别人的土地。我只要你我的臣民之间能够彼此通商。"

阿拉·乌德丁听了，觉得奇怪。他问三人之中的一个，在花剌子模出生的马赫谟德说："成吉思可汗为什么要把我当儿子看待呢？这人有多少兵力？"马赫谟德说："成吉思可汗的兵力，绝不能与您的兵力相比。"于是，阿拉·乌德丁便打发这三人回去复命，答应通商，却并不称臣纳贡。

成吉思可汗得到阿拉·乌德丁的回信，果然便传旨"诸王、诸那颜、诸将，各出私货"，各派可靠的仆役一两人，随那原已去过一趟而现在回来的三个人，再去花剌子模，换取花剌子模的土产。结果，竟有四百五十人之多，结队向去。

他们去到花剌子模边界，锡儿河上的讹答剌，被当地的守将亦纳勒具克逮捕。亦纳勒具克向阿拉·乌德丁报告，说来了四百五十名间谍。阿拉·乌德丁说："既然是间谍，立刻把他们正法。"于是，这四百五十人都不明不白地死于非命。

成吉思可汗接到消息，气得走上山去，向天祷告，发誓替死者报仇。1218年，哲别歼灭了屈出律的力量；次年（己卯年），成吉思可汗便在四月间下旨，御驾亲征，把漠北后方的事交给皇弟帖木格，漠南的事交给皇女阿剌合别乞。

他所动员的兵，据屠寄说，号"六十万"。这数目，可能是超过事实很远，虽则畏吾儿、阿力麻里、合儿鲁兀惕，都由国王亲自带兵来跟随

一四　消灭花剌子模

成吉思可汗去作战。

成吉思可汗长驱直入，在九月间到达讹答剌城，留下察合台与窝阔台两个皇子攻打这讹答剌城。另派皇子术赤率领一军，向西北走，进攻毡的与养吉干；派阿剌黑、速亦客秃与塔孩共率一军，向东南走，攻打别纳客惕。成吉思可汗本人，带着最小的皇子拖雷，率领一军，渡过锡儿河，直攻布哈喇城（屠寄写作"不合儿"，清代官方文书写作布加尔），切断花剌子模新旧两京之间的道路。新京是撒马儿干，旧京是兀笼格赤。

多桑说，阿剌黑等三人所率领的一军，只有五千人。其他三个军各有多少人，多桑不曾交代，看来，不会比这一军多到十倍以上。

这四个军的战事，都很顺利。察合台与窝阔台攻下了讹答剌。术赤一连拿下了昔格纳黑、讹吉邗、巴耳赤邗、额失那思、毡的，并且也拿下邻近的养吉干。阿剌黑等三人的一军，攻下别纳客惕，也攻下忽毡（浩罕，Khojend，Kokand）。成吉思可汗自己与拖雷所统率的一军，更是势如破竹，连下塞儿努黑、努儿，在庚辰年（1220年）阴历三月，取得了布哈喇城。城内的守军两万，在抵抗了几天以后，于夜间开城出走，被成吉思可汗的兵追及于阿姆河旁，杀光。

成吉思可汗的次一目标，是撒马儿干。多桑说，他到了撒马儿干城下，巡视了三天，叫捉来的布哈喇等地的俘虏，每十人用旗子一根，装作兵士模样。（事实上俘虏每每奉令作战，随时可变为兵。）城内的守军，虽有四万人之多，却自以为比成吉思可汗的兵少。于是，在第四天早晨，开城出降。

四万人之中，以突厥种的康里人占多数。多桑说，这些康里俘虏，于投降之后完全被杀。

撒马儿干当时是中亚细亚人口最多的城市之一。成吉思可汗挑选了若干壮丁当兵，又挑选了三万名工匠"分赏其诸子、诸妻、诸将"，剩下的还有五万人。这五万人在缴纳了二十万枚金币以后，被准许回到城里去住。（他们在投降以后，被命令在城外集中听候处置，如同其他各个归顺的城市的居民一样。）

讨伐花剌子模的工作，到了占领这新都城撒马儿干之时，可说已经完成了一大半。成吉思可汗去到渴石城避暑，叫哲别与速不台两人各率一万骑兵，去搜捉追捕花剌子模的皇帝阿拉·乌德丁。

一开始，阿拉·乌德丁就犯了战略上的严重错误：把自己的几十万兵分散在若干城市与乡镇，守"点"，让蒙古军横行于"面"，将这些"点"各个击破。

花剌子模军并不是不能打：在讹答剌城守了六个多月，在旧都兀笼格赤城也守了六个多月。花剌子模的人民也不是对君主不忠：各城人民之自愿投降蒙古军者极少。

阿拉·乌德丁不仅在战略上大错特错，在个人的表现上也十分怯弱，不敢和蒙古军交锋。以前，当篾儿乞惕的部长脱黑脱阿被蒙古军追击于额尔齐斯河旁之时，阿拉·乌德丁确曾主动地迎击蒙古军一次，先小胜而后小败。现在，蒙古军正式以他自己为讨伐对象，他竟然全无当年的气概，望风而逃。一逃，到巴里黑城（《大唐西域记》上面的"缚罗喝"）；二逃，到尼夏普儿城；三逃，到卡斯芬城；四逃，到哈隆堡；五逃，到塞儿吉罕堡；六逃，到给兰镇；七逃，也就是最后一逃，到了里海之中的小岛，阿比斯浑。

他在阿比斯浑住了没有几天，病死。他的儿子札阑丁继承他的位置；离开阿比斯浑，领导本国军民，对蒙古军作战。

札阑丁是成吉思可汗一生所遇到的最强的对手之一。

札阑丁与成吉思可汗本人，仅仅打过一仗：于辛巳年（1221年）阴历十月在印度河边，德喇·伊斯马伊勒罕城（Dera Istmail Khan）的附近。

在此以前，札阑丁对术赤、察合台、窝阔台三人在兀笼格赤城交过手。兀笼格赤之所以能够守那么久，与札阑丁之坐镇不无关系。

札阑丁于父亲阿拉·乌德丁逝世以后，深入民间，走了很多地方，鼓动反蒙的情绪，组织新的劲旅。海喇特等地的人民，纷纷杀死当地的蒙古官吏与驻军，对札阑丁响应。札阑丁所集合到麾下的，一时竟有六七万人。

札阑丁用这六七万人，于辛巳年阴历八月在巴鲁安旷野，击溃失吉刊·忽秃忽所统率的三万多蒙古兵。这是成吉思可汗自从率师西征以来，第一次（也是唯一的一次）所遭受的挫败。

这时候，成吉思可汗刚刚攻下巴米安城，听到失吉刊·忽秃忽的败讯，赶忙用急行军的速度，冲向札阑丁所驻扎的哈斯纳；到达之时，他才知道札阑丁已经先他在十五天之前离开了哈斯纳，向着印度的方向走。

札阑丁不留在哈斯纳，或走向巴米安，以迎击成吉思可汗，是因为他的部队发生内讧：花剌子模人额明·篾力克与突儿科曼人阿黑喇黑抢一匹虏获的战马。额明·篾力克用鞭子打阿黑喇黑，札阑丁不加以惩戒，阿黑喇黑一怒而带了他的突儿科曼兵士与胡鲁只·突厥兵士，自行撤退，而且唆动了浩儿兵士的指挥官阿加姆·篾力克带着浩儿兵士一同走，走向今日印度西北部的派夏蛙儿（《大唐西域记》作"布路沙布逻"）。于是，札阑丁也只得撤兵向南。

成吉思可汗在哈斯纳扑了一个空，向南追，在印度河（"申河"）的河边，与札阑丁相遇。成吉思可汗带来的兵，有六万；札阑丁剩下的兵，至多不过是两三万人而已。这一场恶战，起先是札阑丁的右翼获胜；后来，成吉思可汗冲断札阑丁右翼与中军的联络，并且用奇兵爬山，解决札阑丁依山而守的左翼。札阑丁战败，却能于战败之时，连人带马，从两丈的悬崖上跳进印度河，游水而逃。

成吉思可汗派了巴剌（千户）带兵到印度去搜，搜不到札阑丁。要等到窝阔台继为可汗以后，蒙古军才把札阑丁消灭。

一五　击溃钦察人与俄罗斯人

当花剌子模的阿拉·乌德丁向西奔逃时,成吉思可汗派了哲别与速不台二人率领三万精兵,负责追捕。

他们两人追到里海之边,慢了一步,阿拉·乌德丁已经乘船逃进了里海。传说,有若干蒙古兵,勇气十足,连人带马,也进入了海水之中,企图赶上阿拉·乌德丁的船。结果,白白牺牲。

哲别与速不台心想:阿拉·乌德丁无非是志在渡过里海而已。于是他们两人便顺着里海海岸走,由东南岸绕到南岸,准备再由南岸绕到西岸,去专程等候阿托·乌德丁。

次年,辛巳年(1221年),他们退兵,顺便攻破"篾而剌加",又攻破"哈马丹"。里海以南的其他城市,差不多都被他们征服。

这时候,他们听到了阿拉·乌德丁已死的消息,觉得自身的任务失掉目标,便派人去到成吉思可汗驻扎之处请示。成吉思可汗命令他们:再向北去,征讨钦察人。

钦察人收容了篾儿乞惕的部长脱黑脱阿的儿子忽秃与赤剌温,成吉思可汗曾经要求引渡,而钦察人不肯。所以,成吉思可汗命令哲别与速不台,对钦察人用兵。

钦察人在当时住在里海黑海之北的大草原,在语言上属于突厥语系,在种族上可能也是如此,虽则不免包含非突厥的成分。东部的钦察人,也叫作"康里人"(Kanglis),颇多在花剌子模当雇佣兵,札阑丁的主力,便是由康里兵构成的。康里人是否就是汉朝康居人的后裔,值得研究。西部的钦察人,被希腊人称为康曼人,被俄罗斯人称为坡罗夫奇。

留哥是契丹人，原为金朝的"谋克"〔百户〕，此刻已经在东北割据称王，国号辽，年号"元统"，建都广宁〔辽宁北镇〕。）

成吉思可汗一向注意情报。即使没有契丹乣军派代表来投降，他也会获得金宣宗迁都的消息。这迁都的事，很叫他生气。他认为，金宣宗既然讲和，便不该迁都，迁都等于是对他不信任。既然不信任，讲和便是一种骗局。他派了上次进中都劝和的阿剌浅，再去找金宣宗谈一次。阿剌浅在六月二十日赶到河北内丘县，与金宣宗会面，代表可汗，痛骂金宣宗一顿。金宣宗依然不敢打消迁都的念头，仍旧向着汴梁的方向走。

不仅金宣宗无意回中都，他的太子也在他走后不到两月逃离中都，到汴梁去找父亲。这更叫成吉思可汗生气。恰好，辽王耶律留哥这时候表示归顺蒙古，叫可汗觉得对金的军事更有把握。于是，可汗便立即叫撒木合带兵围中都，又在十月间叫木华黎攻辽西。木华黎势如破竹，连下顺州、高州、成州。金朝锦州的兵马都提控张鲸，杀了他的长官节度使，自称"临海王"，向木华黎投降。木华黎又在十二月拿下懿州。

次年，乙亥年（1215年），正月，木华黎挥军北向，围攻北京（今内蒙古宁城县西北大明城）。金的北京留守这时候是奥屯襄。奥屯襄被宣差提控（官）完颜习烈杀害，完颜习烈自称监军。二月，完颜习烈又为变兵所杀。变兵公推乌古论·寅答虎为元帅，向木华黎投降。

乙亥年是金朝的历史上，也是全中国、全亚洲的历史上，一个极重要的年头。这一年，除了"北京"以外，中都也落入蒙古军之手。

中都自从金宣宗与太子完颜守忠相继弃它而去以后，早就被金朝朝野认为迟早必丢。被指定为留守的，在太子走了以后，是右丞相兼都元帅完颜承晖。此人大权旁落，让左副元帅抹撚尽忠统率全部守城军队。

中都缺粮缺兵。金宣宗派李英与完颜永锡、乌古论·庆寿等人带三万九千名兵士（据《金史》卷一百〇一《乌古论·庆寿传》；屠寄以为只有两万九千人）。每名兵士背三斗粮食，去救中都。李英是生长山东

一六 伐金

钦察人与伏尔加河流域的保加儿人处得很好，对东罗马与基辅的俄罗斯人却不客气。他们在巴尔干半岛虽则受到匈牙利人的阻挡，却占有摩尔达维亚与瓦拉奇亚。他们以打猎与作战为生，不事农业，把耕种的事交给所征服的斯拉夫人。他们之中的男子喜欢留两条辫子，而把头上的其他部分剃光。

哲别与速不台奉行成吉思可汗的征讨钦察人的命令，再度转军向北。他们进入乔治亚，打了一个小胜仗。他们听说乔治亚的都城替夫力斯防守的力量很坚强，便避开该城不攻，改由东面渡过库喇河（洪钧译作"库尔河"，屠寄改为"苦耳河"），经由设里汪部，穿过高加索山脉的"打儿班"山口（Derbend Pass）。

对方，钦察人，邀集了阿速部人（来自阿速夫海的人）、薛儿客速部人，在打儿班山口等待。哲别与速不台派人带了礼物去向钦察人说："你们是突厥人，我们也是突厥人，不可同类相残。"蒙古人当然不是突厥人。哲别与速不台之所以如此说，无非是为了拉关系，分化敌人而已。在言语上，蒙古人与突厥人确有许多互相借用的词字。在生活方式上，彼此同为游牧之民，更有显然的一致之处。因此之故，哲别与速不台说了自己与部队是突厥人，果然就被钦察人深信不疑。钦察人于是离开战场，留下阿速部人与薛儿客速部人挨蒙古军队打。一打，便败。然后，蒙古军队仍然向着钦察人撤退的方向去，对钦察人追击，杀了极多。

哲别与速不台一时遇不到其他的敌人，便转而向东，到了里海之北、伏尔加河之旁。他们派人去报告皇子术赤。这时候，术赤与察合台及窝阔台已经打下了兀笼格赤，手下的兵闲着无事，便在壬午年（1222年）的冬天抽出一大半，送到哲别与速不台那里去。

哲别与速不台有了如此多的生力军，就一战而毁掉著名的阿斯特喇罕城（在伏尔加河下游，距离里海不远）。不久，钦察人又遇到一次惨败。

哲别与速不台分兵两路，第一路向西北，追击钦察人，直到顿河之西；第二路向西南，踏冰走过阿速夫海，登上"客儿绵"（克里米亚）半岛，然后转而向北，与第一路会师。

对方，钦察人的大领袖霍滩，已经说动了他的女婿、哈力赤城的城主、"勇敢的"密赤提思，与基辅的亲王密赤提思老甫·罗慕诺委翅以及址耳尼哥夫的亲王密赤提思老甫·司瓦托勒委翅，联合了极多的俄国诸侯，动员八万二千多兵，等候蒙古军来决战。

决战发生在癸未年（1223年）的夏天，事前，址耳尼哥夫的亲王带了一万名骑兵，渡过第聂伯河。这一万名骑兵与蒙古军的前锋接触，获胜，追击蒙古军直至那流入阿速夫海的喀勒喀河河西。俄罗斯人与钦察人的大军，随即到齐，分作南北两屯。基辅（"乞瓦"）与址耳尼哥夫等国的兵屯南；哈力赤等部与钦察人屯北。

就数量而论，联军占优势，蒙古军处劣势。

出人意料的是：哈力赤的城主有勇无谋，不征求南屯各单位的同意，独自指挥北屯各单位先行渡河，向蒙古军进攻。一场恶战，起初倒也不分胜负。钦察人屡败之余，有点儿胆怯，战到中途，竟然有不少掉转头去逃命的。阵容一乱，整个"北屯"之军惨败。哈力赤的城主也心慌起来，自己渡回西岸，把所有的船沉了，以免蒙古军来追。结果，很多的哈力赤兵与钦察兵，奔到河岸而无船可渡，都成了蒙古军的刀下之鬼。

蒙古军却费了不多时间，就能有船（可能是随军的工兵所造）。蒙古军渡了河，到达南屯军的营垒，南屯军还不曾晓得北屯军已经擅自单独行动而被击溃。结果，南屯军一时措手不及，也完全败在蒙古军之手。

屠寄说，这一次战役使得俄国丧失了"三王、七十侯"，"兵士死者什九"。屠寄又说，"也烈班第二，方令其从子遏罗斯托王瓦西里克·康思滩丁诺委翅率师来拒，行至扯耳尼哥（夫），得前军败问，急引退"。

蒙古军匆匆如此的大胜，向西走到第聂伯河，停止前进；向北，到了址耳尼哥夫、诺夫果罗德、夕尼斯，折回。

一五 击溃钦察人与俄罗斯人

蒙古军匆匆忙忙地撤军而回，使得被它击败的俄罗斯人与钦察人都感觉到莫名其妙。其实，哲别与速不台对成吉思可汗有约在先。成吉思可汗叫他们"三年之内回军"。从1221年打到1223年，恰好已近三年。

况且，这时候成吉思可汗本人已经开始了撤军东回。哲别与速不台的部队尽快向东走，走到了昔日乃蛮的西界（科布多附近），才赶上了可汗自己所统率的大军。哲别已经病死在中途，不曾能与可汗见面。钦察与花剌子模被可汗指定为术赤的封地。速不台麾下的术赤的兵，仍旧还给术赤。速不台所带回去的，是原先他与哲别所带去的三万人，除去已经阵亡的以外。

蒙古人"第二度西征"，是在窝阔台可汗的时候。窝阔台派遣术赤的次子拔都作为统帅，率领速不台、察合台的第三子拜答儿、长子木阿秃干之子不里，窝阔台自己的次子贵由、第五子合丹，拖雷的长子蒙哥，于1236年开始准备，分兵两路，一路由蒙哥负责解决钦察人，一路由拔都负责解决俄罗斯人。次年，蒙哥把钦察的一个国王科替安赶去了匈牙利；拔都连克伏尔加河东岸的保加儿城与奥卡河南岸的哩阿赞城。

1238年，拔都与速不台等人向西北深入，打下莫斯科；回师东向，打下扶拉狄米儿城（Vladimir），屠尽居民，烧尽房屋；然后，转而北向，击溃扶拉狄米儿亲王尤里二世（Juri Ⅱ）于席特河（The Sit River）河边。

1240年，拔都等人打下考赛儿斯克与基辅。

1241年，阳历4月9日，拔都等人大胜俄罗斯人、波兰人等等，于波兰希赖希阿的里格尼兹城，进展到匈牙利，把匈牙利国王贝拉四世，赶去了达勒马希阿海之中的一个海岛。

最后，在1242年春天，接到窝阔台可汗去世的消息，拔都撤军，回到了伏尔加河之东的沙莱。速不台、蒙哥与贵由等人一直回到了蒙古。

一六　伐金

成吉思可汗在亲征花剌子模以前，已经对金朝打了好几年。在亲征花剌子模期间，对金朝的战事仍旧继续进行，由木华黎代他负责主持。

他在早年，对金朝的关系可说是相当好：曾经帮助金朝打塔塔儿人，受封为"招讨"。当了可汗以后，他还亲自到过金朝的边城净州呈献贡品。当时代表金朝接受贡品的，是文弱书生型的卫王完颜永济。

传说，他对金朝翻脸，是由于完颜永济继位为帝。他看不起完颜永济，因此也连带地看不起金朝。

真正的原因是，他自顾羽翼已经丰满，够资格和金朝一决雌雄。况且，金朝曾经杀害俺巴孩可汗及俺巴孩可汗以前的巴儿合黑，成吉思可汗不愁没有用兵的借口。

辛未年（1211年）二月，成吉思可汗誓师伐金。三月，他领兵渡过克鲁伦河，向南，走到沙漠以南的汪古部，留在汪古部避暑。七月，他叫哲别攻打张北县之北的抚州与乌沙堡。乌沙堡是金朝新筑的边防重镇，哲别把它攻破。

九月，蒙古军大胜金朝的女真兵、契丹兵与汉兵，共约三十万人，于抚州之南、野狐岭之北的獾儿嘴，一直追击到今日张家口东南的浍河堡。屠寄说："金之良将精兵，大半尽于是役。"

蒙古军一口气打进了居庸关，成吉思可汗进关，驻扎在今日昌平之西二十里左右的龙虎台。哲别以先锋的地位进展到金朝的中都（北京）。由于这时候中都的守军还能够有勇气出了城来迎战，同时中都的城墙之高也叫蒙古兵有从来不曾见到过之感，哲别在略为打打以后，就撤退，回到龙虎台向成吉思可汗复命。

成吉思可汗命令术赤、察合台、窝阔台三个儿子，率领"右手军"向西边发展。这三位皇子连破云内、东胜、丰州、净州、宁边、武州、朔州、忻州、代州。

他们避开了金的西京（大同）不攻。《金史·卫绍王本纪》说金在这一年便已丢了西京，错。

西京虽则未丢，云内的群牧监却被蒙古军抢去了所有的马。

成吉思可汗在辛未年（1211年）及其后若干年的战略，很像明末清初皇太极的作风：一而再、再而三地进入长城，目的不在占领土地而在抢掠焚烧，使得华北终于被"掏空"得一点儿抵抗力量也不剩。

成吉思可汗的蒙古军，差不多全部是骑兵，而每一个兵至少有两匹马。因此之故，其运动的速度绝非金的步兵可比。金的皇室与贵族本也是以骑兵起家的，却已于进入中原之后过分"汉化"，一代两代三代，忘了原有的游牧生活，丧失了骑战的技能。事实上，这时候对蒙古军作战的主力，已不是女真兵而是汉兵了。

金朝的汉兵，只能守城，而守城于蒙古军侵入之时，正好是自杀的下策。城多得很，任凭金朝有多少兵，各城总会把兵力分散得不堪一击。金亡于蒙古，是如此。当年辽亡于金，其后明亡于清，以及西域花剌子模之亡于蒙古，都是如此。

守城的战略，只是对于无炮无马无云梯的敌人有效。

蒙古军每到一处，总是把村庄一个一个地吃下来，然后胁迫各村庄的壮丁走在前面冲锋、爬城或制造云梯炮架与背抬云梯炮架。（直至此时，蒙古军所用的炮，只是杠杆式的甩石头的炮，他们还不曾懂用火药。）

金朝在辛未年不仅云内、东胜、丰州、净州、宁边与武朔忻代四州，被成吉思可汗的"右手军"攻破；到了冬天，弘州、妫川、缙山、昌平、密云、丰润、抚宁、滦州、清州、沧州等等大小城池，也都被成吉思可汗的中路军与左路军所破。

而且，哲别远入东北，在金的东京（辽阳）郊外也大掠了一顿，满载而归。

屠寄说得好，这时候"蒙兀志在掳掠，得城旋弃"。蒙古军一走，这些城池的人民"往往复为金守"。

次年秋天，蒙古军又来，并且也是成吉思可汗所亲自率领的。这一次的对象，是西京（大同）。西京被围了两次，未破；金朝元帅奥屯襄来救，他的兵却全被歼灭。成吉思可汗的小儿子拖雷攻破德兴（涿鹿）与附近的若干小城，也是只抢东西，不做长期占领的打算。

癸酉年（1213年）七月，蒙古军又来到疮痍未复的德兴。这一次来德兴的主帅不是拖雷，而是成吉思可汗自己。

可汗再度攻破德兴。金朝驻在缙山的"行省事"完颜纲与"权元帅"术虎高琪带了十万多兵，在八月间被可汗击败于妫川。可汗乘胜追击金军，追到居庸关，进不去。金军已经用铁水把关门浇锢。

可汗留下了一支兵在居庸关的"北口"，自己带领哲别等人绕路向西，经由飞狐道，进紫荆关，打下易州，移师北向，仰攻居庸关的"南口"；取得南口，"杀人如莽"，吓唬得居庸关的"北口"守将讹鲁不儿不战而降，把关门烧开，让关门之外的一支蒙古兵进来。

可汗的次一步骤是：用五千兵封锁金朝京城中都（北京）的对外交通，把大军带到涿州，拿下涿州，分兵三路，把黄河以北的金朝领土大吃特吃。第一路，由术赤、察合台、窝阔台三个皇子率领，经太行山而南，走完，再进入山西，沿太行山而北。第二路，由合撒儿及有名的先锋将领主儿扯歹，与皇内弟阿勒赤、侍卫官脱栾，共同负责，"遵海而东"，打到辽西，包括途中的蓟州、平州（庐龙）与滦州。第三路，由可汗自己主持，一直向南，对今日山东河北两省下手，打到黄河边为止（当时黄河是经由现在的淮河河道入海）。

一六　伐金

这三路蒙古军，逢人便杀，逢城必攻。立刻投降的城内的人可以免死。不立刻投降，而抵抗了若干天的，城破之后便一定要屠。这是可汗所定的规矩（其后在花剌子模也是如此）。

屠寄说，这一年"山东河北诸府州尽拔，惟中都、通、顺（顺义）、真定（正定）、清（青县）、沃（赵县）、大名、东平、徐、邳（下邳）、海（东海）十一城不下。河东（山西）州县亦多残破"。

这一年的另一重大之事是：金朝的大将纥石烈·胡沙虎在八月癸巳日（廿五日）发动政变，把已贬为卫绍王的完颜永济杀了，立了完颜珣为皇帝。（完颜珣后被追尊为宣宗。）

金朝之亡，除了其他几种原因以外，可说是亡在这纥石烈·胡沙虎和卫绍王两人手上。纥石烈·胡沙虎负有守妫川之责，不战而回，而卫绍王毫无赏罚，仍叫此人防守中都的城北。即此一点，卫绍王已够作为亡国之君。被弑，也是咎由自取。

甲戌年（1214年），成吉思可汗在正月间拿下河南的彰德怀庆与山东的益都；在二月间派人进中都，向金朝的新皇帝劝和。三月初六，金宣宗叫都元帅完颜承晖来到可汗的面前请示和平条件。二十天以后，金宣宗送来卫绍王的女儿岐国公主，以童男女各五百人陪嫁，外加三千匹马，与相当数量的金子和绸缎纱罗。可汗认为金宣宗尚有诚意，便在四月初六准和，下旨撤兵，完颜承晖恭送，一直送到居庸关外的獾儿嘴。

五月十八日（壬午），金宣宗离开中都，向汴梁（开封）走，留下太子完颜守忠在中都当留守，叫完颜承晖与左副元帅抹燃尽忠辅佐他。

金宣宗走到良乡，怕随驾的"契丹乣军"靠不住，叫他们缴马缴铠甲回该军本营。契丹乣军便哗变起来，杀了本军的指挥官（详稳），公推斫答、比涉儿、札剌儿三个人做他们的"帅"，向着中都进军。完颜承晖派兵到卢沟桥挡他们，被他们打败。他们却也不再向中都走，就推了代表找成吉思可汗接洽投降；也派了代表，找辽东的耶律留哥联络。（耶律益都的辽阳人，小有才，中过状元，官至翰林待制。他受命"督粮"，招得了河间、清州、沧州等地的义军不少，走到大名，居然有了数万之多。可惜，他得意之余，大喝其酒，就在这年，乙亥年三月十六日，醉醺醺地和蒙古军遭遇于霸州，一打便垮。他的数万名义军垮了，元帅右监军完颜永锡与左都监乌古论·庆寿也控制不了他们所统率的三万九千名正规军。于是全军覆没，粮食丢光。

消息传到中都，完颜承晖准备一死报国，抹燃尽忠却另有打算。到了五月初二这一天，抹燃尽忠决定在晚上天黑了就逃走。事前，完颜承晖召见抹燃尽忠的心腹完颜师姑来问。完颜师姑说，确有其事。完颜承晖再问完颜师姑："你走不走？"完颜师姑说："我也走。"完颜承晖无法制止抹燃尽忠，由于手中无兵。他只能拿区区的完颜师姑出气，当时把这人杀了，然后写了一封奏表，托尚书省的令史（首席秘书）师安石带去汴梁，然后从容处理家事，与师安石喝酒诀别，服毒而死。

抹燃尽忠不战而逃，把金朝最重要的京城中都白白地送给蒙古。他逃到了汴梁，金宣宗不仅不杀他，叫他仍旧做"平章政事"。平章政事在金朝是仅次于尚书令及左右丞相的官，位"从一品"，左右丞相也只是从一品。事实上，尚书令与左右丞相常常是虚衔，真正当家的是"平章政事"。抹燃尽忠和另一个平章政事术虎高琪处得很不好。（术虎高琪很厉害，曾经在中都杀了纥石烈·胡沙虎，那时纥石烈·胡抄虎刚弑了"卫绍王"三个多月。）抹燃尽忠究竟不是术虎高琪的对手。到了汴梁以后，也不过三个多月，便被术虎高琪的人徒单吾典控告谋反，处死。

抹燃尽忠未尽丝毫之忠，早就该死，没有什么可惜。可惜的是，金朝丢了中都。

抹燃尽忠弃了中都的次一天（五月初三），中都的官吏父老僧道开了城门向蒙古军请降。蒙古军的指挥石抹明安对他们好言安慰一番，进城接收一切，同时准许蒙古兵带军粮进城卖给老百姓，老百姓很感激。

石抹明安出生在桓州。他的祖先是契丹人萧氏，辽亡以后才改姓石抹。石抹明安原在金朝的纥石烈·胡沙虎麾下当军官，于辛未年成吉思可汗攻破抚州以后，自动向可汗表示好感。两年以后，他随从完颜承晖到可汗帐下议和，便留在可汗那里真正投降，不回中都。可汗叫他带领一部分蒙古兵，收降云内、东胜等州。其后，替可汗立了不少的功劳。

他取得中都以后，向可汗报告。可汗拜他为"太保"，封他为"国公"，任命他"兼管蒙兀汉军兵马都元帅，守中都"。

可汗在六月间下旨，叫撒木合·把阿秃儿带一万蒙古骑兵，假道西夏，打关中（陕西）；叫脱栾·扯儿必（侍卫官）带若干蒙古、契丹、汉军，向真定及其以南发展；叫史天倪以"右副元帅"的地位，"佩金虎符"，率领汉军若干人，向平州进攻。撒木合·把阿秃儿一时没有消息。脱栾与史天倪在八月间完成任务。脱栾而且打下大名，打到山东东平附近。

可汗也在七月间，派阿剌浅到汴梁，劝金宣宗投降，要金宣宗献出河北、山东尚未易手的各城，去帝号，改称"河南王"。金宣宗不肯。

八月以后，脱栾与史天倪继续攻打金朝的城市与邑镇。到了年底，总计这一年（1215年），蒙古军共已打下金朝的八百六十二个城邑之多。虽则是"金人往往收复之"，所收复的只是残破的颓垣碎瓦、老弱妇孺而已。

撒木合的一路蒙古军，到了次年的下半年，就穿过西夏，来攻金朝的"关中"。八月丙子日（二十五），打到延安；九月辛巳日（初一），打到坊州，均不曾打下。十月间，打潼关，也打不下。撒木合走小路，由"禁坑"绕到潼关的东面。这一来，把金朝的潼关守军吓坏，也使得守将泥庞古·蒲鲁虎阵亡。

撒木合拿下潼关，乘胜顺着嵩山的小路到汝州，又由汝州冲到汴梁之西的杏花营。杏花营离开汴梁，仅有二十里路。那拥有全国重兵的术虎高琪躲在汴梁城里，不出来打，白让撒木合痛痛快快地掳掠黄河以南的州县。

撒木合于十一月在陕州踏冰渡过黄河，骚扰山西；在十二月打平阳没有

一六　伐金

打下，吃了一个败仗，其后路过西京（大同），金朝的西京守将不战而降。

成吉思可汗获得了金朝的北京、中都与西京，加上黄河以北的绝大多数的城市，知道金朝再也不能成为他的后顾之忧。中都有石抹明安以国公的爵位、"太保"的官位、"蒙兀汉军兵马都元帅"的职位，作为留守，又加派了耶律阿海为太师、"行中都省事"，耶律阿海的弟弟耶律秃花为太傅、"总领那颜"（总管庶政的贵族），可谓付托得人。中都的库存财宝，已经派了失吉刊·忽秃忽、翁古儿与阿儿孩·合撒儿三人前去，捆扎押运北来。事实上中都已成为一个人口繁多而缺粮缺钱的虚有其名的大城，而且有过一次大火，传说这大火烧了一个月才停。

成吉思可汗于西征西夏与花剌子模以前，先在丁丑年（1217年）八月把对付金国的战争，交给木华黎全权办理，封木华黎为"国王"（而不说明是什么国的国王，这"国王"实际上相当于清朝的"亲王"，有爵无土），赐以金印与相同于可汗自己所用的"九旄白旗"（九个牦牛尾缀在杆子上的白旗，旗中心有一个黑月亮），授以"承制得专封拜"的大权，拜他为"天下兵马大元帅、都行省、太师"。（金朝的人因此便称木华黎为"权皇帝"，权字的意思是"代理"。）

成吉思可汗特地拨了十个"提控"（指挥）的兵交给木华黎。这十个提控及其部队，是：

（1）镇国，汪古部骑兵一万（镇国是阿剌忽失·的吉惕·忽里的侄儿）。

（2）薛赤兀儿，豁罗剌思部骑兵一千。

（3）客台，兀鲁兀惕部骑兵四千。

（4）蒙可·合勒札，忙忽惕部骑兵一千。

（5）阿勒赤那颜，翁吉剌惕部骑兵三千。

（6）不秃驸马，亦乞列思部骑兵二千。

（7）带孙郡王，札剌亦儿部骑兵二千（带孙是木华黎的弟弟）。

（8）吾也而，"北京"的女真兵、契丹兵、汉军若干名。

（9）耶律秃花，山后汉军若干名。

（10）札剌儿，契丹乣军若干名。

木华黎受到如此恩遇，果然不负可汗的期望，在年底以前便拿下遂城、蠡州、大名、益都、淄州、登州、莱州、潍州、密州。这时候，自从取得中都，仿照金朝制度，设立"行省"以来，蒙古军早已变了以掏空为目的的战略，而采用了攻破一城，便占有一城、保有一城的战略。

木华黎的任务，显然地，不再是打击金国，而是消灭金国、吞并金国。金国内部的汉人，于契丹人之后，也逐渐有更多肯帮蒙古军，投降蒙古可汗与"权皇帝"的人了。

木华黎在丁丑年（1217年）阴历八月受封为"国王"，在癸未年（1223年）阴历三月病死，前后五年半的时间，替成吉思可汗拿到下列城池和府州：

丁丑年：遂城、蠡州、大名、益都，淄、登、莱、潍、密等州。

戊寅年：太原、忻、代、泽、潞、汾、霍等府州，平阳。

己卯年：岢岚州、石州、隰州、晋安府、绛州（山西绛县）。

庚辰年：真定（正定）、卫州、怀州、孟州、济南、彰德、大名（失而复得），磁、洺（永平）、恩、博、滑、浚等州，楚丘（旧卫州）、单州。

辛巳年：东平、洺州（河北邯郸市一带）、枣强、蓨县、葭州（陕西葭县）、廓州、防州、隰州（失而复得）、代州（失而复得）。

壬午年：孟州四蟠寨、晋阳义和寨、三清岩、青龙堡、荣州、胡辟堡、吉州牛心寨、河中府（山西永济）、乾州（陕西乾县）、泾州、邠州、原州。

癸未年：河中府（失而复得）。

木华黎之所以能有这样多的收获，最大的原因是：他配得上称为"帅才"。将才难，帅才更难。论教育，木华黎不曾受过正规的军事教育，连普通的小学教育都不曾受过。他是否能识（用畏吾儿文写的）蒙古文，很成问题。他何以竟然会"指挥若定"，岂不是天生的？成吉思可汗的榜样，我想，颇影响了他。可汗对他的信任、给他的厚恩，也的确增强了他的自信，激发了他图报的忠心与热忱。

木华黎由于是一个帅才，因此而颇得诸将的合作。在他麾下的十个提控，都很卖力。成绩较差的是他的弟弟，郡王带孙。带孙打洺州打不下来，木华黎派石天应去帮忙，一举把洺州打下。

石天应是永德县（辽宁锦县西北）的人，"善骑射，颇知书"，一向是地方领袖。他住在永德县所隶属的"兴中府"（府城是今天的辽宁朝阳）。木华黎从中都派了一个代表进城来劝降。这代表被金朝的兴中府同知兀里卜杀了，城里的老百姓很怕蒙古军会因而报仇、屠城，于是大家商量好，出其不意，把兀里卜杀了，公举石天应为"帅"，向木华黎投降。木华黎不仅不屠城，而且"承制"任命石天应做兴中府的尹（知府）兼"兵马都提控"；不久，叫石天应跟随他南征。石天应立了若干功劳，木华黎把他逐渐提拔为"龙虎卫上将军、元帅、左监军"，其后又升他为"右副元帅"。洺州打下以后，石天应奉命守葭州，守了相当时候，在壬午年九月袭取河中府于金将侯小叔之手。侯小叔在除夕反攻，石天应被自己的一个部下吴泽所耽误，城破，巷战，死在癸未年元旦的正午。

像石天应那样死心塌地的人，在蒙古军南下伐金之时，为数很多。他们是汉人，似乎应该效忠于宋才对。然而，燕云十六州在宋朝开国以前便已由石敬瑭割了给辽，这十六州的人民由辽而金，始终不曾和宋朝的皇帝或政府发生过关系。石天应的家乡是兴中府，论地域尚在燕云十六州之北。

石天应之降蒙古，最初并非纯出自动。兴中府的金吏与人民害怕被屠，才推了他当"帅"，向蒙古军洽降。降了以后，他效忠蒙古到底，倒也不失为行径一贯。

在石天应以前，济南的金朝防城千户刘伯林便已在辛未年缒城出降了。济南不在燕云十六州以内，更不在燕云十六州以北，人心未尝不对宋多少有所怀念，为什么刘伯林不"归宋"而降蒙古呢？因为，宋对于他，是"天高皇帝远"，而蒙古军是近在眼前。刘伯林降了以后，跟随木华黎打中都、打太原、潞州、晋安，都很卖力，替蒙古守威宁，守了十年。他的儿子刘嶷，绰号刘黑马，其后被窝阔台可汗封为万户，是汉军三个万户之一。

汉军的其他两个万户是史天泽与札剌儿。史天泽是（河北）永清人，在癸酉年跟随父亲史秉直、叔父史怀德，以及本家、亲戚、邻居、朋友，一共一千多人，自动走到涿州，找木华黎，投降。史秉直等人为什么要这样做？因为，他们看到蒙古军十分残暴，常常屠城，而金朝的政府与军队衰弱不堪，不能保护他们于蒙古军铁骑之下。他们在投降了蒙古以后，也只得效忠蒙古到底，如同石天应、刘伯林等人一样。在他们看来，除了投降蒙古以外，没有第二条生路。况且，只要肯投降，不仅可以不死，而且有大小的官可做。

这便是，每逢塞外部族南下之时，为什么中原有很多人甘心为虎作伥！

木华黎叫史秉直管理"降人家属"，屯守霸州（河北霸县）。降人之中的壮丁，被木华黎编为"黑军"，交给史秉直的弟弟史怀德统领。一年以后，史怀德阵亡，黑军改由儿子史天祥统领。史天祥跟随木华黎打下北京，收降兴中府（石天应），跟随阿只乃打下（辽宁的）金州、复州、盖州，又跟随木华黎打下（山西的）晋安、（陕西的）绥德等五十余城，与（山西）平阳（临汾）附近的青龙堡。在木华黎去世以前的两年，史天祥升官已经升到了"蒙兀汉军兵马都元帅"，设元帅府于河中（山西永济）。

史家这时候最重要的人不是史天祥，而是史天倪。史天倪是史秉直

一六　伐金

的大儿子，官居"金紫光禄大夫、河北西路兵马都元帅"，设元帅府于真定（河北正定）。他下面有两个"副都元帅"，左副都元帅是史天祥（去了河中），右副都元帅是武仙。

史家的人很多。天倪、天祥是伯叔兄弟。天倪的同胞弟弟是天安、天泽。天泽其后由万户而历升至忽必烈可汗（元世祖）的中书右丞相兼枢密院枢密副使。他们的儿子都做了知府以上的官。

史家以外，替蒙古出力的还有很多家。例如，张家、李家。张家的张柔，是张弘范的父亲，涿州定兴的农家子，聚了几千家住在西山避乱，结队自卫，被金朝的中都经略使苗道润赏识，提拔他做定兴的县令。苗道润被副使贾瑀杀害，张柔想复仇，一时没有机会。其后，他当到了金朝的"骠骑上将军、中都留守、大兴府尹"，领兵抵抗蒙古兵于紫荆口旁的狼牙岭，因坐骑摔倒而被俘，投降。降了以后，帮蒙古兵打下雄州、易州、安州、保州，在孔山台捉住贾瑀，剖心祭苗道润。再其后，他在武仙叛金以前对武仙作战，拿下中山、深泽、宁晋、安平、平棘、槁城、无极、栾城。武仙在庚辰年（1220年）叛金，做了史天倪在真定的副手；于乙酉年（1225年）又杀害史天倪叛蒙古，归金。张柔于是又对武仙作战，会同史天安、天泽、天祥兄弟，将武仙赶出真定。

李家的投降者，是李庭植和他的胞弟守贤、守正、守忠，堂兄惟则、伯通、伯温等等，整个一族。他们是北京路义州（辽宁义县）的人，在甲戌年于木华黎兵临辽西之时，自动迎降。木华黎叫李庭植到鱼儿泺朝见成吉思可汗，成吉思可汗见了他，很高兴，赏他以"义州监军、崇义军节度使"的职衔，叫他率领全族，隶属木华黎麾下。木华黎留下李守正在身边，当"质"（人质），派其余的人打锦州。锦州打下了以后，李守贤由于功多而被木华黎"承制"任命为"锦州临海军节度使，兼管内观察使"，镇守锦州。

李伯通在丙子年于攻打锦州之时阵亡；李守正在庚辰年于防守平阳

之时阵亡；李守忠在丁亥年于救援洪洞之时被俘，被金军押到汴梁处死；同一年，李伯温守青龙堡，于堡破之时自杀。

蒙古军于"收复"平阳之后，从锦州把李守贤调来，以"河东南路兵马都总管"的名义镇守平阳。次年，监国拖雷加给他以"金紫光禄大夫、知平阳府事"的名义。

除了契丹人与汉人以外，女真人肯降蒙古的也有，例如在威宁随同刘伯林缒城而下的夹谷长哥，在通州身为金朝右副元帅的蒲察七斤。

不过，绝大多数的女真人都效忠金朝到底。金朝是他们女真人自己当主人的朝代。死守惠和的，是女真人挞鲁；死守东平的，是女真人"蒙古纲"（原名"胡里纲"）；死守延安与凤翔的，是女真人完颜合达。可惜的是，一般女真人忠心有余，能力不足。一百多年以来的养尊处优与汉化，使得他们丧失了祖先的塞外雄武之气，抵不住蒙古兵。

举足轻重的，是汉人。汉人投降蒙古的虽则很多，效忠金朝的却仍占多数。在"蒙古纲"与完颜合达所统率的兵士之中，汉人是主要的成分。汉人老百姓之自动结合为拥护金朝的"义兵"的，比比皆是。例如，宝坻县李霆所领导的一支。在正规军之中，有所谓"花帽军"，也是汉人所组成。花帽军是全国兵力最强的部队。他们的领袖完颜仲元是汉人，原姓郭，中都人，被金朝赐姓完颜。花帽军转战南北；完颜仲元前后担任了永定节度使、河北宣抚副使、单州经略使、知归德府事、商州经略使兼权元帅右都监，又当单州经略使、保静军节度使、镇南节度使。元光元年（1222年），他受命为凤翔知府，抵抗木华黎最后一次的来攻，使得木华黎终于解围而去。

以"义兵"起家而结局为蒙古人庇护之下的地方军阀的，有（山东）长清县人严实。严实在癸酉年受李霆的提拔，当"百夫长"。七年以后，他以长清县知事的地位降宋。宋朝在这个时候由于李全等人所领导的"红袄贼"来归，派赵珙招谕京东州县。赵珙路过严实所驻扎的青崖镇，严

一六　伐金

实向赵珙投降。赵珙发表他为宋朝的济南治中。他也就移驻于济南了。不久，太行山以东的若干城池，都弃了金朝，归了宋朝。这一年（1220年）七月间，木华黎来到济南，严实害怕，把心一横，又背叛宋朝，投降蒙古。他有部下驻在彰德府、大名府、磁州、洺州、恩州、博州、滑州、浚州。于是这二府六州也一股脑儿变成了蒙古的领土，而实际上仍由严实以元朝的"金紫光禄大夫、行尚书省事"的头衔来治理。次年，金朝的蒙古纲放弃东平，严实进了去，把"行尚书省"移设在东平城内。又过了四年，宋朝的势力抬头，严实便在四月间再度降宋，和宋朝的"京东总管"彭义斌拜了弟兄。三个月以后，彭义斌带了他去内黄打蒙古军。他却"阵前起义"，倒到蒙古军的一边，帮助蒙古将领不里合，解决了彭义斌。"于是，京东州县复为蒙古所有。"他的地盘，保持到窝阔台可汗即位以后，被窝阔台可汗分了，分封给十个蒙古贵族，只认他代抽"五户丝"。

所谓"五户丝"，是每五户出丝一斤，献给"本位"（受封该地的贵族）。窝阔台可汗准许严实代征他的地盘之中的五户丝，转手给十个蒙古贵族。在他的地盘之中，窝阔台可汗特准免设达鲁花赤（蒙古官），仍由他所派的官吏治理。不过，他极盛之时所据有的五十四城，被减割为二十城。

严实的为人，朝秦暮楚，不足为训。但是，他先后劝好了郡王带孙等人，使得彰德、濮州、曹州、楚丘、定陶、上党都幸免于屠城的惨劫。而且他用了自己的金钱与绸缎，替灵璧县因抵抗蒙古兵而罪该砍头的五万人赎回性命。由此看来，他也未尝不是乱世之中的一个好人了。他是汉人，他们不能怪他对金朝有始无终。他是生长在北方的汉人，我们也不能期望他效忠南宋到底，如同生长在南方的汉人一样。他之所以于降宋以后，又降木华黎，据屠寄说，是因为他的部下单仲在彰德被蒙古军围攻，而宋将张林观望不救。

窝阔台可汗在甲午年增设四个汉军万户，叫严实做"东平路行军万户"，仍兼"东平行尚书省"的事。六年以后，他病死，儿子严忠济袭封

"东平路行军万户"、"兼管民长官"，作威作福了二十几年，在中统二年被忽必烈可汗（元世祖）免职，由严实的另一个儿子忠范继任管民长官。忠范在乙卯年已由蒙哥可汗（元宪宗）封为"新军万户"。同时，除了忠范以外，忠嗣也做了新军万户。当时，严实有了三个儿子当万户，比史天泽家还要显赫。至于地盘，忠范却在至元二年丢掉。这一年，元朝政府"废侯置守"，将忠范调去大都，当"兵刑二部尚书"；不久，又外调为"佥陕西行中书省事"。

和严实同时，另有一位失败的军阀，（河北）威州人武仙。他以纠集多兵起家，历官"权威州刺史"、威州刺史、权知真定府事、同知真定府事、知真定府事，一直做到了被金朝封为"恒山公"，掌握中山府、真定府、沃州、冀州、威州、镇宁州、平定州、抱犊寨、栾城县、南宫县。这是金宣宗兴定四年（1220年）的事。他就在这一年于蒙古军临近之时，接受史天祥的游说，投降木华黎奉木华黎之命留居真定，做史天倪的副手。史天倪当元帅，他当右副元帅。三年以后，木华黎去世；再过两年，金哀宗正大二年（1225年），他杀死史天倪，又归金朝。史天泽会同蒙古将军肖乃台将他赶出真定，他又偷偷地取回真定；取回了以后，又被史天泽和肖乃台赶走，溜去了汴梁。其后，他辗转于卫州、邓州，南阳的留山，拥兵甚多，而不肯救被围的汴梁，不肯助守最后的一个都城——蔡州，想撤退到裕州，中途因部队溃散而死。

乱世做人，本不是容易的事。主张拿得定，还未必能顺利成功，何况学养不足，或根本毫无学养！李全，便是这样一个卷在漩涡里混的人。李全在《宋史·叛臣传》中占了两卷，而张邦昌、刘豫与其他三个人合起来才占了一卷。此人的事迹之多，于此可见。

李全是山东潍州人，出身农夫，武功颇好，外号李铁枪。在金宣宗放弃中都、南迁汴梁之时，蒙古军南下，李全的母亲与胞兄均死在蒙古兵之手，李全愤而聚众数千，筑寨自保。和他同时崛起的有所谓"红袄贼"，其领袖是杨安国，外号杨安儿。杨安儿不久便被金朝的花帽军击败，死在船夫之手。杨安儿的妹妹四娘子，带了一万多残余向即墨走，经过磨旗山，收李全入伙，招李全为夫，投奔宋军；于是，杨李二家的人马，抵住花帽军的追兵，然后向南，占了东海，派人向宋朝的楚州知州应纯之报告。

不久，李全便替宋朝攻破莒州、密州、青州。虽则并不能守，已经叫金朝吃亏不小。宋朝政府在宁宗嘉定十一年（1218年）任命李全为"京东副总管"，封他为"武翼大夫"。次年三月，李全和他的好朋友、定远大侠季先，战胜金朝大将纥石烈·牙吾塔于涡口；六月，李全带兵回山东潍州扫墓，顺便到青州，向金朝的元帅张林劝降。张林接受，一举而送还宋朝以十二州府的领土：青、莒、密、登、莱、潍、淄、滨、棣、宁、海、济南。宋朝政府十分高兴，升李全为"广州观察使、京东总管"，封张林为武翼大夫，任命为"京东安抚兼总管"。李全的部下刘庆福与彭义斌均做了"统制"。

李全的历史很长。简单言之，他在益都被木华黎的弟弟带孙与木华黎的儿子孛鲁先后围困了十三个月，于宋理宗宝庆三年（1227年）五月因箭竭粮绝而投降蒙古。那时候，木华黎已经死了四年。蒙古有了李全，声势复振，李全投降了不到一月，替蒙古攻陷楚州。三年以后，绍定三年（1230年），十二月，李全南攻扬州，被宋朝的赵范、赵葵击败，全军覆没。

宋军在战场尸首之中，找到一只左手。这一只左手"无一指"，所谓"无一指"可能是说缺一个指头，也可能是说连一个指头也没有。总之，有人说，这就是李全的手。也有人说，李全不曾死。无论怎样，此后便不再有关于李全的活动的记载了。

绍定四年，宋军收复楚州，蒙古军打下凤翔。端平元年（1234年），宋军与蒙古军合作，打下蔡州，金亡。

一七　灭金

木华黎死于1223年，金亡于1234年。这中间的十一年，可以分作两个阶段：窝阔台可汗在庚寅年（1230年）阴历七月亲征，是这两个阶段的分水岭。在前，蒙古军陷于劣势；在后，蒙古军处于优势。

俗语说，"打仗打将"。将的关系，实在太大。木华黎一死，在华北的蒙古军顿失领导。虽则有他的儿子孛鲁继位为国王，统率全军，这一位孛鲁汉化颇深，是翩翩佳公子，而不是能征善战的赳赳武夫。

孛鲁继位以后，所做的第一件事不是继续伐金，而是移师伐夏。他之所以如此，因为成吉思可汗命令他如此。他在癸未年（1223年）冬天出发，到了次年的阴历九月，才打下银州（米脂西北），而又并不贯彻自己所奉行的任务，留下一位"蒙古不花"把守要害，便撤军东还。

乙酉年（1225年），阴历二月，武仙杀死史天倪，盗占真定，此人虽则在三月间便被肖乃台、史天泽等赶走，却又于十月间夺回真定，住到丙戌年（1226年）的秋天才离开。

李全在丙戌年三月占领（山东）益都，孛鲁叫叔父郡王带孙去围攻；围到年底，没有结果，孛鲁自己带兵来，加强力量；又围了四个月，围到丁亥年五月，李全才降。

三个月以后，丁亥年（1227年）七月，在己丑日的一天（七月十二日），成吉思可汗逝世。可汗是在乙酉年正月回到了土拉河的黑森林老营的。当年的秋天，他便出发，亲征西夏，冬天在（三音诺颜部的）河儿不合山打猎，落马受伤，征夏的事迁延到丙戌年的冬天。可汗攻打灵州，西夏的皇帝李晛带了五十营兵来救，大败，逃回国都中兴城。可汗在丁亥年的春天，留下若干兵围中兴城，自己带主力向南，打下金朝的临洮、洮州、河州、西宁县。夏天，可汗于闰五月到隆德县北的六盘山避暑，在六月迁居到清水县的西江。七月壬午日（初五）得病，己丑日逝世。

可汗死后，过了十个月，戊子年（1228年）阴历五月，孛鲁也得病而死，死在雁山（山西雁门关的山）。

继承可汗大位的人，要等候忽里台大会决定，暂时由拖雷以"当家的小儿子"的资格，主持一切。汉人称他为"监国"。

孛鲁所遗下的"国王"位置，却比较简单，由大儿子塔思继承。塔思这时候才有十八岁。在华北的蒙古军的指挥权，似乎是自从乙酉年成吉思可汗东归，已不再由孛鲁独掌。塔思当然也只是一个"国王"，而不是全华北的统帅了。

塔思在戊子年继位为"国王"，在次年八月奉窝阔台可汗之命，援救守潞州的千户任存，却被武仙打败，潞州入于武仙之手。窝阔台又派了额勒吉歹带兵来帮忙，这才在十二月赶走武仙。

蒙古军自从癸未年（1223年）阴历三月木华黎去世以来，打败仗已有多次：

癸未年四月　失汾西。
　　五月　失河中、荣州、霍州、洪洞。
甲申年九月　失泽州、潞州。
乙酉年二月　失真定。（三月，复真定。）
　　十月　再失真定。（丙戌年秋，复真定。）
丙戌年三月　失益都。（丁亥年四月，复益都。）
　　八月　失曲沃、晋安。
丁亥年二月　失平阳。（三月，复平阳。）
己丑年八月　再失潞州。（十二月，复潞州。）

庚寅年正月　败于大昌原（甘肃庆阳之南，可能为宁县西南之大昌镇。）

庚寅年正月的大昌原之战，是一个奇迹。金朝的完颜彝以四百名忠孝军战胜蒙古名将、四杰之一赤老温，及其八千名蒙古兵。完颜彝是金朝的宗室，小字"陈和尚"，读过《孝经》、《左氏春秋》，会写"牛毛细字"。他所带的忠孝军，是回鹘人、乃蛮人、羌人、吐谷浑人以及汉人的混合队伍，作战的能力很强。但是，这一次的胜仗，主要的原因是完颜彝本人的勇敢。

癸未年四月以来的其他若干次胜仗，完颜彝并没有份。那些胜仗，应归功于完颜伯嘉、史咏、移剌蒲阿、武仙、纥石烈·牙吾塔。移剌蒲阿不仅是甲申年九月泽潞之役的胜利者，也是己丑年八月泽潞之役的胜利者。

庚寅年正月的大昌原之战，据《金史》说，是二十年来金对蒙古的第一次大胜仗。胜仗确是胜仗，精彩也够精彩，规模却并不甚大：只是不到一万人的战役而已。结果很重要：蒙古军因此而解了庆阳之围。另一个结果更重要：窝阔台可汗决计对金亲征。在窝阔台可汗看来，区区一个"陈和尚"竟能以四百人战胜蒙古老将赤老温的八千人，可见金朝不是无人。留下这个金朝，迟早必为蒙古之患。

为了行文的便利，我只得把金与蒙古之间的战事一口气说到金朝灭亡为止。关于成吉思可汗死后，拖雷如何监国，窝阔台可汗如何继位，以及窝阔台可汗的新猷，甚至成吉思可汗如何叫塔塔统阿用畏吾儿字母创行蒙古文字，我都必须搁下，等到以后再谈。

窝阔台可汗对金亲征，在他即位以后的第二年，庚寅年，阴历七月间开始。庚寅年是公元1230年。那时候，蒙古的可汗们还没有年号（年号要等到忽必烈可汗的时候才有）。

金朝剩下有四万左右的兵力聚在汴梁城内。京外的重镇，在西有庆阳、凤翔、京兆（西安）、潼关、中京。在北有河中、卫州。在东有邳州、

一七　灭金

归德、睢州。在南有光化、邓州、裕州、蔡州。

窝阔台派斡勒答合儿·豁儿赤驻在和林做留守，自己带了拖雷、阿勒赤歹、口温不花等人与他们麾下的兵，渡过沙漠向南，进雁门关，过了平阳，在十二月黄河结冰之时，过河进入陕西，拿下韩城、蒲城。

这一年（1230年）阴历十月，史天泽在卫州打武仙，金朝政府派移剌蒲阿与完颜彝来救。史天泽先败后胜，拿下卫州，武仙败走。

十一月，国王塔思攻潼关，攻不下。

次年正月，窝阔台攻凤翔。屠寄说，攻到二月，攻下。屠寄又说，在正月间，窝阔台派了速不台攻破潼关之西南的小关，又残破了朱阳县、庐氏县。金朝的完颜彝带了忠孝军来抵抗，将速不台击败于（蓝田西南的）倒回谷。

这是速不台平生横行亚欧，第一次吃败仗。

窝阔台很生气，要严办他。拖雷求情，窝阔台这才从轻发落，叫拖雷带他走，作为假道宋朝的汉中、以偷袭唐邓二州的助手。

《金史·哀宗本纪》与《宋史纪事本末》（卷九十）均说速不台之败于完颜彝，在蒙古军既得凤翔之后，而不在蒙古军未得凤翔以前。并且，两件事（获凤翔与被击败）均在四月，不是在二月与正月。屠寄说，《金史》记错。我想，是屠寄弄错，不是《金史》记错。窝阔台在未得凤翔以前，不至于叫速不台去打潼关之西南的小关。

金朝虽则有完颜彝的忠孝军在倒回谷打了一个胜仗，却挽回不了整个局面的颓势。

驻在（河南）阌乡的陕西行省平章完颜合达，与参知政事移剌蒲阿，下令把京兆的人民强迫东迁，派完颜庆山奴以一军人做留守。东迁的人民走到半途，遇到蒙古游兵，死亡了一大半。

窝阔台到绥远丰州东北的"九十九泉"去避暑，召集诸王诸将开会，决定了三路出兵的战略。中路由他自己率领，经怀庆府渡河。东路的司令官是斡陈那颜（翁吉剌惕人阿勒赤·古列坚，窝阔台的母舅），由济南南下，假道宋朝的淮东。西路的司令官是拖雷，经由宝鸡南下，假道宋朝的汉中，经金州、洋州，而指向唐州邓州。

拖雷在七月间到达宝鸡，听说蒙古的假道使者卜客已被宋朝的统制张宣杀了，大怒，便不再客气，而用武力冲进大散关，屠了洋州。他又冲进凤县东南的武休关，沿途杀人抢粮，杀到四川庆元之北的（宋朝）华阳县；又杀到阆中之南，今日南部县西北的（宋朝）西水县，才掉转方向，在十一月回陕南，冲过石泉县西的饶风关，由金州向东，在十二月间到达湖北谷城的汉水边。

对岸是金朝的光化。完颜合达、移剌蒲阿、完颜彝、武仙，这时候已经会师，集合在今日河南淅川县之东的（金朝）顺阳县。完颜合达主张在拖雷渡汉水之时，迎头痛击。移剌蒲阿不赞成。结果，拖雷的蒙古兵完全渡过汉水，杀奔顺阳而来，金军这才慢慢地进至禹山，摆阵。金军的人数在二十万以上，蒙古兵只有三万。

蒙古兵先不打，伸开了两翼对金军包抄。包抄好了，才打。这一打，并无多大胜负。忽然，蒙古兵退走，退到了树林里面去，好几天毫无消息。金军因为人多，粮不够吃，便借此机会向邓州移动，到邓州去就粮。走到光化的枣林时，蒙古兵追来，出其不意，把金军杀得大败。

完颜合达、移剌蒲阿、完颜彝，带了残余军队跑到钧州，死守。

在这一战役的前两天，十二月初八日，窝阔台已经在山西打下金朝的河中府，捕杀守将完颜讹可。

壬辰年（1232年）正月，窝阔台在孟县西南的白坡渡过黄河，到了郑州，受守将马伯坚之降。

蒙古的游骑冲到汴梁城下。金朝政府着慌，叫完颜合达等赶紧来救。完颜合达等忠心耿耿，便凑足十五万兵，离开邓州，向汴梁前进。

拖雷一支的蒙古兵，听到消息，分出三千人在金军的后面追，专在金军吃饭与宿营之时挑战，弄得金军不得休息，疲倦不堪。这时候，天气又不好，有雨有雪。当金军到达钧州的三峰山之时，所带的粮食早已在三天之前吃光。然而，就在他们到达三峰山之时，不仅后面有拖雷的三万蒙古兵全部追上，前面也来了窝阔台的大军。

两路的蒙古兵，把金军四面包围，却并不交锋，只是烧火烤肉，让金军嗅到香味。蒙古兵吃饱了便休息，休息好了又吃。轮流吃，轮流休息。

最后，蒙古兵故意网开一面，让出通往钧州的一条路。金军"突围"，走到半途，被蒙古兵拦腰一击，切为若干段，全军被屠杀，"声如崩山"。

花帽军的名将"赛张飞"张惠，"步持大枪，奋战而死"。武仙只剩下几十人，逃进竹林，向密县走。移剌蒲阿向着汴梁的方向走了一阵，在"望京山"被俘，不屈而死。完颜合达、完颜彝与一位叫作杨沃衍的，逃到钧州，企图死守。

钧州随即被蒙古兵攻破，完颜合达与完颜彝被俘，也是不屈而死。完颜彝死前，被解到拖雷面前，他向拖雷说："我便是在大昌原、卫州与倒回谷三个地方战胜蒙古兵的'忠孝军总领陈和尚'。"拖雷叫他降，他不肯。他被砍断了脚，割开了嘴，至死不降，喷血大骂而死。

杨沃衍于钧州城破以前，杀了一个劝他投降的旧部下，上吊自杀。在血统上此人不是汉人，而是朔州的"唐和（唐兀？）迪剌部"人，能说汉话，在思想上也和金朝的汉人没有分别。他曾经在武州对抗蒙古兵二十七昼夜（贞祐二年，1214年，阴历二月），获得全胜。其后，屡立战功。死的时候，他官至"元帅、左监军、遥领中京留守"。中京，是河南府，今天的洛阳。

蒙古军的次一步骤，是围攻汴梁。汴梁于金宣宗迁来以后，最初的守将是术虎高琪，此人于兴定三年（1219年）阴历十二月被诛。（金宣宗恨他跋扈，借口他纵容一个家奴杀妻，而把他明正典刑。）

在金哀宗开兴元年（1232年）蒙古军兵临汴梁之时，负责守城的是

"内族白撒"。所谓"内族",便是皇族。白撒是金世祖的一个孙儿之后裔,和末帝承麟是胞兄弟。

白撒的方略,第一是决黄河,想用黄河的水来环绕汴梁。这件工作还不曾做好,蒙古的骑兵已到,半途而废,死了很多民夫。第二是放弃在今日汲县的"宜村渡"新卫州,把当地的城防用具与兵丁搬来汴梁。第三是,不守术虎高琪所监造的里城,而改守周围一百二十里长的外城。

城内原有的兵仅有四万,加上新卫州以及沿河若干屯的兵四万人左右,又征召了壮丁六万左右,也算是有了十几万兵。另外,分配了四千名"飞虎军"在四面,每面以一千人作为救应。

金朝政府叫徒单兀典在阌乡"行省事","以备潼关"。不久又叫他收粮,回汴梁增援。他把同州、华州、虢州、阌乡以及业已集中在陕州的军粮,总共有几十万石之多,准备了二百多船只,正打算装运,顺黄河而下,忽然听说蒙古兵快到,于是慌忙放空船东下,另行强迫老百姓背粮走。蒙古的少数骑兵很快赶到,于是粮也丢了,老百姓也被惨杀。

金朝政府也任命了徒单百家为关陕总帅。不久,徒单百家又奉了回援汴梁之命,尽撒潼关、蓝田与其他各关的守军,总共凑集了步兵十一万、骑兵五千,准备帮助徒单兀典押运粮食,同回汴梁,却也随同粮食,一齐被蒙古少数骑兵冲散,消灭。

剩下有象征性的若干军队的潼关,是由李平守着。李平在徒单百家军溃之时,自动向蒙古兵投降。

蒙古军在1232年的阴历三月间进攻洛阳。洛阳的守将姓强名伸,原为文官,于元帅任守贞离城(援汴)以后,被老百姓公推代理。强伸用两千五百名的三峰山溃兵,竟能守洛阳守了三个多月,而逼得蒙古兵解围而去,可见"事在人为"。

汴梁东南的归德府,也有一位文官,冀禹锡,努力坚守。睢州却很轻易地被蒙古兵攻破。

一七 灭金

也许是正因为西边的洛阳与东南边的归德，一时均无法攻下，窝阔台可汗在郑州派人去汴梁，向金哀宗劝和。

金哀宗很愿意和，就封了自己的养子（荆王完颜守纯的儿子）完颜讹可为曹王，准备把他送到窝阔台身边当人质，慢慢地商谈和平条件。这人质却送不出城，因为速不台还不曾接到窝阔台的停战命令。速不台说："我只奉到有攻城的命令，别的事我不知道。"

速不台用他的老方法：驱使俘虏背草，填城濠。俘虏的人数多，城濠立刻便被填平了几丈长。金军不敢射箭阻挠。金哀宗自己从宫里出来，对军民讲话，说："忍耐一天，等候我把曹王送出城，然后，如果'鞑靼'不肯退，你们才可以拼命打。"

结果，曹王虽出了城。"鞑靼"却不肯退。

汴梁的攻防战，从三月上旬打起，打到四月初七，窝阔台才准和。尽管《金史·白撒传》的著者对白撒的批评很不好，我看白撒能守汴梁守上三十几天，功不可没。在他下面的参知政事赤盏合喜，也很努力。

值得大书特书的事，是金军此次用了两种特别武器，一是"其声如雷"的"震天雷"，一是"飞火枪"。震天雷是装满了火药的铁罐子，"所爇围半亩以上，火点着铁甲皆透"。所谓火点，便是我们今日称为"碎片"的东西。这震天雷，可说是相当早的手榴弹。飞火枪是今日步枪的前身："注药，以火发之，辄前烧十余步。"

和了以后，窝阔台回到绥远的九十九泉去避暑，留下速不台，以三万兵监视汴梁。

七月，蒙古的使者唐庆与随员三十几人在汴梁城内被杀。杀他们的是"飞虎军"的军人申福与蔡元。金哀宗不敢惩戒申福、蔡元，蒙古方面认为金哀宗根本没有和的诚意。

战事重新开始。武仙集合了若干旧部，会同邓州的"行省"完颜思烈与巩昌的统帅完颜忽斜虎两人的兵，一共号称二十万，奉命由汝州向汴梁移动。金哀宗派赤盏合喜带了若干兵出汴梁，向西走，迎接他们。武仙等人的二十万兵在郑州之西的京水，与速不台的蒙古兵相遇，不战而溃。当时，赤盏合喜已经走到了中牟县，听到消息，便抛下辎重，带他的兵回汴梁。

速不台这一次对付汴梁，不攻，只用围困的方法。围困到冬天十二月，城内的粮食已完，人吃人的事很多。城内的金军，只敢守城，不敢出战。

速不台已经在汴梁城的周围，加造了一圈城墙，共有一百五十里左右。白撒自己，在汴梁的每一个城门之前，也早就加造了矮墙，以防敌人很快地冲到城门。现在，他命令金兵出城决战，一下子出不了许多。由于有矮墙的关系，金兵只能一个一个地出去：太慢。

癸巳年（1233年）正月初一，金哀宗带了若干兵离开汴梁，跑到今日曹县西南的黄陵冈，渡过当时的黄河，向着新卫州的路上走。走到沤麻冈，叫白撒去新卫州城下，用"御旗"向城上的守卒示意。守卒并不开门。白撒听说"蒙古兵"跟踪他，便退兵，在十一日退到白公庙，被史天泽击溃，慌忙去找金哀宗，在魏楼村找到。于是，金哀宗和白撒等人便在十四日向归德的方向走，于十六日进了归德城。

二十三日，汴梁的四个守城元帅之一、西面元帅崔立，杀了"南京"留守、参知政事完颜奴申与枢密副使斜捻阿不，向蒙古兵投降。

六月初九，中京洛阳被蒙古兵攻破，强伸转战到偃师，被俘，不屈而死。洛阳之破，不是强伸战败，而是因为金哀宗曾经任命了"内族思烈"为洛阳的"行尚书省事"。内族思烈很忠心，从"南山"号召了十几万兵，带进洛阳，就这样，洛阳的存粮便被提前吃光。（内族思烈本人在四月间听到崔立投降的消息，已经一气而死。）

洛阳城破以前，"代行省事"的总帅乌林答胡土，带出了一部分兵力，去蔡州（河南汝南）。

一七　灭金

正因为此人带了兵去蔡州，金哀宗便存了归德不如蔡州安全之想。同时，他在归德，也受够了蒲察官奴之气。蒲察官奴是完颜彝死后，忠孝军的重要领袖，率领了该军兵士四百五十人在归德。这四百五十人成为其他几千兵的领导力量，竟能在五月间击败速不台于亳州，赶了几千名蒙古兵下水淹死。

蒲察官奴忠勇有余，可惜相当跋扈，在战胜速不台以前，便已擅杀了归德原有驻军军官马用与三千多名兵士，以及李蹊以下三百多名朝臣；在战胜速不台以后他气焰更高，把金哀宗隔离在所谓"照碧堂"，过他的挟天子以令诸侯的瘾。

金哀宗向蒲察官奴表示想去蔡州，蒲察官奴坚决反对，并且向大家高声扬言："谁敢说向南搬，就砍他的头！"哀宗受不了，便暗地与几个宦官商量好，埋伏在门后，等他又来见的时候，从后面下手。结果，蒲察官奴肋骨吃了一刀。哀宗拔出剑，迎面加给他一剑。他逃出照碧堂，几个宦官追上去，将他当场砍死。

忠孝军四百多人，被金哀宗宣布免罪，皆不曾反。

哀宗在六月十八日离开归德，经由亳州，在二十六日到达蔡州。

蔡州在形势上是四战之地，丝毫不像是一个可以久守的国都。哀宗到了蔡州，竟然选美女，造宫殿，做起太平皇帝的打算，十分可笑。

他这太平皇帝，仅仅当了半年，便在蒙古与宋的合军进攻之下，城破身死。

他懂得用好人当大臣，而不能听从大臣的意见。完颜忽斜虎是他的"尚书右丞、总领省院事"。省是尚书省，院是枢密院。完颜忽斜虎主张在稍复元气以后，设法向西边走，到陕西甘肃另立基业。他完全无动于衷。乌古论·镐是他的御史大夫，也是曾经从蔡州带了粮食去归德奉迎他的功臣。群吏向乌古论·镐屡屡需索而不能满足，便向哀宗进谗。哀宗因此也就疏远乌古论·镐。

哀宗在癸巳年（1233年）六月迁到蔡州，只享受了三个月的安定，到了九月，蒙古军就兵临蔡州城下了。

蒙古军攻蔡州攻了两个月，攻到十一月，宋朝的军队两万人开到，会同蒙古军攻城。

宋军的指挥官是孟珙与江海。这两人而且带了三十万石米，分给蒙古军做军粮。蒙古军的指挥官，叫作塔察儿，是四杰之一孛罗忽勒的第二个儿子。《元史》说，他是孛罗忽勒的侄孙，错。

宋军与蒙古军合作，在十二月同时决开蔡州外面的河堤。宋军决开柴潭的堤，蒙古军决开练河的堤。于是，蔡州的外城被水冲毁，内城西面的城墙也被宋军与蒙古军攻破。

蔡州的情形岌岌可危，蔡州以外的几个大城也相继丧失：唐州在八月，徐州在十月，海沂莱潍四州在十二月。

金朝在癸巳年所仅余的武力，武仙的兵，也已经在七月间被孟珙击溃于淅川的石穴山。

甲午年（1234年），在正月初十的夜里，哀宗传位给末帝完颜承麟。次日，蔡州城破，哀宗自杀，末帝死于乱兵之手。金亡。

宋军与蒙古军各回原防。双方说好：以金朝的陈蔡为界，西北的地面划给蒙古，东南的地面划给宋。这一种分法，太笼统含糊，以至于蒙古与宋之间，不到半年便因为争夺汴梁而发生战争，战到宋亡为止。当初，倘若金宋的关系不在金宣宗之时恶化，宋朝不至于帮助蒙古灭金，金朝可能不会亡给蒙古；金朝不亡，宋朝也不会亡给蒙古。

一八　金宋之间

金朝自从太祖阿骨打在公元1115年称帝开国，到1234年蔡州城破、亡国，共有一百二十年的历史。

阿骨打开国之时，仅有一万名左右的骑兵，只花了八年工夫，便连胜辽朝，取得黄龙、上京、中京、燕京、平州。他的弟弟吴乞买（太宗）继位，也只用了一年半的工夫，便把辽朝灭掉。次年，1126年，占领汴梁，受宋钦宗之降。

钦宗与钦宗的父亲徽宗，对金的政策始终摇摆不定。金之所以能够灭辽，很得力于宋的帮助，却也未尝不知道以胜利的果实让宋分享，曾经在1123年以燕京与涿州易州等六个州的土地交给宋。不过，这七处的人民与财物，全被金搬了走。

宋徽宗及其大臣蔡京、童贯等人很恨，以为上了金的当，便贸然接受金的叛臣、南京（平州）留守张谷的来归。这给了金太宗以借口，于是汴梁在1126年被包围、占领。

宋钦宗允许以中山、太原、河间三个镇割让给金，却又在金兵退出汴梁以后命令这三镇的守将拒绝移交。金兵当然再来。

金兵再来之时，钦宗听唐恪的话，不让各地勤王的兵来救，于是汴梁再度被金兵占领。钦宗与太上皇徽宗均做了俘虏。

宋高宗另建朝廷于南京（归德），本可有所作为，却天性怕死，一再向南迁都，迁到扬州，又迁到临安（杭州）。在金帅兀术快追到临安之时，他又迁到温州。兀术在北归途中被韩世忠打得惨，高宗才敢回临安做太平天子。岳飞连胜金兵，几乎恢复了中原，高宗听秦桧的话，为了不让岳飞逼得金朝把徽钦二帝送回，就忍心把岳飞杀了，甘心向金朝皇帝称臣纳贡，受金朝的册封，每年进献"岁贡"银二十五万两、绢二十五万匹，割让淮河以北及唐州、邓州、商州、秦州。这是绍兴十一年（1141年）阴历十一月的和约。

和平维持了二十年，被金主亮破坏。金主亮本名迪古乃，是金太宗的侄孙，金太祖的儿子宗干的儿子，金熙宗亶的同曾祖兄弟。金主亮带兵在绍兴三十一年阴历十一月冲到采石矶长江江岸，被虞允文击败，不久便死在扬州，死于自己的军官之手。那时候，金世宗乌禄（雍）已经在辽阳自立为帝。

金世宗雍是金太祖儿子宗辅的儿子。金兆丰在他的《中国通史》中，把金主亮、金世宗均列为金太宗吴乞买的孙子，很错。这错误已有几家通史沿袭。我借此机会，提供一张本于金史的世系表：

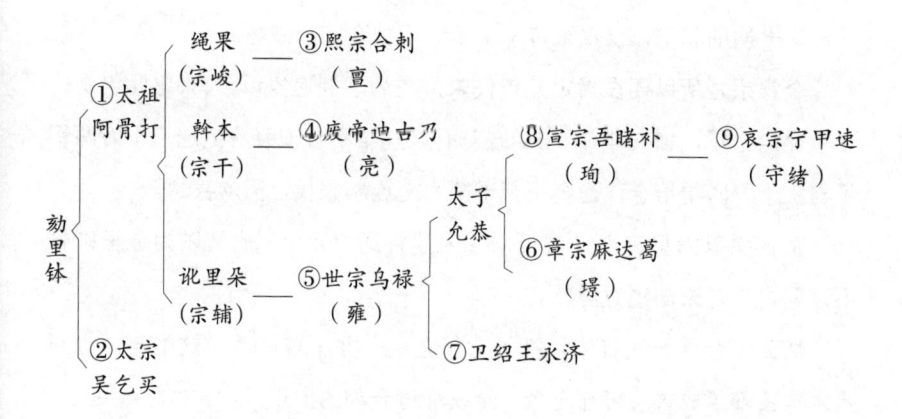

```
                  绳果 ─── ③熙宗合剌
                 （宗峻）      （亶）
        ①太祖
        阿骨打   斡本 ─── ④废帝迪古乃        ⑧宣宗吾睹补 ─── ⑨哀宗宁甲速
                （宗干）     （亮）      太子   （珣）          （守绪）
  劾里钵                              允恭
                 讹里朵 ─── ⑤世宗乌禄         ⑥章宗麻达葛
        ②太宗    （宗辅）      （雍）          （璟）
        吴乞买
                                           ⑦卫绍王永济
```

金世宗在金主亮死后，一度向宋朝表示愿和。宋朝此时（绍兴三十二年）高宗禅位于孝宗。孝宗重用主战的张浚。要等到张浚于次年（隆兴元年，1163年）阴历五月在（安徽）符离集被金军击败，孝宗恢复中原的念头才开始动摇；要等到隆兴二年十一月金军占领楚州（淮安），孝宗才有决心讲和。

这一次和约，订立于隆兴二年十二月，规定宋朝的皇帝对金朝皇帝不再称臣，而只自称为"侄大宋皇帝"，称金朝皇帝为"叔父大金皇帝"，"侄皇帝"三个字虽不太好，比起石敬瑭对契丹所称的"儿皇帝"，却也略高一筹。岁贡改称岁币，数量从银二十五万两减为十五万两。绢也减为十五万匹。疆土方面，割让海泗唐邓四州。

于是，金宋之间又有了四十年的和平，直至被韩侂胄破坏为止。

韩侂胄在开禧二年（1206年）阴历五月，请宋宁宗下诏伐金；不到一年，他派出去攻打金朝边城的诸将全都败退。金军而且在西方取得大散关，在东方取得扬州。开禧三年十一月，韩侂胄被史弥远杀死，他的头被送去金章宗那里，以表示宋朝求和的诚意。次年九月，和平恢复：疆界仍旧，岁币增加为银三十万两，绢为三十万匹。宋朝皇帝仍自称为侄，对金朝皇帝，则不再称叔父，而改称"伯父"。

这一次的和平，仅仅维持了十年，便被金宣宗破坏。

金宣宗之所以要在兴定元年伐宋，是为了催逼岁币。（兴定元年是宋宁宗嘉定十年，1217年。）宋朝政府有好几年不曾依照约定送三十万两银子与三十万匹绢给金，而金正苦于蒙古之连年来伐，需款甚急。

金宣宗以为只有武力对付宋，宋才肯送岁币来；他又以为金虽则打不过蒙古，打宋却绝对能胜。

然而，金这一次打宋，打了七年之久，并不曾能胜。这七年，也正是木华黎奉了成吉思可汗之命、全权征讨金朝的七年。

金在这七年之中，起先是攻枣阳，攻了几次，最后在兴定三年六月大败而回。守枣阳的先后为赵观与孟宗政，他们的长官是京湖制置使兼知襄阳府事赵方。金军又攻随州，攻了几次，攻不下。赵方派孟宗政与扈再兴、许国等人还击，攻唐州邓州，也得不了手。金宋双方，就这样在今日的河南湖北僵持了七年。

在江苏山东方面，宋方颇占优势，因为李全与张林先后叛金归宋。同时，蒙古也先后取得了济南与东平。

金宣宗在元光二年（嘉定十六年，1223年）阴历十二月死。他的儿子金哀宗在正大元年（嘉定十七年，1224年）阴历二月派使臣李唐英到滁州求和，滁州的宋朝官吏推说要向京城请示，结果是李唐英扑了空。四个月以后，金哀宗片面宣布战事停止，"遣枢密判官移剌蒲阿，以文榜遍谕宋界军民，更不南伐"。

宋朝政府虽则对金方的和平请求置之不理，却也在事实上不再北伐，直至八年以后，与蒙古订了夹攻金国的协定之时。

蒙古窝阔台可汗在壬辰年（宋理宗绍定五年，1232年）阴历十二月派了一位王檝，到临安来；宋朝政府其后也派了一位邹伸之去见窝阔台可汗，报聘。窝阔台可汗告诉邹伸之："灭了金以后，把黄河以南的地方给宋。"

宋朝的君臣相信窝阔台可汗的诺言，便让蒙古军假道，而且加强攻击金的各处领土，派孟珙与江海，率领精兵与多量的粮食，到蔡州，会同蒙古军在1234年攻下蔡州，把金灭掉。

金灭了以后，宋就抵不住蒙古。所谓交还黄河以南的诺言，其实是说说罢了。次年阴历六月，窝阔台可汗便派了阔端等人大举伐宋。

一九　宋与蒙古之间

宋与蒙古发生外交接触，始于宁宗嘉定十一年（1218年），亦即金宣宗伐宋的次一年。成吉思可汗派了木华黎的叔父者卜客到临安。宋派苟梦玉报聘。苟梦玉到和林，可汗已经出发西征。苟梦玉于是也走向西边来，在嘉定十四年才见到可汗于寻思干（撒马儿干）。

《元史》在《石珪传》把者卜客的名字写作"葛不罕"，说葛不罕的任务是"与宋议和"。这时候，蒙古对宋还不曾交过兵，有什么"和"可议？

屠寄在《蒙兀儿史记》卷四、窝阔台可汗本纪中，把者卜客的名字写作"主卜罕"；在同书卷四十三、者卜客等人的传记中，却依照《蒙古秘史》的汉译本，将者卜客的名字写作"者卜客"。他说，苟梦玉向成吉思可汗"言南北连和，夹攻金人之利。汗以为然"。看屠寄的口气，似乎是始创夹攻之策的是宋，不是蒙古。那么，成吉思可汗为什么要先派者卜客去临安，难道是真的为了"与宋议和"么？我敢假定，者卜客使宋的任务，正是为了建议"夹攻金人"。

其后，在宋理宗绍定四年（辛卯，1231年），窝阔台可汗打下金朝的凤翔，派拖雷由宝鸡假道宋朝的陕南，顺汉水而下，指向金朝的光化、唐州、邓州、汴梁；同时，派者卜客再度使宋，做假道的请求。

宋朝在青野原的守将、沔州统制张宣，不问青红皂白，便把者卜客杀了，闯下大祸。拖雷一怒之下，不假道而侵入，非但要通过陕南，而且先深入川北，烧抢屠杀了一大片地方。

前于此的一年，庚寅年（1230年），窝阔台曾经派李昌国当使臣，向宋接洽。李昌国走到了（江苏）宝应，被挡驾。窝阔台叫他再去，由李全派人护送，他依然进不了宋的疆界。最后，李昌国放弃由东边的运河向南走，而改由中部，走（湖北）蕲州黄州的一条路，果然获得与宋朝的外交官会面，订立了夹攻金人的条约。孟珙、江海之助攻蔡州，便是依照这一次的条约而行事的。

李昌国有没有向宋朝的外交官承诺，将黄河以南的土地给宋？这真是历史上的一大悬案。

李昌国之订成夹攻条约，是在何年何月？在者卜客被杀以前？还是以后？屠寄不曾交代明白。

《元史·太宗本纪》把这件事记在者卜客被杀以后。

者卜客之被杀，是在绍定四年（1231年）阴历七月。

次年十二月，窝阔台的另一使臣王檝到达临安，所谈的仍是夹攻金人的事。宋朝政府派邹伸之"报谢"。邹伸之见到了窝阔台。窝阔台"许俟成功，以河南地归宋"。

这是屠寄在《蒙兀儿史记》卷四、窝阔台可汗本纪中的说法。

"金亡，塔察儿便宜与孟珙约，以陈蔡东南地分属于宋。"这是屠寄在《蒙兀儿史记》卷四十四、塔察儿列传中的说法。

这两种说法出入很大，而可能都是事实。窝阔台可汗答应了邹伸之以黄河以南的地方给宋，而塔察儿并不知道，孟珙也不知道。塔察儿和孟珙相处得很好，就自作主张，以陈蔡之东南的地方给宋，作为对孟珙助攻蔡州的酬劳，却不知道窝阔台可汗已经答应了邹伸之以更大的区域给宋。

奇怪的是，窝阔台并不记得自己对邹伸之所做的诺言。金亡之时，塔察儿不把自己的军队撤到黄河北岸，"仍自领军，留镇河南"，并且奏请"并大河两岸，东首曹濮，西抵秦陇，列屯置戍，以备宋人"。

陈邦瞻在《宋史纪事本末》卷九十一，端平元年（1234年）阴历三月戊辰日的一条之中说："史嵩之露布告金亡，以陈蔡西北地方属蒙古。"

史嵩之在当时是"京西湖北制置使"。他之所以如此，可能是接得了孟珙关于和塔察儿互有协议的报告。

孟珙从蔡州回来，史嵩之叫他屯兵在襄阳。江海从蔡州回来，史嵩之叫他屯兵在信阳。此外，随州、枣阳、光化、均州，史嵩之都派了军队驻扎。唐州邓州，他也开始屯田。他丝毫不做接收黄河以南、陈蔡西北一片地域的打算。

在临安主持宋朝中央政府的郑清之，看法与史嵩之不同。可能是因为有邹伸之带回来的窝阔台诺言作根据，他不以收复唐州邓州及陈蔡以东与以南为满足，而接受赵范、赵葵二人乘机抚定中原的建议，在端平元年六月，亦即攻破蔡州以后才有五个月，便命令各军出动，收复"三京"。三京是，东京汴梁、西京洛阳、南京归德。

郑清之忠心有余，识见不够。他在绍定六年（1233年）史弥远死前的六天，由"参知政事，同知枢察院事"升为"右丞相兼枢密史"，大权在握，颇思有为。次年，端平元年（1234年），他就在六月间，说动宋理宗，下诏收复三京。

他的副手、参知政事乔行简，期期以为不可。乔行简向理宗上疏，说："臣不忧师出之无功，而忧事力之不可继。……今边面辽阔，陛下之将足当一面者几人？非屈指得二三十辈，恐不足以备驱驰。陛下之兵，能战者几万？分道而趋京洛者几万？留屯而守淮襄者几万？非按籍得二三十万众，恐不足以事进取。……中原蹂践之余，所在空旷……他日粮运不继，进退不能，必劳圣虑。"

其实，乔行简的话，只说到了知己知彼的一半：知己。关于"彼"的情形，乔行简尚不曾提到。蒙古军的编制、战略、战术、战力，当时宋朝的大小官吏知道的很少，郑清之似乎是尤其茫然。不知彼，又不知己，如何可以贸然做收复三京的举动？

倘若，事前和蒙古方面商量好，根据邹伸之带回来的窝阔台的诺言，可以不费武力而和平接收，自然是又当别论了。然而，郑清之并不曾在下诏收复三京以前，派人向蒙古当局要求接收，或"通知"蒙古当局以宋方派员前来接收的决定。

总而言之，郑清之把收复三京的事看得太容易，把蒙古方面的实力估计得太低。

他命令庐州（合肥）知府全子才带一万兵收复汴梁。汴梁的元朝守将是金朝的旧臣崔立。崔立被金朝的其他几个旧臣李伯渊、李琦等人杀死。李伯渊等人开了城门，欢迎全子才进去。

赵葵带了五万兵从滁州开到泗州，收复了泗州，然后就来到汴梁，与全子才会师。赵葵督促全子才向洛阳与潼关进取。全子才派徐敏子带了两百名兵士做先锋，又派杨谊以一万三千名强弩手作为后继。

徐敏子到了洛阳，洛阳并无蒙古军队，只有三百家老百姓。这三百家老百姓向徐敏子"投降"，徐敏子进城。进城住了一天，已经吃完军粮。

杨谊与一万三千名强弩手，走到洛阳之东的三十里，与蒙古兵遭遇，一战而败。

蒙古兵来攻洛阳，徐敏子略为抵抗了一下，放弃洛阳，向东撤退，回了汴梁。不久，赵葵和全子才借口史嵩之不运粮食接济他们，一齐从汴梁撤退。这是端平元年八月的事。

四个月以后，窝阔台可汗派王檝来到临安，责备宋朝政府"败盟"。宋朝政府派程芾做"通好使"去见窝阔台，解释误会。（《宋史纪事本末》说是派了邹伸之去"报谢"，错。）

程芾达成不了通好的任务，蒙古方面这时候已不是空言"通好"所能满足。

次年（端平二年，1235年）阴历六月，窝阔台派阔端、阔出、口温不花，分三路大举伐宋。

阔端的兵走西路，于十一月进抵石门，受金将汪世显之降；带了汪世显攻沔州，杀死宋朝的沔州知州高稼；其后，被宋将曹友闻抵住于阳平关，相持到端平三年阴历九月，杀死曹友闻，长驱入蜀，在阴历十月占领成都。一个月以后，阔端撤退，成都被宋军收复。

阔出的兵走中路，在端平二年七月取得唐州，十月打下枣阳，其后在襄阳郢州（湖北钟祥）一带大掠。屠寄在《蒙兀儿史记》卷三十七、阔出的列传中说：阔出的军队"入"了郢，似乎是强调他攻入了郢州。然而，在同书卷二十七、塔思的列传中，却说宋军虽败，余众"入城坚壁"，塔思"攻之不下，乃俘人畜数万而还"。塔思是木华黎的孙子，这时在阔出的麾下，负责攻郢州。阔出本人并不曾到郢州的城下来。阔出在端平三年冬天"薨于军"。他是病死，还是阵亡？待考。他死后，这一路兵是由塔思统率，还是由拖雷的儿子忽都秃统率？也待考。（襄阳的宋朝守将是李伯渊。李伯渊原是金朝在汴梁的都尉，跟随崔立降了蒙古，于宋兵到达汴梁之时杀了崔立降宋的。他与其他的宋军军官处得不好，就在端平三年三月烧了仓库，向蒙古军献城。两年多以后，嘉熙二年夏天，蒙古留在襄阳的守将之一刘义又把襄阳城献给宋军的指挥官孟珙。）

口温不花的兵，走东路，于端平三年十月攻陷（河南）固始；次月，连陷蕲州、舒州、光州。次年，嘉熙元年（1237年），攻黄州，攻不下，被孟珙抵住；攻安丰（安徽霍丘西南），攻不下，被杜杲抵住。

嘉熙二年，窝阔台又派了王檝来讲和：要求宋朝政府给蒙古岁币银二十万两、绢二十万匹。宋朝政府不肯。

嘉熙二年九月，窝阔台派鬼名察罕，带了号称八十万人的大军，围攻庐州（安徽合肥），却被杜杲打败。杜杲被宋朝政府升为"淮西制置使"。

杜杲是福建邵武人，守过滁州，当过几任知县，文武全才。《宋史》关于他守庐州的事，轻描淡写了六个字"复与大元兵战"，是胜是负不曾交代。《宋史》的编撰人，处于元顺帝的丞相脱脱监修之下，似乎不得不讳言蒙古大军的惨败。不过，来攻的蒙古兵虽则很多，也不会多到八十万人左右。

"号八十万"，是《宋史纪事本末》的说法。《宋史纪事本末》又说，在次年（嘉熙三年）十二月，又有"号八十万"的蒙古兵由四川进攻湖北。这一次他们的指挥官是塔海绀孛。塔海绀孛在嘉熙三年四月进入四川，占领了蓬州、顺庆（南充）、遂宁、重庆、夔州。

抵抗塔海绀孛的责任落在孟珙肩上。孟珙以三千人屯峡州（宜昌）、五千人屯松滋、一千人屯施州（恩施），派他的哥哥峡州知州孟璟对蒙古军作战于归州（秭归）及巴东。孟璟的部将连胜，收复夔州。

孟珙这时候已不是助攻蔡州之时的"修武郎、鄂州江陵府副都统制"，而是专阃一面的"枢密都承旨、京西湖北制置使、兼知鄂州"了。

在此以前，孟珙已经在嘉熙元年十月击败蒙古军于黄州城下，在嘉熙二年十月收复荆门，在嘉熙三年三月收复信阳、光化、樊城、襄阳。

孟珙是一位将门之子，生长在（湖北）枣阳。岳飞的部将孟安，是他的四世祖。赵方的部将孟宗政是他的父亲。他一生作战，战无不胜。

嘉熙四年正月，窝阔台叫张柔、史天泽等八个汉军万户一齐伐宋。这八位汉军万户渡过淮河，抢掠了不少东西，却占领不了多少城市。

三个月以后，窝阔台又派王檝到临安来谈和。这一次，是王檝来到临安的第五次，依然谈不成功。王檝得病，死在临安，宋朝政府把他装进棺材，运送回"蒙古"。

蒙古对宋的战事，继续下去。继续到次年（淳祐元年，1241年）冬天十一月，成都与汉州（广汉）入于蒙古军塔海绀孛的麾下汪世显之手。

淳祐元年阴历十二月，蒙古又派了一个谈和的使者来。此人的名字叫作月里麻思。月里麻思并不是一个人单独来，而是带了七十几个随员。

月里麻思走到淮河边，被宋军的某军官捉住，关在"长沙飞虎寨"。随员的命运如何，不详。

派遣月里麻思的，不是窝阔台，而是他的可敦乃马真氏。窝阔台在

一九 宋与蒙古之间

十一月已经去世。

"乃马真氏"是乃蛮人,原为篾儿乞惕人脱黑脱阿的儿媳妇,丈夫叫作忽秃。成吉思可汗把她赏给了窝阔台。她替窝阔台生下贵由。这位贵由是窝阔台的所有儿子之中最年长的,而乃马真氏却只是窝阔台的第六位可敦。其他若干位可敦没有她得宠、掌权。

窝阔台死时,贵由还在马札儿(匈牙利)前线,做拔都的部下。拔都是术赤的儿子。

选举可汗的忽里台大会,一时来不及召开,乃马真氏就当了摄政。她当摄政从淳祐元年(1241年)阴历十一月开始,到淳祐六年(1246年)阴历七月为止。

在她摄政的期间,对宋的战事照常进行,因为她所派的谈和使者月里麻思被宋军囚禁在长沙飞虎寨。

淳祐二年,蒙古军攻庐州,攻不下。攻(南)通州、叙州(四川宜宾),攻下。

淳祐三年,蒙古军攻大安军(陕西宁羌),攻下;攻大安军之旁的鱼孔隘,攻不下。守鱼孔隘的守将,是杨世安。

淳祐四年,蒙古军攻寿春,攻不下。守寿春的宋将,是吕文德。

淳祐五年,蒙古军大掠淮河以南,前锋及于扬州。

淳祐六年,蒙古军攻拔虎头关,前锋及于黄州(湖北黄冈)。

贵由在淳祐六年七月被忽里台大会推选为可汗,做可汗做到淳祐八年二月,病死。在《元史》上被称为"定宗"。定宗是忽必烈所追尊的庙号,正如成吉思可汗之被称为"太祖",窝阔台可汗之被称为"太宗"。

贵由可汗即位于淳祐六年(1246年)阴历七月,去世于淳祐八年二月,在位共只二十个月的时间。

他对宋没有采取大规模的行动。只叫史天倪的儿子史权进攻黄州,叫张柔进攻泗州。

在宋的一方，孟珙病死于淳祐六年九月。这是很大的损失，然而无可如何。京湖制置使的重责，落到贾似道的肩上。

蒙古在贵由可汗死后，可敦斡亦剌惕氏摄政，摄到淳祐十一年六月，拖雷的儿子蒙哥被术赤与拖雷两系的人公推为可汗。

蒙哥的名字，也许读者觉得陌生。他便是其后忽必烈所追尊为宪宗的一人。

蒙哥可汗在位九年，从淳祐十一年（1251年）阴历六月开始，到开庆元年（1259年）阴历七月为止。他对宋作战很积极。

他的战略是：先派弟弟忽必烈攻下云南的大理国，再一面由忽必烈从云南回攻四川，一面他另派别人从陕西南下，夹攻四川。等将来拿下四川，再顺长江而下，吞并江南。

忽必烈在宝祐元年（1253年）阴历十二月攻下大理国的旧都大理城，附带也降服了在西藏的吐蕃。蒙哥可汗召忽必烈回蒙古，叫他在汴梁设立"经略司"。忽必烈的部队，交麾下的大将兀良哈台率领。兀良哈台于攻下大理国的新都云南城（昆明）以后，在宝祐四年（1256年）分兵从丽江攻四川屏山，战胜屏山的宋朝守将张实，打通嘉定到重庆的水路。

这时候，蒙哥可汗已派了帖赤，率兵由陕西进抵四川的合州（合川）。兀良哈台派一部分兵经嘉定而达合州，与帖赤会师。

守合州的宋将，姓王名坚。

宝祐六年（1258年），蒙哥可汗开始对宋亲征。他在阴历正月元旦来到包头，在二月间踏过黄河，当时黄河的水结冰很厚。

四月间，他到了六盘山；九月间，他到了汉中；十月初二，他到了利州（四川广元）。其后，他一连攻下剑州东北的苦竹隘、剑州正南的鹅顶堡、阆州（阆中）东南的大获山、蓬州（蓬安）之东的运山（营山），于十二月底进驻南充之南的清居山。

开庆元年（1259年），他在二月间亲自到合州钓鱼山，指挥大军对王坚进攻，攻到七月，攻不下来。他自己死于钓鱼山之下。

传说，他中箭而死。这传说可能是本于事实。

王坚守钓鱼山，前后有十八年之久，一直守到忽必烈灭了宋朝以后。钓鱼山东西南三面环水，夹在嘉陵江与涪江之间，占有地形上的优势。山上有天池，水的供给不成问题。山上可以种田，粮食的供给也没有问题。所需要的只是抵抗的决心。王坚的决心十分坚强。

蒙哥可汗一死，在钓鱼山下的蒙古军慌忙带了可汗的尸首撤退。

然而，却有另外两支蒙古军在湖北湖南对宋军酣战。在湖北的一支，主帅是忽必烈，于九月初一由河南经大胜关黄陂进抵长江江岸；接到蒙哥可汗逝世的消息，不撤退，仍在九月初三于阳逻之西渡江。渡了江以后，随即进攻鄂州（武昌），攻到十一月底，攻不下来。守武昌的宋将先是张胜，张胜阵亡以后，由高达继任。

忽必烈本想继续打下去，却听到有一位弟弟想在沙漠以北先占可汗的位置，正在调兵遣将，准备在河南河北挡住他，不让他回去。这一位弟弟是阿里不哥，排行第七。蒙哥可汗是老大。忽必烈是老四。他们的父亲是成吉思可汗的小儿子拖雷。

忽必烈在十一月二十八离开鄂州，只留下一小部分兵力在鄂州城下，准备带主力经河南回开平。对外，他不说要回北边去，却装着要向东边走、去进攻临安（杭州）的样子，把军队第一步先移到东边的青山矶。

忽必烈的东进姿态，吓坏了驻在黄州（黄冈）的贾似道。贾似道这时候已经受封为"临海郡开国公"，官居"右丞相兼枢密使"，曾经率师援鄂州，屯在汉阳。"左丞相"吴潜把他调到黄州，为了提防忽必烈顺流而下。

贾似道却并无死守黄州之意。他偷偷地派人向忽必烈递上求和的降表，情愿由宋朝皇帝向蒙古可汗称臣，每年进贡银二十万两、绢二十万匹。忽必烈不知道这是贾似道瞒着宋朝政府而做的一种诈欺行为，很高兴，便批准了这降表，以为两国从此入于和平状态，放着胆子把主力，连同留鄂州城外的小部分兵力，一齐撤走。

忽必烈撤走以后，贾似道向宋理宗报捷，说是打了一次大胜仗，杀得忽必烈全军狼狈而逃。

在湖南的一支蒙古军，是兀良哈台率领的。兀良哈台在打下云南城（昆明）、收取大理国全境以后，曾经到过安南，受安南王陈日煚之降，然后就经由广西，打进湖南，围攻潭州（长沙）。攻到忽必烈撤兵之时，还不曾攻下。守潭州的宋将姓向，名士璧。忽必烈于接受贾似道降表以后，通知兀良哈台，叫兀良哈台也撤兵。于是，兀良哈台便解了潭州之围，向北撤走。

无聊的贾似道，却在次年（景定元年，1260年）正月，兀良哈台的兵已经差不多完全渡过（蕲春东南）新生矶地方的长江之时，突然予以袭击，打断浮梁，杀了一百七十余人。（浮梁是用船连接而成的桥。）当然，这又是他的一次大胜仗，值得向宋理宗报捷。

宋理宗在宝祐六年十一月晋封贾似道为"肃国公"，拜他为"少傅"；到了景定元年四月，又晋封他为"卫国公"，拜他为"少师"。七年以后，咸淳三年，宋度宗更进一步，拜他为"太师、平章军国重事"，把一切大权都交给他。

忽必烈在景定元年三月即可汗之位于开平。四月，阿里不哥即可汗之位于和林。十月，忽必烈的军队战胜阿里不哥的军队于和林之南，阿里不哥逃往欠欠州（唐努乌梁海）。

这一年，景定元年七月间，忽必烈派了郝经做"国信使"，来到宋朝的真州（江苏仪真），任务是收缴"岁币"。贾似道却叫人把这郝经关起来，以免他自己向忽必烈递表请降的事被暴露出去。

郝经在宋理宗景定元年阴历七月被拘禁，到了宋恭帝德祐元年阴历二月才被释放、送回。在这十五年的期间，贾似道一直是宋朝的唯一主政者，理宗、度宗、恭帝，都不过是名义上的君主而已。

贾似道的作风是"不战不和"。战，他毫无此意；和，他又绝对不肯。理宗景定三年，李全的儿子李璮在山东反正，他坐视李璮在山东被史天泽消灭，只派了胆小如鼠的青阳梦炎带少数的兵去救，青阳梦炎中途撤退。度宗咸淳三年（1267年），蒙古军开始攻襄阳樊城，吕文焕守襄阳，范天顺守樊城，他们两人苦守到咸淳九年正月，而贾似道所派去的援兵，仅有咸淳七年六月范文虎的一次、咸淳八年五月李庭芝的一次。范文虎一战而败，一败而退；李庭芝呢，只是倚仗少得可怜的三千民兵而已。樊城被蒙古军的炮攻破，范天顺力战而死。

次月，吕文焕接受蒙古军统帅阿里海牙的劝降，把襄阳献给蒙古。次年九月，他成为蒙古军新统帅伯颜的向导与前锋，于三个月以后打下宋朝的鄂州。

跟着，在宋恭帝德祐元年（1275年）的正月，陈奕在黄州不战而降，管景模在蕲州不战而降，吕文焕的侄儿吕师夔在江州（九江）不战而降。二月，范天顺的父亲范文虎也在安庆不战而降，张林也在池州（贵池）不战而降。

贾似道这才慌忙带孙虎臣与夏贵两军到芜湖。孙虎臣的一军于二月二十一日在丁家洲对蒙古军打了一仗，战败。夏贵的一军不战而溃。贾似道一口气溜去扬州。宋恭帝的祖母谢太后将他的"平章军国重事"与"都督天下兵马"两个官职免了。

十天以前，二月十一日，贾似道曾经派了宋京去伯颜那里求和。这位宋京，正是他在十六年前派到鄂州城外、忽必烈的军营里去求和的一人。伯颜告诉宋京，叫贾似道自己来面谈，贾似道不敢去。

郝经之被释放，是在贾似道派宋京再度求和之时，还是在贾似道战败、溜去扬州之时？待考。总之，郝经在二月间恢复了自由，被送回。

贾似道在八月间死在流放的中途：漳州。杀死他的，是押解他的郑虎臣。

伯颜在次年（德祐二年，1276年）阴历二月初五接受宋恭帝的投降，占领临安。

直至贾似道溃败于芜湖丁家洲之时为止，忽必烈似乎并没有一定要灭掉"南宋"的意思。他和以前的几位可汗不同。他濡染了很深的汉文化，颇懂得一些"以德服人"、"以大事小"的道理。他所要求的，是宋对蒙古称臣纳贡。

这条件在忽必烈自己看来，可谓宽大之至。在蒙古征服其他各国的历史上，屠城是司空见惯的例子。不屠对方，而容许对方存在，只要求称臣纳贡，自从成吉思可汗以来，唯有畏吾儿等极少数国家享受过如此优待。而且，畏吾儿是"闻风纳款"，从未与蒙古交过兵的。

忽必烈之所以愿意让南宋暂时或长期存在，除了受有汉文化的影响以外，另一原因是他有后顾之忧。起先有阿里不哥，其后有昔里吉与海都。虽则昔里吉与海都之称可汗，是在伯颜"平宋"还朝以后，忽必烈之时时担心有人要抢他的大位，确是事实。

错误在于宋的一方。宋倘能知己知彼，早该在助灭金国以前对窝阔台可汗讲清楚以黄河为界的条件，写成白纸黑字，免得后来又有了所谓以陈蔡为界的约定。既然是有了两种前后不符的划界办法，就应该派使臣去把事情澄清一下，却贸然以突袭的姿态占领汴梁洛阳，惹起几十年熄不了的战火。

错到了鄂州被忽必烈围攻之时，不幸又有贾似道的奸内诈外。贾似道分明以右丞相的资格对蒙古正式求和获准，以称臣纳贡为条件，却丧心病狂对宋理宗谎报大胜，对兀良哈台的殿后军队予以追击。更丧心病狂的是：把忽必烈派来的国信使郝经关在真州，以防宋的朝野知道他曾经向忽必烈求和获准，把郝经一关便关了十五个年头，而宋的局势便如江河日下。至于，坐视范天顺与吕文焕苦守樊城襄阳六年之久，"阴阳怪

一九　宋与蒙古之间

气"地似乎派人去救，而实际上并不想救，叫李庭芝负责，又叫范文虎不受李庭芝调度而直接受朝廷节制：这证明贾似道不仅是丧心病狂，而是禽兽不如、一种说不出名字的怪物。

宋恭帝投降以后，忽必烈叫伯颜把他与太皇太后谢氏、皇太后全氏，以及一切"宫眷"与皇族，带去大都。宋朝在理论上已亡，至少在蒙古方面的看法是如此。

却有陆秀夫与苏刘义二人，在温州请出曾任"左丞相兼枢密使、都督诸路兵"的陈宜中，召来在浙江定海驻扎的"保康军节度使、检校、少保"张世杰与他的兵，拥戴恭帝的庶兄益王赵昰为"天下兵马都元帅"。这是德祐二年（1276年）阴历闰三月的事。

温州不够安全，他们迁到福州，在五月初一奉赵昰为帝，改元"景炎"，以陈宜中为左丞相兼都督，李庭芝为右丞相。李庭芝当时尚在扬州担任"淮东制置使"，与蒙古的阿术对抗。张世杰与陆秀夫的新名义是"枢密副使"与"签书枢密院事"。苏刘义的名义无考。

景炎元年（亦即德祐二年）六月十七日，文天祥从镇江脱险来到温州。陈宜中等人叫他当"右丞相兼知枢密院事"；一个月以后，叫他兼"同都督"。文天祥于临安被占以前，曾经以"右丞相兼枢密使、都督"的地位，奉派与左丞相吴坚到伯颜的军中洽谈和平条件，因态度倔强，被伯颜扣留（德祐二年正月二十日）。其后，被伯颜加进宋朝派赴上都的"祈请使"之列（祈请使原为贾余庆等四人，加进文天祥，共为五人）。文天祥在船抵镇江以后，设法与杜浒等"义从"逃出，在真州、扬州、高邮，吃了很多苦，最后由南通州航海南下。

文天祥、张世杰、陆秀夫，是宋朝最后几年的三根柱石。陈宜中在景炎元年（亦即德祐二年）十月，便带了若干船离开帝昰，去了占城。李庭芝于离开扬州以后，在泰州被元兵捕获，就义。

文天祥在外面发展，张世杰护驾，陆秀夫主持政府。他们三人忠心耿耿,把宋朝的寿命延长到祥兴二年(1279年)阴历正月。祥兴是帝昰的弟弟昺的年号。帝昰原都福州,其后一再播迁,由福州而泉州的海面,而潮州浅湾,而(虎门附近的)秀山,而(中山县南二百里的)井澳,而(雷州正东的)硐洲;终于在景炎三年四月病死在硐洲,被追尊为"端宗"。帝昺在硐洲即位,改年号为"祥兴",以景炎三年五月为祥兴元年五月,于六月迁都新会之南的厓山,在次年正月被陆秀夫背着跳海而死。

在文天祥的实际领导与号召之下,有不少的忠臣义士风起云涌,支持帝昰(端宗)与帝昺的朝廷,对蒙古做最后的挣扎。于是,宋军先后收复了(江西的)南丰、宜黄、宁都、瑞金、会昌、雩都;(广东的)韶州、广州、潮州、梅州、惠州、雷州。可惜的是,文天祥不曾能把这些城市一一固守,或是把这些城市之间的土地与人民结成一片。文天祥终于在景炎二年八月兵溃于庐陵(吉安)之南的方石岭与"空坑"(败在蒙古将军西夏人李恒之手),退到汀州,其后又退到循州(广东龙川县),再其后驻节潮州。次年,祥兴元年,十二月,"蒙古汉军都元帅"张弘范来攻,文天祥退守海丰,扎营在海丰北门外四里多路的五坡岭。十二月二十四日,张弘范的弟弟张弘正攻占五坡岭,掳走文天祥。文天祥被解到广州,又解到大都,囚禁在兵马司的一间没有窗户的土屋子里,整整三年,于至元十九年(1282年)阴历十月被杀,牺牲。

文天祥在宋理宗宝祐四年(1256年)考中状元,是出生在江西吉安的一位十足的文人,生平不曾受过军事教育,也不曾怎样在兵法与战史的书籍上用过功夫。他凭着一腔忠愤,誓死报国,不存成功之想,只是"尽其在我"而已。可叹的是,宋朝在此后已无知兵的宿将能供文天祥驱策。

张世杰可谓宿将,然而忠义有余,却并不知兵。他出身行伍,是范阳人,原先属于蒙古军张柔的麾下,反正以后,始终忠心于宋,一直到死。他在镇江江面上用水军抵抗阿术,被阿术用火攻的方法击败。他对端宗与帝昺先后护驾,功在青史,然而他没有战略,甚至不甚懂战术。

他围攻在泉州叛变的蒲寿庚,攻了很久攻不下,在浅湾也抵不住蒙古军刘深的进攻。他的最大错误,是最后的厓山一战,不占海口,而坐待敌船深入,并且烧了自己的营房,使得自己的军士挤住在船上,由于缺乏淡水而疲乏、生病、无力作战。他把自己的船都扎连在一起,排成一字形,以致当对方张弘范分前后两面同时进攻之时,他无法应付。这厓山之败,真是千古悲剧。当时宋方跳水而死的人,传说有十万左右。这十万人倘若不死,宋朝何至即亡!

陆秀夫是江苏盐城人,在镇江长大,于宋理宗开庆元年(1259年)考中进士。(《宋史》本传说他在"景定元年登进士第",错。)他在李庭芝麾下当过参议官,被李庭芝推荐为司农寺丞,其后升到"宗正少卿、权起居舍人"。他的第一件大功劳,便是在温州找出陈宜中,召来张世杰,公推益王赵昰为"天下兵马都元帅",再在福州公请赵昰即位为帝。他在赵昰(端宗)与帝昺的朝中,先做"签书枢密院事",于陈宜中走后升为左丞相,持躬严谨,办事勤恳,真正做到了鞠躬尽瘁、死而后已,可惜局促一隅,无所施展。他与文天祥及张世杰合作得始终无间,对国家有功无过,最后于绝望之中断然背帝昺跳海,免得帝昺做俘虏、受侮辱,这件事也无可非议。总之,他是宋朝殿后的完人。

忽必烈于帝昺及陆秀夫死后,成为全中国在名义上兼事实上的皇帝。

二〇　蒙古汉军

为了行文的方便，我把成吉思可汗死后、迄于至元十六年（1279年），蒙古对金对宋的战事，一口气写完。有许多话，我还不曾来得及写。

现在，先谈谈蒙古汉军的情形。

在成吉思可汗逝世之时（1227年），全部蒙古军只有十二万九千蒙古人。这个数目，其后并未增加，直至忽必烈灭掉南宋之时，忽必烈所掌握的蒙古兵，只是这十三万左右的一大部分而已，有些早已分给了术赤、察合台、窝阔台、合撒儿、帖木格等人及其后裔。

窝阔台、蒙哥与忽必烈伐金伐宋，所用的兵多数是汉人，不是蒙古人。窝阔台派拔都等人西征与蒙哥派旭烈兀南征，所用的兵多数是突厥种的人而不是蒙古人。窝阔台在即位的一年（1229年）便成立"汉军三万户"，以刘嶷（刘黑马）、札剌儿、史天泽三人充任。所谓万户，实际上是"万夫长"。这三人各有一万名兵士在麾下。刘嶷是刘伯林的儿子。刘伯林降蒙古最早。札剌儿是契丹人，原为金朝契丹乣军的指挥，在他麾下有契丹兵，也有汉兵。史天泽是史秉直的儿子、史天倪的弟弟。

五年以后，窝阔台灭了金，增设汉军五个万户，以张柔、邸顺、严实、张荣、郝和尚五个人充任。关于张柔、严实，我在以前已经有过交代。邸顺是保定府行唐县人，降了成吉思可汗以后，历任行唐令县、恒州安抚使、山前都元帅，被赐名为"察罕·纳合儿"（白狗）。张荣是济南府历城县人，本已结寨自保，而且掌握了章丘、济阳、淄州等地方，最后在东平易手之后，无可奈何而降蒙古，被成吉思可汗任为"金紫光禄大夫、山东行尚书省、兼兵马都元帅、知济南府事"。他在灭金的战役之中，连破归德、沛县、徐州。郝和尚是太原人，幼年被蒙古兵掳去，隶属于千户客台麾下，在戊子年（1228年）当到了丰州元帅，三年以后受封为"行军千户"。

随着八个汉军万户，先后受封为汉军千户的人，有几十名。

事实上，窝阔台所有的汉军，超过八万人很远。

当年失吉刊·忽秃忽到金朝中都接收户籍的时候，业已按照每二十壮丁佥军（征兵）一人的敕令，一共佥得了十万零五千四百七十一名，点名实到九万七千五百七十五人。史天泽、刘巘、张柔、严实、张荣等人的兵，不在这些"佥军"以内。

二一 成吉思可汗的遗产

据费儿那兹基估计,蒙古人的总数,当成吉思可汗逝世之时,只有一百万人左右。这一百万人以其十二三万的兵,加上若干汉军,花剌子模、钦察等各国所征召来的壮丁,竟然建立了横跨欧亚的一大帝国,确是世界历史中的奇迹。

成吉思可汗具有天才与超人的毅力,无可否认。少年时的忧患把他锻炼成一个刚强的斗士,"受命于天"的信心使得他几乎每战必胜。敌军的缺点逃不过他的眼睛,自己军队的优点他又能充分发挥。

成吉思可汗生平恩怨分明,信赏必罚,发出命令来绝不收回,信任一个人以后绝不怀疑,把自己所喜所恶让部下与人民完全明白,待任何人一律平等(用同一的标准加以升降、赏罚);对敌人则肯降者必生,抵抗者必死,人才不论是何族何国的人,肯为我用者一律予以重用:名义、待遇、爵位、采邑,在所不惜。像成吉思可汗这样的人,当然要成为大领袖、大皇帝、开国之君、世界性大帝国的主人。

他的帝国,是一个专制的帝国,同时也是封建的帝国。专制与封建本不相容,而在他死前这两者确是并存于蒙古及被征服的各大地区。他的话,就是法律。不是专制是什么?他在即位为可汗之时,封了三个万户、九十五个千户。这三个万户、九十五个千户,在军事上是三个万夫长、九十五个千夫长,在行政上等于是三个省长、九十五个县长,在社会的意义上却也差不多是三个部长、九十五个族长,或三个侯爵、九十五个男爵。万户与千户都是世袭的爵位。其后,打下花剌子模,就把它封给了术赤。逝世以前,他又改封术赤以今日的哈萨克斯坦,封察合台以西辽的故壤，封窝阔台以今日新疆北部、额尔齐斯河下游及邻近地区，封拖雷以中部蒙古与西部蒙古，东部蒙古被封给了合撒儿等人。西夏的故壤给谁？金的北部故壤给谁？成吉思可汗不曾吩咐。他是否想把西夏的故壤给拖雷？把金的北部故壤给木华黎？我们无从考探。

蒙古在成吉思可汗未做可汗以前，原为时分时合的若干部落与民族，没有形成国家。合不勒、俺巴孩与忽图剌三位可汗只不过是一种部落联盟的盟长而已，不是一国之君。

成吉思可汗纠合了多数的部落与氏族屡屡对外作战，作战期间的生死与共，战胜以后的财物分享、俘虏分享，都足以增进各部落氏族之间的团结，与对于领袖（成吉思可汗）的拥护。

三万户与九十五千户的封设，是成吉思可汗的杰作。护卫由一千人增加为一万人，分作四班轮流服勤，而构成护卫的分子多数是各国万户与千户、百户的子弟，这些子弟事实上便是"质子"，足以防免万户、千户、百户的背叛。

护卫不论战时平时，均在可汗的身边；战时是督战队，平时是宪兵，只不过不叫作督战队或宪兵而已。护卫又等于是军官学校与行政干部学校："全国"的年轻人才在担任护卫期间获得训练、培养与提拔。于是，护卫也产生了各部落氏族对新国家的中央的向心力。

当成吉思可汗逝世之时，全蒙古的臣民被分给诃额仑太后等皇室分子，而似乎不曾再有各部落长与氏族长提出任何抗议。诃额仑与帖木格共同分到一万帐，术赤分到九千帐，察合台分到八千帐，窝阔台与拖雷各分到五千帐，合撒儿分到四千帐，别勒古台分到一千五百帐，阿勒吉歹也分到了二千帐。总共，是四万四千五百帐。一般的蒙古人，不再是某一独立部落或氏族的分子，而是蒙古国某一皇族分子"位下"的臣民了。

一般的蒙古人在成吉思可汗之时无需纳税，只需在作战以后把战利品交出属于可汗的一份。到了窝阔台可汗之时，一般的蒙古人便需纳税：

每年缴马牛羊百分之一,并且要缴母的。有一百匹马的,每年缴一匹母马,以此类推。(此外,还要捐出百分之一的羊,赈济"本部"的穷人。)从此,每一个蒙古人对国家有了纳税的义务。

另一项国民义务是服兵役。旧例,十五岁以上、七十岁以下的男子,在原则上都是本部落或氏族的战斗员,直接向部落长或氏族长效忠,间接替部落长或氏族长所拥护的人拼命。在成吉思可汗设立了九十五千户以后,每一个服兵役的蒙古人都在千户的指挥之下,直接对可汗效忠,替可汗拼命。服兵役的年龄,改在二十岁以上。

成吉思可汗留下一部法典,汉文称作"青册",蒙古文称作"札撒"(Jassaq)。

"札撒"这个字的本义,是普通的命令或法令;变成专门名词,就专指成吉思可汗留下来的法典。为了方便起见,我们不妨学欧洲人称它为"大札撒"。

大札撒的全部,有人说是在成吉思可汗逝世以前完成,而更可靠的说法是:定本的颁布是在窝阔台可汗即位以后。所谓颁布,并非颁布给一般蒙古人,而是颁布给有治民之责的贵族与官吏。被征服的民族的分子,根本不许知道大札撒的内容。

大札撒的主要部分,脱离不了蒙古人社会的习惯法的影响,却也显然地经过成吉思可汗与最高断事官失吉刊·忽秃忽的一番考虑、选择、更改。大札撒的一小部分,则纯粹是成吉思可汗与失吉刊·忽秃忽两人的创作。

今天我们已经找不到大札撒的全文。保存了大札撒的片断的,以志费尼的《世界征服者史》为最多,其次为阿布勒·法喇机的著作,再其次为拉施特的著作。

根据这些片断,我们可以约略了解大札撒的精神:很严,而处刑不分贫富、不分贵贱。偷马的,如果缴不起罚金,便要处死。马在蒙古,当然值得如此重视。杀人的,用不着抵死,能缴罚金就可以了。这不是说死了的人不重要,而是说活着的人更重要,能叫活着的人免死总是好的。

大札撒规定了每一壮丁永久属于某一牌子头、百户、千户的麾下。离开了自己的隶属的单位而混到另一单位去的:处死。军官接受不属于自己单位的壮丁的,也要处死。

大札撒也规定了:蒙古人对于可汗,只需在可汗的名字之后,加呼可汗一词,不必像伊斯兰教国家的人,对他们君主称呼一大串尊号。皇室分子对可汗可以仅仅称呼他的名字,连"可汗"一词都可以省略。而且,皇室分子犯罪,不处死刑,只能处监禁或流放。

留下来的大札撒片断,极少是属于民法范围的。其中有一条很有意思:破产了第三次的人,处死。

有了大札撒作为举国一致所遵循的法典,蒙古这新建的国家可谓有了基础。

在这一方面帮助成吉思可汗最多的,是最高断事官失吉刊·忽秃忽。此人是可汗的"过房弟弟",为诃额仑太后的养子。他打仗不行,审案子却内行,而且颇为好学。他拜塔塔统阿为师,把畏吾儿字母练得很熟,并能用畏吾儿字母写蒙古话。大札撒的原本,可能是他写的,或是由他监督若干书记写的。

塔塔统阿是畏吾儿人,起先在乃蛮太阳汗那里当"掌玺大臣"。太阳汗被成吉思可汗击败,塔塔统阿带了乃蛮的金玺逃命,被成吉思可汗的兵捉住,解到成吉思可汗面前。可汗对他说:"乃蛮的人民与土地都已入于我手,你带着这件东西想去那里?"塔塔统阿说:"我是想找故主,找到他便把这件东西还他。"可汗说:"你是忠臣。这件东西有什么用处?"塔塔统阿说:"收支粮食金钱,委派大小官吏,都用得着这件东西作为凭据。"成吉思可汗于是便叫塔塔统阿替自己当掌玺大臣。(可能把乃蛮的旧玺磨了,重新刻上"蒙古"或成吉思可汗的名字。)

细说元朝

成吉思可汗对玺上的字很有兴趣。塔塔统阿解释给他听。不久,他就想到叫塔塔统阿用畏吾儿字母写蒙古语。塔塔统阿遵命办理。于是,蒙古人开始有了文字。(在此以前,与蒙古人血统相同、语言相同的契丹人,有过拼音的方块字。)

畏吾儿的字母,是横行的,由右向左。塔塔统阿在写蒙古语的时候把它改为直行,由上而下。有若干曲线的笔画,也改成了直线。塔塔统阿之所以做如此更改,可能也是奉了成吉思可汗的命令。

一个国家有了军队,有了政府,有了法典,又有了文字,实在已经是一个很像样的国家。(成吉思可汗在塔塔统阿试验用畏吾儿字母写蒙古语而成功了以后,立刻叫自己的儿子与大臣跟塔塔统阿学习。失吉刊·忽秃忽是学习得很成功的一个,也许是最成功的一个。)

这个差不多是成吉思可汗所一手创造的国家,却有一个极严重的缺陷:皇位的继承法没有规定,只是依仗贵族大会(忽里台)来公选。

二二　窝阔台、贵由、蒙哥三个可汗得位的经过

成吉思可汗在逝世以前，未尝没有明白表示：皇位应由第三个儿子窝阔台来继承。可是，遵行他的遗志的人，依然按照传统习惯，先由"看家的小儿子"拖雷摄政，然后召集一次忽里台大会，公选窝阔台为可汗。

拖雷从丁亥年（1227年）阴历七月起，监国到己丑年（1229年）阴历八月二十八日忽里台大会选出窝阔台为可汗之时。参加这大会的，有成吉思可汗的弟弟"斡惕赤斤那颜"帖木格、窝阔台的哥哥察合台、已故术赤的儿子拔都、成吉思可汗的侄儿（合撒儿的儿子）也古与也松格以及西边的"右手诸王"、东边的"左手诸王"、拖雷与中央的"在内诸王"、后妃、公主、驸马、万户、千户。（所谓右手诸王、左手诸王、在内诸王，指的是各部落的长与各氏族的长。成吉思可汗从来不曾封过任何人为"王"，除了封过木华黎为"国王"以外。）

大会开了四十天，才选出了窝阔台。开始，有人要选察合台，也有人要选拖雷。要选拖雷的人比较多。这些人似乎都不甚重视成吉思可汗的遗愿。拖雷坚持不干，要让给窝阔台做。窝阔台这才于最后当了选。

耶律楚材劝察合台，不妨以哥哥之尊，首先向当可汗的弟弟窝阔台下拜。察合台照办。帖木格等人于是也下了拜。窝阔台的地位于是确立。

窝阔台在辛丑年（1241年）阴历十一月初八日死，死于酒。天主教的神父勃朗弩·卡儿平尼说，窝阔台所饮的酒，其中有毒。放毒的是他儿子的一个婶母。（这位婶母是不是拖雷的寡妇，勃朗弩·卡儿平尼没有说清楚。）

监国的责任，应该落在窝阔台的"看家小儿子"的肩上。窝阔台的

最小儿子是谁？难考。可能是昔里吉（见于《元史》阿剌罕传，宪宗本纪称他为"月良"；屠寄在《蒙兀儿史记》卷三十七说他是"业里讫纳妃子"所生的皇子"灭里"）。此人很不得窝阔台的欢心，可能不被放在身边。他的母亲也不是"正后"。正后是孛剌合真氏（屠寄以为是巴儿忽真四字的异写，很对。"巴儿忽真"的意思是，巴尔虎人）。孛剌合真氏只生了皇子合失一人，而合失早死，留下了皇孙海都。妃子乃马真氏朵列格捏生了皇子贵由，妃子乞儿吉思氏生皇子阔端与皇子阔出。另有不知名氏的妃子二人生下皇子哈剌察儿与合丹。

窝阔台逝世以后，"看家"的大权不曾落在任何儿子之手，反而落在他的妃子、所谓"第六皇后"乃马真氏朵列格捏之手。这是一件奇怪的事。朵列格捏"称制"（摄政），竟有四年半之久，从辛丑年（1241年）阴历十一月到丙午年（1246年）阴历七月、她的儿子贵由被忽里台选为可汗之时。

朵列格捏在《元史》与《新元史》中，被称为太宗昭慈皇后乃马真氏。昭慈是忽必烈给她的谥法。"乃马真"的意思，是"乃蛮的人"。她的父亲是乃蛮的太阳汗。她先嫁给篾儿乞惕族部长脱黑脱阿的儿子忽秃，在鼠儿年（1204年）被铁木真（成吉思可汗）俘虏、赏给了窝阔台。她和窝阔台生下贵由。

她开始称制之时，贵由还陪着术赤的儿子拔都在马札儿（匈牙利）作战。拔都是指挥官，听到窝阔台的死讯，就下令全军撤退。贵由于是也就领了他自己的直属部队，向蒙古回师。

当他在癸卯年（1243年）夏天走到叶密立河之时，斡惕赤斤那颜帖木格正在"称兵犯阙"，向他的母亲"乃马真后"朵列格捏摊牌。帖木格听到他回师的消息，便搭讪着说："我是来照料丧事的，没有什么别的意思。"

甲辰年（1244年）春天，贵由到达和林之西的"额垤儿水"（色楞格河的南源、倭帖尔河）。朵列格捏召集一次忽里台大会在额垤儿水的水边。这一次大会，由于拔都不肯来，无结果而散。

拔都之所以不肯来，第一是因为曾经和贵由处得不愉快，贵由喜欢乱喝酒，拔都向窝阔台可汗告过一状，窝阔台可汗授权给拔都严加管束，因此，两人之间意见很深。第二是因为拔都晓得，窝阔台可汗生前有传位给阔出的儿子失烈门的意思，如果选贵由，显然是违背窝阔台可汗的遗命。

过了两年多，到了丙午年（1246年）的夏天，朵列格捏又召集一次大会。这一次，拔都的态度较为温和。虽则自己仍然不来，却也派了一个弟弟、一个儿子来出席，作为代表。

于是，朵列格捏示意会众进行选举，选出了贵由为可汗。贵由随即即位。

贵由可汗在位不满两年，死于非命。

他和拔都之间，意见加深，由于拔都本人两次均未亲自参加忽里台大会。他做了可汗以后，坚持要拔都来朝觐他。拔都终于不得不顺从，在戊申年（1248年）春天离开欧洲，向着和林的方向走，走到今日新疆塔城西南、裕民县正西的阿拉湖，接到拖雷的寡妇莎儿合黑塔泥送给他的一项消息。这消息说：贵由可汗已经由和林动身，向西边走来迎接他，而且怀有不利于他的阴谋，叫他小心。拔都于是便停在阿拉湖不走，做种种预防贵由可汗暗算的准备。其后，贵由可汗在走到离拔都只有一星期途程的所在，乌里雅苏台正西、科布多东南、鄂尔格泊旁边的横相乙儿（和集格尔），忽然暴卒。他可能是被拔都所派，或拖雷的寡妇莎儿合黑塔泥所派的刺客杀死或毒死。法国学者布洛懈写过一篇《贵由可汗之死》，登在《基督教东方评论》，1922年至1923年出版的第二十三卷。《新元史》与《蒙兀儿史记》均说贵由可汗是病死的。《元史》只说他"崩于横相乙儿之地"。

细说元朝

贵由可汗死时，年方四十三岁。其后忽必烈追尊他为定宗。

他的皇后斡亦剌惕氏海迷失，派人分别向拔都及莎儿合黑塔泥报丧，请求暂不发丧，由她自己摄政，等候新的可汗被选出之时。拔都答应了她；莎儿合黑塔泥有没有答应，我们不知道。

拔都在阿拉湖与阿拉套山之间的阿拉特忽拉兀地方召集了一次忽里台大会，会期定在己酉年（1249年）阴历四月。到时候，来参加的人不多，只有右手（西边）的忽必烈、阿里不哥、末哥（拖雷的第九个儿子），与左手（东边）的也松格（合撒儿的儿子）、塔察儿（帖木格的孙子）、帖木迭儿（帖木格的孙子）、也速不花（别勒古台的儿子），以及几个军官：兀良哈台、速你带、忙哥撒儿、额勒只吉歹、畏兀儿台、巴剌·斡罗纳儿台。最后的两人是贵由可汗的寡妇斡亦剌惕氏海迷失所派。额勒只吉歹是贵由可汗的亲信，原派在叙利亚当司令官，现在赶来开会，联合了巴剌·斡罗纳儿台提出主张：主张以贵由的侄儿、皇子阔出的儿子失烈门为可汗，说这是窝阔台可汗当年的遗命。忽必烈站起来反对，说："既然你们要遵从窝阔台可汗的遗命，为什么你们以前不早一点儿遵从，反而选出了贵由为可汗？"

这一次的忽里台大会，选出拖雷的大儿子蒙哥为可汗，但贵由的寡妇斡亦剌惕氏海迷失（"斡兀后"）和她的儿子忽察与脑忽不肯承认。她和两个儿子所提出的理由，是阿拉特忽拉兀不是可以举行忽里台大会的地方。

拔都于是又召集一次忽里台大会在蒙古人的发祥地，斡难河与克鲁伦河的河源所在地：阔迭兀·阿剌伦，定于次年春天开会。

海迷失与她的两个儿子，以及窝阔台一支与察合台一支的人，仍旧表示反对。会期延展到辛亥年（1251年）的夏天，终于开成，再度选出蒙哥为可汗，蒙哥即位。

在这第二次的忽里台大会之中，窝阔台一支与察合台一支的人，都

二二　窝阔台、贵由、蒙哥三个可汗得位的经过

不曾出席。海迷失连代表也不派。

蒙哥即位以后，窝阔台的孙子失烈门（阔出的儿子）、忽察与脑忽（贵由的儿子）带了大批卫士与武器来参加庆典，被逮捕、拷问。这三人自杀。跟着，蒙哥便大杀这三人的党羽，杀了七十人以上。

这一次所屠杀的，无一不是功臣，使得蒙古军的元气大伤。成吉思可汗的子孙，从此分为两个敌对的壁垒：大房术赤一支与四房拖雷一支在一起，二房察合台一支与三房窝阔台一支在一起。

蒙哥与拔都在事前有了约定：拔都奉蒙哥为可汗，蒙哥让拔都在钦察汗国一切自主。

其后钦察汗国与察合台汗国争战不休，未尝不是种因于此。海都对忽必烈的战争，也是种因于此。海都是窝阔台的大儿子合失的儿子。

二三　与忽必烈争夺可汗大位的四个人

这四个人，是：（一）忽必烈的亲兄弟，阿里不哥。（二）蒙哥可汗的第四个儿子，昔里吉。（三）成吉思可汗最小的弟弟帖木格的玄孙，乃颜。（四）成吉思可汗的第三个儿子窝阔台的一个孙子，海都。

（一）阿里不哥。

蒙哥可汗在己未年（1259年）去世，第四个弟弟忽必烈与第七个弟弟阿里不哥争位，于是拖雷一支的内部起了分裂。

阿里不哥经不起忽必烈打，败了以后逃走，在甲子年（1265年）硬着头皮来大都请罪，被赦免，于赦免以后一个月"病死"。

（二）昔里吉。

昔里吉自己以为比忽必烈更有资格当可汗：他是蒙哥可汗的儿子，忽必烈不过是蒙哥可汗的弟弟。

蒙哥可汗（宪宗）有四个儿子，长子八里吉（旧《元史》写作班秃）早死、次子阿速歹、三子玉龙答失、四子昔里吉。这三人都曾经站在阿里不哥的一边，与忽必烈为敌，阿里不哥失败、投降，这三人也都被忽必烈赦免。

不久，阿速歹与玉龙答失先后去世。

阿速歹无后，玉龙答失留下两个儿子：长子撒里蛮、次子完泽。

撒里蛮在至元十三年（1276年）秋天，在阿力麻里（伊犁附近）捧立昔里吉为"大汗"。窝阔台后裔与察合台后裔，凡是在西方的，差不多都反了。在东边反的，有翁吉剌惕部的部长只儿斡带，可谓声势浩大。

脱黑帖木儿，是昔里吉事件的主谋人。脱黑帖木儿是谁？屠寄说，他是帖木格的一个曾孙。《元史》卷一〇七漏了"黑"字，写作"脱帖木儿"。

昔里吉等人的兵向东打，翁吉剌惕部只儿斡带由应昌向西北打，以和林为目标。至元十四年春天，只儿斡带打到和林之南的合剌合塔（黑颜色的城），被忽必烈的一位"诸王"伯木儿，打得全军覆没。昔里吉的兵，打到斡儿洹河的河边，守了一些时候，被忽必烈的爱将伯颜杀得惨败，逃到唐努乌梁海。

至元十六年，脱黑帖木儿再攻和林，被刘国杰击溃。他向昔里吉请救兵，昔里吉不肯。于是，他改捧蒙哥的孙子撒里蛮为"大汗"，昔里吉吓得退到额尔齐斯河水流域（新疆北部、承化一带）。

阿里不哥的儿子药不忽儿，对昔里吉很忠心，不愿意附和脱黑帖木儿捧撒里蛮，便把脱黑帖木儿捉了，送给昔里吉，处死。

撒里蛮不敢再自居为大汗。他自动走到昔里吉那里，请罪。昔里吉派他去钦察汗国东部，联络术赤的孙子宽彻。他走到中途，被旧部拦住，回过头来攻昔里吉，捉住昔里吉与药不忽儿，派兵押解这两人去大都，向忽必烈讨好。

这两人与解押他们的兵，去到金山（阿尔泰山），经过帖木格的另一曾孙、别里帖·帖木儿的行营。别里帖·帖木儿受了药不忽儿的贿，把药不忽儿释放，而且帮助药不忽儿突袭撒里蛮的主力，将他击溃。撒里蛮幸而逃脱，便索性也去大都，向忽必烈请罪。忽必烈对他不咎既往，而且"厚赐牧地人畜，仍命统军"。

不久，昔里吉也被（帖木格的曾孙）别里帖·帖木儿派军医押送了来。忽必烈把昔里吉流放在一个海岛。这时候，已经是至元十九年（1282年）了。

（三）乃颜。

至元二十四年，海都鼓动辽东的乃颜，对忽必烈叛变。乃颜是帖木格的嫡系玄孙。乃颜的父亲叫作阿术鲁，祖父叫作塔察儿，曾祖叫作只不干，死得早。

帖木格及其子孙，是东北最大的爵主（"国王"），占有广大的地盘，并且在（山东）益都、（河北）平州与滦州享有"分地"，有私署地方长官（达鲁花赤）之权。

乃颜在至元二十四年四月开始造反，自称可汗，设黄金帐。

忽必烈认为情势严重，一面派伯颜抢先守住和林，防备海都东袭，一面自己御驾亲征，在五月间出发，于六月初三到达撒里秃鲁，和乃颜麾下的塔不带与金刚奴二人及其六万骑兵遭遇。当天未打，夜里，用了火炮将敌军吓得在第二天后退。敌军一退，忽必烈的军队紧追，追到了不里古都·伯塔合。忽必烈的御史大夫、孛斡儿出的孙子玉昔帖木儿，带了另一支军队到此会师。于是再进，进到了辽河边、乃颜的黄金帐的所在，对乃颜的十万主力大战一场。忽必烈大胜，当场捉住乃颜，斩首。

忽必烈这一次的胜利，得力于李庭所统率的汉军步兵。这些步兵"皆执长矛大刀，进退时与骑卒叠乘一马，及敌，则下马先进"。

忽必烈杀了乃颜，收降乃颜在战场上的残部，交给乃颜的叔父、塔察儿的一个儿子乃蛮台。

这位乃蛮台很忠心于忽必烈，追剿乃颜的死党哈丹，到最后予以肃清。哈丹是成吉思可汗弟弟合赤温的曾孙，牧地在嫩江以东，其后窜到高丽，在至元二十九年被歼灭。

哈丹以外，合撒儿的一个孙子火鲁火孙，与火鲁火孙的侄儿势都儿，均参加了乃颜所领导的大叛变。火鲁火孙战败被杀，势都儿战败投降，于至元二十九年正月受赏黄金一千两。

别勒古台也有一个孙子爪都一度参加了叛变，但不久便在伯颜到达和林之时悔罪来归。别勒古台及其子孙的封地，是在蒙古人的老家，克鲁伦河与斡难河之间。（相传，别勒古台有一百个太太、一百个儿子，子孙在忽必烈可汗之时共有八百人。合撒儿有多少太太，无考。他有四十个儿子,到了忽必烈可汗之时,子孙也有八百人。)成吉思可汗的胞弟为合撒儿、合赤温、帖木格,异母弟为别勒古台。

附从乃颜的,除了哈丹、火鲁火孙、势都儿、爪都等人以外,还有很多,例如成吉思可汗的庶子阔列坚的曾孙也不干。也不干在至元二十五年被捉。此外,先后战败投降的,有纳答儿、捏怯烈、阿禿、朵列禿、八里带、斡罗思、忽里带、朵罗带、脱迭出、抄儿出、哈麦等等。这些人,都是所谓"诸王",也就是皇亲国戚,而人数如是之多,可见当时在蒙古人的内部,忽必烈的威望颇有问题。费儿那兹基说,忽必烈喜欢汉化,因此而遭受守旧的蒙古人反对。

(四)海都。

药不忽儿与昔里吉的一个儿子兀鲁思不花,逃到了海都那里去,其后帮助海都对忽必烈造反。

海都是窝阔台可汗的长子合失之子,不曾被蒙哥可汗屠杀,反而获得海押立(金山之南、天山之北的"仆固振川",巴勒喀什湖东南一带)作为封地。他一面先后对蒙哥可汗及忽必烈可汗恭顺,一面慢慢地纠合左右前后的窝阔台可汗子孙,成为他们的共主,恢复了一度被蒙哥可汗拆碎的窝阔台汗国。

他曾经拥护阿里不哥。阿里不哥失败以后,他依然雄踞一方,不肯来大都上朝。忽必烈忙于对付南宋,只能在至元三年(1266年)派察合台的一个曾孙八剌合,回察合台汗国当汗,替代察合台的另一曾孙、亲海都的木八剌黑·沙。

八剌合回到察合台汗国,当了汗,也和海都打了两仗。但是,不久以后,就变成了海都的同盟者,把锡尔河与阿姆河之间的税收,让海都分享。原来,海都本在对术赤的一个曾孙忙哥·帖木儿作战,却能于八剌合来攻之时,迅速化敌为友,使得忙哥·帖木儿反而派五万兵帮他的忙。结果,吓得八剌合也变成了朋友。

细说元朝

八剌合在至元六年死，察合台汗国的汗位先后落在聂古伯与秃黑·帖木儿之手。海都在至元十年的冬天帮助八剌合的儿子笃哇夺得汗位。于是，笃哇成为一个最拥护海都的人。

笃哇帮助海都，于至元十一年（1274年）或其以前，攻占今日新疆南部的乞思合儿（疏附）、鸭儿看（叶尔羌莎车）、兀丹（和田）。两年以后，海都与笃哇的兵深入新疆中部的库车与东部的吐鲁番；此后连年骚扰，终于在至元二十二年（1285年）包围了吐鲁番东南的合剌火者（雅儿湖古城），胁迫畏吾儿国对忽必烈叛离。畏吾儿国的亦都护（国主）始终不屈，恰好忽必烈的救兵赶到，合剌火者城才解了围。

次年，至元二十三年，海都与笃哇的兵在别失八里的洪水山打了一个大胜仗，活捉了忽必烈的万户綦公直与总管李进。（别失八里的意思，是"五个城"。它的废墟在今日新疆孚远之北四十里左右，我去看过，所谓"五个城"原来是本城与四个郭城合在一起。）

海都与笃哇本想在至元二十四年以十万兵东攻，与乃颜会师，听到忽必烈派了伯颜去和林坐镇，便打消了这个计划，以致忽必烈得以全力消灭乃颜。这是海都与笃哇所犯的一大错误。

次年，至元二十五年，他们连攻甘肃、蒙古西南的业里干湖（阿拉格泊），及其他几处边地，都得不了手。

海都于至元二十六年夏天长驱直入，皇孙甘麻剌在杭爱山抵他不住，北退，被包围在色楞格河河边，全靠土土哈带了"钦察亲军"前来，才解了围。

海都到达和林附近，在和林的宣慰使怯伯、同知乃满带、副使八黑帖儿，一齐迎降。这时候，伯颜于打平乃颜以后，已经被忽必烈调走。忽必烈带了大军去亲征，却又遇不到敌军，扑一个空。海都已撤军西去。

至元二十七年，海都又来。到了和林，防守成吉思可汗大帐的朵儿朵哈，因部队不战而溃，就降了海都。

二三 与忽必烈争夺可汗大位的四个人

两年以后，海都的大将、阿里不哥的儿子明理帖木儿被伯颜打败，穷追到贝加尔湖。钦察亲军的指挥官土土哈，奉忽必烈可汗之命，向乞儿吉速（唐努乌梁海）发展。

次年，至元三十年，土土哈在春天取得了乞儿吉速的五部：吉利吉思部、乌斯憾部、哈纳思部、谦州部、益蘭州部。

忽必烈在至元三十一年死。

海都于忽必烈死后，继续造反。

二四　海都对铁穆耳可汗也不承认

至元三十一年（1294年）正月，忽必烈去世，享年八十。皇孙铁穆耳原已于至元三十年六月"受皇太子宝"，却仍须召开忽里台大会一次于上都（多伦），到会的人争论了一百二十天，才由于另一皇孙（晋王甘麻剌）因被玉昔帖木儿责备而退让，铁穆耳方当了选，成为可汗。

海都对于铁穆耳当然不肯承认。但是，在铁穆耳即位以后的第三年，元贞二年（1296年），海都却受了空前的打击：朵儿朵哈挑动了药不忽儿与昔里吉的儿子兀鲁思不花，一齐向铁穆耳投降。这三人深知海都内部的情形，与"西方"的山川。投降了以后，他们就在大德元年（1297年）引了忽必烈的儿子阔阔出与土土哈的儿子床兀儿西逾金山，深入额儿的石水（额尔齐斯河）流域。

大德二年冬天，笃哇反攻，如入无人之境，直奔和林之南的合剌合塔（黑色的城），掳走了驸马阔里吉思，却在归途被朵儿朵哈袭击，损了极多人马。

大德四年，床兀儿战胜海都的儿子斡鲁温孙，乘胜越过金山，直捣海都的老巢海押立。

大德五年，海都倾巢东攻，"窝阔台汗后人及察合台后人从者四十王！"铁穆耳虽则有侄儿海山在杭爱山抵了一阵，海都终于推进到和林之南的合剌合塔，获得大胜。铁穆耳的哥哥、晋王甘麻剌，被宣徽使月赤察儿救出重围。但是，海都的另一支军队，在笃哇指挥之下，却被床兀儿杀得大败。海都只得撤退，走至中途，去世。

海都一死，战事接近尾声。

笃哇扶立海都的儿子察八儿，作为窝阔台汗国之主，同时劝察八儿对铁穆耳罢兵。察八儿接受笃哇的建议。

于是，在大德七年（1303年）阴历七月，察八儿、笃哇和明理帖木儿等人，向镇守北边的皇侄海山洽降。铁穆耳可汗接到报告，便派大员去察八儿那里，加以抚慰。次年，大德八年八月，察八儿与笃哇的使者到达大都。闹了五十年的内战，总算是结束了。

二五　硕德八剌以后八个可汗的继位纠纷

　　此后中原，大汗的继承依然常常成为问题。从铁穆耳可汗死（1307年），到妥懽帖睦尔可汗（元顺帝）即位（1333年），中间仅有二十六个年头，可汗倒有过八个。所谓忽里台大会，自从忽必烈可汗以来，早已不是全蒙古性的，而只是仅能代表一派一房的形式机制。

　　爱育黎拔力八达可汗想用预立太子的方法，防免继承的纠纷。果然，他的儿子硕德八剌（元英宗）顺利地接了他的可汗位置。然而过不了三年，硕德八剌就被暗杀，晋王甘麻剌的儿子也孙铁木儿（元泰定帝）被"诸王"迎立为可汗。也孙铁木儿死后，儿子阿速吉八（天顺帝）虽已久被立为太子，而且正式即了位，然而不到一个月便被叛臣月鲁帖木儿的兵赶出上都，不知所终。海山可汗（元武宗）的两个儿子先后当可汗：和世瓎（元明宗）与图帖睦尔（元文宗）。和世瓎死得不明不白（暴卒）；图帖睦尔在死前想把帝位传给和世瓎的大儿子妥懽帖睦尔（元顺帝），他的权臣却故意扶立妥懽帖睦尔的七岁弟弟、懿璘质班（元宁宗）。懿璘质班在位不到一个月便死。帝位仍落在妥懽帖睦尔的身上。

二六　蒙古可汗与元朝皇帝的名单

蒙古帝国开始的一年，是1206年。第一位蒙古可汗是铁木真，在长城以南的末了一位可汗是妥懽帖睦尔（元顺帝）。（在长城以北的末了一位可汗是额尔克·孔果尔·额吉。从妥懽帖睦尔到额尔克·孔果尔·额吉之间的世系，我在《细说明朝》的第五十六节"北元世系"之中，已经交代得很详细，这里不再赘述。）

第一位元朝皇帝，是忽必烈。他和继承他帝位的人，都同时是蒙古帝国的"大汗"（可汗）。他很喜欢汉人的文化，先在1260年定了一个年号："中统"；十一年以后，在1271年，又定了一个国号："大元"。"大元"两字，不代表任何地名，像夏商周以来的所有的中国朝代，而是采自《易经·乾卦》的象辞："大哉乾元，万物资始。"

元朝的开始一年，是1271年。一般人把它移后到宋朝帝昺死后的次年，即1280年（至元十七年）。元朝结束的一年，是1368年（元顺帝离开大都）；或1370年（元顺帝去世）；或1378年（元顺帝的儿子"昭宗"爱猷识理达腊去世）。通常，是将1280年算作元朝的开始，1368年算作元朝的结束，以与宋明两朝的历史相衔接。

忽必烈在至元三年十月，以汉文的谥法与庙号追尊在他以前的几位可汗。从他开始，每一位"元朝皇帝"死了便享受到汉文的谥法与庙号，而且加上一个蒙古文的谥法。只有泰定帝与天顺帝是例外。妥懽帖睦尔有随他北去的汉臣所给他的汉文庙号："惠宗"。他的汉文谥法是哪几个字，却不曾传下来。传下来的只是明太祖给他的"顺帝"二字。爱猷识理达腊去世之时，北元朝廷仍有若干汉臣，因此爱猷识理达腊也得到一个庙号："昭宗"。昭宗以后，所有的北元君主皆不再自称皇帝，而只自称可汗。汉文的谥法与庙号也从此不再有。

庙号	本名	汉文谥法	蒙古文谥法	在位年数	年号	对前一可汗之关系
太祖	铁木真	圣武皇帝		二二		
太宗	窝阔台	英文皇帝		一二		子
定宗	贵由	简平皇帝		三		子
宪宗	蒙哥	桓肃皇帝		八		堂弟
世祖	忽必烈	圣德神功文武皇帝	薛禅可汗	三四	中统、至元	胞弟
成宗	铁穆耳	钦明广孝皇帝	完泽笃可汗	一三	元贞、大德	孙
武宗	海山	仁惠宣孝皇帝	曲律可汗	四	至大	侄
仁宗	爱育黎拔力八达	圣文钦孝皇帝	普颜笃可汗	九	皇庆、延祐	弟
英宗	硕德八剌	睿圣文孝皇帝	格坚可汗	三	至治	子
	也孙铁木儿			五	泰定、致和	叔
	阿速吉八			(一月)	天顺	子
明宗	和世㻋	翼献景孝皇帝	忽都笃可汗		至顺	堂兄
文宗	图帖睦尔	圣明元孝皇帝	札笃牙可汗	三	天历	弟
宁宗	懿璘质班	冲圣嗣孝皇帝		(一月)	至顺	侄
惠宗	妥懽帖睦尔		乌哈克图可汗	三八	至顺、元统、至元、至正	兄
昭宗	爱猷识理达腊		必里克图可汗	八	宣光	子

在太祖与太宗之间，有一年又七个月由拖雷监国；在太宗与定宗之间，有五年又六个月由乃马真（乃蛮氏）皇后称制摄政；在定宗与宪宗之间，有三年又四个月由斡兀（斡亦剌惕氏）皇后称制摄政。

二六 蒙古可汗与元朝皇帝的名单

二七　耶律楚材

耶律楚材是蒙古帝国的第一任中书令。

传说，在耶律楚材生下之时，父亲移剌履曾经替他算命，算出他将来"当为异国用"，因此而选了楚材二字作为他的名字，这名字的含意是"楚材晋用"。这传说不载于《元史》，而载于《新元史》及《蒙兀儿史记》。移剌履是否真能算得出耶律楚材会在若干年之后为蒙古所用，这是很难证明的问题。从另一个角度来看，"楚材晋用"也未尝不可以解释为"辽材金用"。移剌履本人便是一个辽材金用的人。

耶律楚材自幼受到母亲杨氏的良好教育。这一位杨氏，可能是汉人。楚材书读得很多，除了经史以外，也颇懂天文历法与卜算之道。除此以外，他也很会写诗，留下了一部《湛然居士文集》。就这部《湛然居士文集》（其实是"诗集"）来看，耶律楚材对于佛学书籍，确也涉猎了不少。

他在金昌宗与卫绍王、金宣宗的朝中做官，官至"行尚书省左右司员外郎"。成吉思可汗的兵打下中都，他的年纪是三十或三十岁出头。（根据万松老人给《湛然居土文集》所写的序。）成吉思可汗访求辽朝的宗室，找到了他，从此便把他放在身边，西征花剌子模的时候也带他去。可汗给了他什么官，《元史》、《新元史》与《蒙兀儿史记》都不曾说。他的主要任务，似乎便是卜卦。"汗每出师，必命楚材预卜吉凶。汗亦自灼羊髀骨，用相参验。"

他在花剌子模的河中府（撒马儿干？）陪成吉思可汗住了很久，留下了"西域河中十咏"，每首均以"寂寞河中府"五个字作第一句。同时，他写了"西域和王君玉诗"二十首，其中颇露怀才不遇的情绪。例如第一首："归去不从陶令请，知音未遇孟尝贤。"第五首："西伯已亡谁老老，卜商何在肯贤贤？"然而，他在河中却也未尝不自得其乐。河中十咏的第二咏说："寂寞河中府，临流结草庐。开樽倾美酒，掷网得影鱼。有客同联句，无人独看书。天涯获此乐，终老又何如？"

传说，成吉思可汗虽则对耶律楚材不予重用，对他的能力却看得很清楚。《元史》与《新元史》都说成吉思可汗曾经向窝阔台交代过："这个人是老天爷赐给我们家的，你以后凡是军国的大事都不妨交给他管。"屠寄在《蒙兀儿史记》中没有抄这一节，这是屠寄的"史识"超过宋濂与柯绍忞之处。事实可能是：成吉思可汗对耶律楚材，不过是看成算命打卦的半仙之流；真正对耶律楚材的能力有认识的，是窝阔台。

在窝阔台当选的一天，耶律楚材一则劝主持大会的拖雷不可改期，二则劝察合台以哥哥的身份首先向窝阔台下拜，使得所有的贵族都不敢不下拜，包括窝阔台的叔父帖木格在内。耶律楚材立了如此的大功，难怪其后窝阔台对他几乎凡事无不听从。

耶律楚材于窝阔台可汗即位以后，建议了十八件事，包括设地方文官以与万户们军民分治、下级官吏非奉上级批准不许增加人民负担、死罪必须于申报获准后方能执行、蒙古人与回回人种田而不纳税的处死刑、挪动公家财物供私人经商的酌量治罪、监守自盗者处死刑、任何人不许对可汗贡献礼物，等等。

除了贡献礼物的一项以外，窝阔台可汗对耶律楚材所建议的完全接受，下诏颁行。

那时候，有一些蒙古人，如近侍别迭之流，主张将汉人杀光，将中原的田地一概改为牧场，以便蒙古游牧。耶律楚材向窝阔台可汗说："汉人留下不杀，对蒙古帝国的政府有利无害，可以让他们工作，然后抽他们的税，约略计算起来，每年（黄河以北）可以抽到五十万两银子、八万匹绢、四十万石粟。这比杀了汉人而一无所得，岂不是好得多？况且,可汗已想渡河灭金,正需要庞大的资源作为战费。"

耶律楚材这几句话,救了河北、山东、山西千百万人的性命。

窝阔台可汗于是授权给耶律楚材,叫他设计抽税的事。他就保荐了陈时可等二十个人,分任十路"征收课税使"与副使。这十路是:燕京、宣德、西京、太原、平阳、真定、东平、北京、平州、济南。十路征收课税使与副使,直属于可汗,与各地管民政的文官、管军政的万户,鼎立而三,各不相干。

十个月以后,辛卯年(1231年)阴历八月,窝阔台可汗到了西京(大同),十路所收到的银子、绢与粟,都陈列在行宫的院子里,可汗很高兴,当天就任命了耶律楚材为中书令,叫他全权筹设中书省。

中书省在金朝没有,在唐朝只是专管颁发诏令文书的机构而并无行政权。在金朝与唐朝,管行政的是尚书省。从窝阔台可汗在辛卯年八月任耶律楚材为中书令的这一天开始,蒙古帝国开始有了中央的行政机构,而称之为中书省。(各地的沿袭自金的"行尚书省",一时都不曾改为"行中书省"。)

中书省于中书令之下设右丞相与左丞相各一人。耶律楚材保荐了镇海为右丞相,粘合重山为左丞相。镇海俗称为"田镇海",很像是汉人,而其实是客列亦惕族人。他曾经奉命在和林一带屯田,成绩颇好,因此而获得了一个"田"字作为绰号。他是景教教徒,精通畏吾儿文,蒙古帝国的所有对西方各地的公文,概由他主持审核颁行,正如对中原各地的公文统由耶律楚材负责一样。虽则是中文的公文,也一概由镇海用畏吾儿文加写"付与某人",作为一种证验。至于左丞相粘合重山,却是金朝的宗室,曾经在成吉思可汗面前当质子,而私自向可汗投降,愿对可汗效忠,其后倒也始终一贯,对蒙古效忠到底。他对金朝的山川人物,十分熟悉,颇能襄助耶律楚材做"建官立法、任贤使能、分州县、定课赋、通漕运"的工作。

中书省的机构,到了元世祖忽必烈之时才算完备。耶律楚材有没有设平章政事、右丞、左丞与参知政事,待考。可能设了其中的若干位,而并未全设。

值得我们注意的是:耶律楚材是契丹人,镇海是客列亦惕人,粘合重山是女真人。他们三人没一个是蒙古人。

耶律楚材当中书令,从窝阔台可汗在位的第三年(辛卯,1231年)阴历八月开始,到乃马真(乃蛮氏)太后摄政的第二年(癸卯,1243年)阴历三月、病死之时为止,前后有十一年又七个月,差不多全部时间住在和林。

他在和林盖了一座房子,格式与他以前在中都西山的一座相同。他写了一首诗《题新居壁》:"旧隐西山五亩宫,和林新院典刑同。此斋唤醒当年梦,白昼谁知是梦中。"又有一首诗《喜和林新居落成》:"登车凭轼我怡颜,饱看和林一带山。新构幽斋堪偃息,不闲闲处得闲闲。"

他身在廊庙,心系山林,功名之心极淡,利禄之心绝无。在十一年又七个月的任内,他把蒙古帝国的中央机构从头建置,也把地方上的军、民、财三方面的行政尽力调协。他所登用的人极多,权力之大可以想见,事实上也是应该的。可汗之下,主持国政的便是他。右左丞相均可算是他的属僚。值得我们注意的一个问题是:成吉思可汗所任命的最高断事官失吉刊·忽秃忽此时尚未去世。此人的职权与耶律楚材的职权是否有冲突之处?答案是:并无冲突。窝阔台可汗给了失吉刊·忽秃忽以新的任务,"中州断事官"。既然是"中州"的,可见已不是"最高"的了。最高的断事官,从辛卯年八月开始,已经是耶律楚材,只是名义上不再叫作最高断事官,而改称为"中书令"了。

嫉妒耶律楚材与怨恨耶律楚材的人,自然不会没有。做大官,有权在手,可以满足一些人的欲望与要求,同时也必然不能满足另一些人的欲望与要求,甚至在满足了张三的第一项要求与第二项要求等等以后,总有一天满足不了张三的第五项或第六项要求。古今若干聪明人之不敢做大官，原因在此。耶律楚材是好人，而不是绝顶的聪明人，胆敢以非蒙古人的身份，做蒙古帝国一人之下、万人之上的中书令，真配得上称为拿性命拼。

第一个要他性命的人，是石抹明安的儿子石抹咸得不。此人仗着父亲曾为"太保"，自己又袭了燕京留守之职，"恣为贪暴"，而且"其下化之"（所用的人也是死要钱、乱杀人），弄得燕京城里盗贼横行，有许多"势家子弟"也公然在黄昏时候，走到有钱的老百姓家里勒索。耶律楚材曾经于充任中书令以前，奉了成吉思可汗之命，偕同塔察儿去查办，一举而捕斩十六人，使得燕京的人心恢复安定。那身为燕京留守的石抹咸得不，自知丢了脸，便恨死了耶律楚材。于是，在楚材做了中书令以后，便唆动皇叔帖木格，派使者向窝阔台可汗进谗，说楚材任用私人，"必有二心"。这一状，窝阔台查了以后，知道是诬告，把帖木格的使者骂了一顿。

最后一个要耶律楚材性命的，是不知姓名的某中贵。这位中贵是通事官杨惟中的一党。中贵向窝阔台告一状，说耶律楚材"违制"。（违的是什么制，《元史》、《新元史》、《蒙兀儿史记》都不曾交代。以常例论，这里所谓"违制"，可能是指"僭越"，用了天子才能用的东西，或盖了天子才能住的房子。）一向对耶律楚材深信不疑的窝阔台，这一次竟然耳软，下旨把耶律楚材捆起。不久，窝阔台后悔，叫人解了耶律楚材的绑。耶律楚材拒绝，说："既然绑我，一定是我有罪。我忝为公辅，犯了什么罪，陛下应该明白宣布，让百官知道。现在又要解我的绑，那是以为我无罪了。怎么忽而以为我有罪，忽而又以为我无罪呢？这不是儿戏么？国家的大事，怎么办得了呢？"窝阔台向他说："我虽然是可汗，怎么不会有错呢？"于是，君臣又和好如初。

耶律楚材的贡献，除了创设了全国税收机关与中央的中书省以外，还有很多，多到不胜枚举。其中最重要的是：

（1）速不台在汴梁即将攻下之时，向窝阔台报告，准备屠城。屠城本是蒙古军队对付抗命者的老办法。耶律楚材说："得地无民，将焉用之？"窝阔台因此而下令汴梁免屠，只杀金朝皇室完颜氏一族。于是，有一百四十七万住在汴梁的人，因耶律楚材的一句话，而保全了性命。

（2）此后，有许多抗命的城市，都由于有了汴梁的先例，而免于屠城的劫运。

（3）蒙古有一条禁令，凡是收容或资助在逃的俘虏的，或给予他们以饮食的，一概处死。并且，"无问城郭保社，一家犯禁，余皆连坐"。结果，"逃民无所食宿，殍死道路相望"。这一条禁令，耶律楚材向窝阔台请求废除，获准。

（4）蒙古另有一条规矩：凡是被强盗抢去的东西，如果过了一年尚未破案，便由本地（本路、本府）的老百姓共同赔偿。这一条规矩，耶律楚材向窝阔台请求废除，获准。

（5）在蒙古帝国的领域以内，有花剌子模等国来的富户，经由各地官吏之手放高利贷，年利百分之百，过了一年便是一倍，过了两年便是四倍（复利）。还不起的人每每以妻子儿女作抵，仍旧不曾还清。耶律楚材于奏请获准之后，把所有的已欠本利，由政府代为偿还，用去了官银七万六千锭（三百八十万两）。耶律楚材规定：从此以后，凡是付利付到了相当于本金的数额之时，一概停利付本。

（6）当时，除了政府自办的驿马以外，诸王与贵戚都可以自备驿马，用政府的驿馆为驿馆。这些诸王贵戚的驿夫与使臣，每每抢夺人民的马，而且在政府的驿馆中"要索百端。供馈稍缓，辄被棰挞"。耶律楚材定下规矩，诸王贵戚的驿夫与使臣，由政府发给牌札，然后由驿馆依照规定的份额供应饮食。没有牌札的，概不招待。

（7）有一位姓于名元的，向窝阔台建议发行"交钞"（纸币）。耶律楚材说："当初金章宗开始发行交钞，与铜钱并用，后来经管的人觉得很方便，便尽量地发出，而不热心于收钞回笼，弄到后来一万贯交钞才买得到一块饼。"窝阔台已经准了于元的奏，耶律楚材主张：如果一定要发行交钞，不可以超过一万锭（五十万两）的数目。

（8）蒙古军取得中原北部以后，查户口查得了一百零四万户。其后，积年逃离家乡的户口有十分之三四，但是蒙古政府所抽的赋税并未照减，仍旧按照原来的一百零四万户的赋税总数，向留在家乡的十分之六七的民户征收。于是，每一家平均要缴出比以前差不多多出一半以上的赋税。耶律楚材毅然决然，把三十五万逃户的赋税从赋税的总额之中减去，使得人民受惠不浅。

（9）窝阔台把中原若干的州县与人民，分赏了功臣与皇亲国戚，让这些人可以自由抽取所封人民的赋税。耶律楚材认为这是"裂土分民，易生嫌隙"，主张土地与人民虽则在名义上是已经分封了，仍旧由政府派员代为收税，收好了转交给这些功臣与皇亲国戚。收税的标准是：每五户合缴丝一斤，叫作"五户丝"，给受封的功臣与皇亲国戚。另外，规定了每二户出丝一斤，作为国税，缴给政府。地税、商税与盐税均全数作为国税。地税是麦田每亩上田三升、中田二升半、下田二升，稻田每亩一概五升。商税按照三十取一的税则征收。盐税也是如此，不过盐价是按照每两银子四十斤计算。

（10）当时扑买（投标包税）的制度很盛行，有一个刘廷玉，花了五万两扑买到燕京的酒税；有一个"涉猎发丁"花了二十五万两扑买到全国的国有"廊房地基水利猪鸡"；有一个"刘忽笃马"，花了五十万两扑买到全国内地的"差发"（义务劳动？）；有一个姓名不详的西域人，花了一百万两扑买到全国的盐税。耶律楚材说，这些人都是坏人，"捐一偿十"（出一两银子给政府，向老百姓收十两银子）。"使怨归于上，利归于下。"他向窝阔台可汗请求，把这些包税的事都取消，获准。

然而，小的包税被取消了，最后却来了一位大的包税人：奥都剌合蛮。此人经由通事安天合的推荐，获得右丞相田镇海的信任，辗转取得窝阔台的同意，以四万四千锭（二百二十万两）的代价，扑买到全国的赋税。耶律楚材认为这是增加人民的负担太多，不仅在原则上包税的制度是一种陋政而已。以前，在庚寅年（1230年）他向窝阔台建议用抽税代替屠杀作为对付汉人的政策之时，所定的税额不过是一万锭（五十万两）而已。其后，打下河南、灭掉金朝，也不过增加到二万二千锭（一百一十万两）而已。于是，他向窝阔台力争，争到声色俱厉。窝阔台说："你是不是想动手打架？"结果，他的意见不被窝阔台接受。

窝阔台死后，乃马真（乃蛮氏）皇后摄政，对奥都剌合蛮十分宠信，甚至拿空白的盖好了印的敕书若干张交给此人，叫中书省的令史照此人的吩咐加以填写，如果不填写，便砍手。耶律楚材向皇后说："先可汗把军国的事，都交给了我老臣管。令史有什么相干？要砍，可以砍我的头。何况是手？"说到此处，他放大喉咙，厉声喊叫："老臣事成吉思可汗及先可汗三十年，无负于国。可敦（皇后），我没有罪，您也不能杀我！"

可敦对耶律楚材，怎么敢杀？可惜，耶律楚材这一次气成了病，不久便死，死在甲辰年（1244年）阴历五月十四，年纪才有五十五岁。

耶律楚材之死，是蒙古帝国的大损失，也是汉人的大不幸。

二八　耶律铸、察罕、孛鲁合

有人说,"元朝"只有过两个中书令,第一个是耶律楚材,第二个是忽必烈的太子真金。其实,耶律楚材的儿子耶律铸也当过。在太子真金后,当过中书令的又有武宗之时的"皇太子"爱育黎拔力八达(其后的仁宗),仁宗之时的硕德八剌(其后的英宗),顺帝(惠宗)之时的爱猷识理达腊(其后的昭宗)。

《元史》卷一百四十六,说"楚材死,(楚材的儿子耶律铸)嗣领中书省事"。这个"领"字,实在太含糊。是作为"权领"亦即"代理"的意思讲呢?还是当作实授讲?《新元史》与《蒙兀儿史记》均沿袭了这个"领"字。

我找到了元好问写给耶律铸的一封信,才解答了这个问题。这封信的标题是"答中书令成仲书"。成仲是耶律铸的号。元好问在这封信里说:"承命作先相公碑,初不敢少有所望,又不敢假借声势,悠悠者……捏造事端,欲使之即日灰灭。固知有神理在,然〔好问〕亦何苦以不赀之躯,蹈覆车之辙,而试不测之渊乎?"结果是元好问不曾给耶律楚材写碑文。

从元好问这一封信的语气来看,耶律铸之充任中书令,似乎是紧接楚材逝世之时。那么,《元史·杨惟中传》所说,杨惟中于打下德安府(1235年)以后"拜中书令。太宗崩(1241年),太后称制,惟中以一相负任天下"。简直是胡说一顿。太宗未死之时,做中书令的一向是耶律楚材。太宗死后,"以一相负任天下的",也是耶律楚材,而不是杨惟中。耶律楚材死于乃马真(乃蛮氏)皇后称制的第三年(1244年),那时候及其以后的几个月杨惟中在干什么事,待考。杨惟中到了"定宗"贵由可汗即位以后（1246年以后），才官居平阳路的宣慰使，不像是已经当过中书令的人。

到了宪宗蒙哥可汗之时，杨惟中才在忽必烈的下面，当了一名主持屯田的"使"；不久，升为"陕右四川宣抚使"，最后在己未年（1259年）做到"江淮京湖南北路宣抚使"，做了不到一年，就死。由此看来，此人不仅不曾在太宗去世以前当过中书令，而且也不曾在太宗去世以后的任何一年当过中书令。

事实是，杨惟中做过"军前行中书省"的事，而并非该"行中书省"的主官。主官是粘合重山。粘合重山是以中书省本衙门的左丞相的地位，被派在皇子阔出的军前，处理公文，"行中书省事"，以免凡事须向在和林的中书省本衙门请示。杨惟中只是粘合重山的一个助手而已。

耶律铸当中书令，似乎是当到宪宗蒙哥可汗即位以后的三四个月。宪宗一即位，便发表了孛鲁合为"也客·必阇赤"（大笔帖式）。屠寄说，也客·必阇赤"为文臣之长，职如丞相"。这时候，耶律铸似乎仍在当右左两丞相之上的中书令。

到了这一年的秋天，蒙哥可汗便把中书省改称为尚书省，派了"马步军都元帅"、自幼被成吉思可汗收养的西夏人察罕做"兼领尚书省事"。

察罕当了"领尚书省事"，是否实际上已被任命为"尚书令"，待考。

他在乙卯年（1255年，蒙哥可汗在位的第五年）死在任上。

孛鲁合以"也客·必阇赤"的名义，继续在实际上主持尚书省的事于和林，于蒙哥可汗死后拥护阿里不哥，在阿里不哥失败以后随同阿里不哥来大都朝见忽必烈，被忽必烈杀掉。

二八　耶律铸、察罕、孛鲁合

二九　王文统

忽必烈于中统元年（1260年）阴历三月二十四日在开平即位以后，不在开平设中书省，而于四月初一日在燕京设一个"行中书省"。他之所以如此，是当时蒙古帝国的都城是和林，而不是开平或燕京。设一个行中书省在燕京，用意在于告诉蒙古人：等将来赶走阿里不哥、攻下和林以后，才设立中央的中书省。

这个"行中书省"的主官，是平章政事王文统。

次年五月，"行中书省"被去掉"行"字，成为名实相符的中央的"中书省"，简称"都省"（京都的中书省）。

这"都省"的最高长官是两位右丞相：不花与史天泽。其次是两位左丞相：忽鲁不花与耶律铸。再其次，是两位"平章政事"：塔察儿与王文统。

王文统是山东益都人，颇有才名，和李全的儿子李璮相处得很好。李璮叫他做儿子李彦简的老师，他也把女儿嫁给了李璮。于是，以"西宾"兼岳丈的身份，他成了李璮的灵魂。

不久，由于刘秉忠或张易的推荐、廉希宪的附和，忽必烈把他的姓名记在心中；即位以后，便把他召来开平；晤谈以后，印象颇佳，便破格提拔，任命他为"行中书省"的"平章政事"。那时候，燕京行中书省在平章政事之上既无中书令，又无右左丞相，并且没有第二个平章政事。"行中书省"的一切，都是由王文统一人主持。中统二年五月以后，有了右左丞相，真正当家的，也还是他一人，另一位平章政事塔察儿只是挂名而已。

他确有才具，在位仅有二十二个月，把中央政府应办的事，办得井井有条，其中最重要的是财政。财政之中最重要的，是发行一种有准备、能兑现的纸币，叫作"中统元宝交钞"。这"中统钞"是金末"交钞"的后身，所不同于金末交钞的，是有准备、能兑现。中统钞分为"十等"，十种大小不同的票面：最小的是十文，最大的是两千文，称为"二贯"。每二贯，依照规定，等于银子一两。全国分为"十路"，在每路的首县设立"封桩库"，存了不少银子等候持钞人来兑现。结果，来兑现的人反而极少。这是因为，(1) 老百姓知道随时可以兑现，对中统钞很放心；(2) 中统钞携带起来，比笨重的银子方便得多。如此优良的通货制度，不仅使得忽必烈的帝国在财政方面上了轨道，而且使得社会经济因安定而繁荣起来。（要等到其后阿合马当政，中统钞才由于各路封桩库现银之被挪提，而失掉人民对它的信用。）

王文统的另一建树，是颁布新的度量衡标准。能看出划一度量衡的标准，王文统配得上称为治国之才。他的其他建树，包括：制定"盐酒宣课法"，"措置诸路转输法"，编定漏籍的老户幼户，核实新增户口，放宽各地的山泽之税，停止官采金、银、铜、铁、丹粉、锡碌各矿，禁止各地官吏强拘良民为奴，解放河南舞阳县的姜户与藤花户两种奴隶，命令所有过路的军人不得向人民骚扰，一概由地方官招待食宿等等。

对外，王文统主张与宋和平相处，"互市"于颍州（阜阳）、涟水、光化，获得忽必烈的同意。对内，他主张派遣宣抚使与副使，分赴十路，也获得忽必烈的同意。这十路的宣抚使与副使是：(1) 燕京路：宣抚使二人，赛典赤·瞻思丁、李德辉；副使一人，徐世隆。(2) 益都济南路：宣抚使宋子贞；副使王磐。(3) 河南路：宣抚使史天泽；副使姓名不详，可能根本未派，以表示对史天泽的信任与尊重。(4) 北京路：宣抚使杨果；副使赵炳。(5) 平阳太原路：宣抚使张德辉；副使谢瑄。(6) 真定路：宣抚使布鲁海牙（廉希宪的父亲，畏吾儿人）；副使刘肃。(7) 东平路：宣抚使姚枢；副使张肃。(8) 大名彰德路：宣抚使张文谦；副使游显。(9) 西京路：宣抚使粘合南合；副使巨济。(10) 京兆等路：宣抚使廉希宪；副使商挺。

王文统在中统三年二月二十三日，和儿子王荛一齐被杀。罪名是，私通"造反"的李璮。他是否冤枉，值得今后的历史学家加以考核。李璮在二月初三日便已"造反"，为什么王文统迟至"反书"到达燕京之时，还不曾在燕京城内有所布置与行动以里应外合，甚至无意逃走？

最有力的证据，似乎是王文统自己写给李璮的信，信中有"期甲子"三个字。这信在中途洺水被扣，缴到忽必烈面前。忽必烈交给王文统看。王文统说："比至甲子，犹可数年，臣为是言，姑迟其反期耳。"忽必烈以为这是王文统的遁词，便把他和他的儿子王荛处死。

倘若这真是王文统的遁词，而王文统真是与李璮串通"谋反"，那么，为什么不叫李璮趁着现在阿里不哥尚未打下之时动手，而要拖到三年以后的甲子年？

退一步说，假定王文统真是和李璮同谋的，那么，站在汉族或宋朝的立场来说，他倒也不失为民族英雄或大宋忠臣。然而，就事实而论，王文统生长在金与蒙古相继统治的北方，不太自居为汉族，对宋朝又并无任何往来。以忽必烈待他如此之好，给他的职位之高，他又何必推翻忽必烈，另捧李璮为主，或跟着李璮去捧宋朝的、素未谋面的理宗及其权臣贾似道？

屠寄的看法，颇为近情："窃谓文统揣〔李〕璮狂骜，不可理喻。告变，则乖府主之旧恩，灭昏姻之私义；从叛，又负明君之殊宠，枉一己之长才。姑缪其说，迟以三年。此三年中，朝廷果刑政修明，邻交辑睦，内忧既弭，外患亦宁，璮亦一隙之明，当知无衅可乘，或者戢其邪心，甘守藩服，而己亦得以其闲从容藉手，竟所设施，以奏其效而程其功。此正纵横家阳捭阴阖之故智。……"

三〇　姚枢

王文统死后,他的平章政事一缺,由廉希宪补上。不过,廉希宪在京兆(陕西)走不开,到了中统五年五月,才回来燕京办事。在中书省表面上当家的,迄于廉希宪回京之时为止,是赛典赤·瞻思丁。此人原任燕京路宣抚使,在中统二年八月便已内调为平章政事。屠寄说他是"阿滥谧人",我想了很久,才悟出屠寄的本意,是说他为阿拉伯人。赛典赤三个字,是"沙依德"(Sayid)的讹写,原义为"圣裔",亦即穆罕默德的女儿法替玛的后裔。

赛典赤·瞻思丁虽则是"阿拉伯人",虽则是圣裔,却并非生长在阿拉伯,而是生长在花剌子模的人。他在成吉思可汗西征之时,带了一千名骑兵迎降,其后就做了成吉思可汗的宿卫。窝阔台可汗在位之时,他先后做了丰州、靖州、云内州、太原、平阳等处的达鲁花赤,与燕京路的"断事官"。蒙哥可汗在位之时,他和塔剌浑同做"行燕京等处尚书六部事",其后又做燕京路总管、采访使。忽必烈可汗即位以后,他做燕京路宣抚使。中统二年八月,内调,升为中书省平章政事。

他在平章政事任内,做了些什么事?《元史》、《新元史》、《蒙兀儿史记》在他的本传中都是一字不提。在忽必烈的本纪中,也不曾指出哪一件事是赛典赤·瞻思丁所做。

原来,真正继承王文统的职务的,不是这一位阿拉伯人,而是另一位汉人:姚枢。

姚枢原籍柳城,生长洛阳,于窝阔台可汗之时,由杨惟中保荐,当了燕京行尚书省的郎中,因不肯与燕京的行尚书省事牙剌洼赤同流合污而弃官退隐于辉州（河南辉县）的苏门山。不久，忽必烈派人把他请去，放在身边。那时候，蒙哥可汗尚未即位。蒙哥可汗于即位以后，叫忽必烈就南京（汴梁）与京兆（长安一带）两者之间，选择一处作为封地。忽必烈问姚枢。姚枢劝他选择京兆，说"南京河徙无常，土薄水浅，潟卤（硝盐）生之，不若关中阙土上上，古名天府陆海"。因此，忽必烈就选择了京兆。

王文统忌姚枢的才，在中统二年五月请忽必烈任命他为太子太师，同时任命他的朋友窦默与许衡为太子太傅与太子太保，表面上对三人极端尊崇，实际上把他们捧到不能再做平章政事一类的官。三公三孤，照例是高过丞相之上的。姚枢与窦默、许衡一齐恳辞，说："陛下还没有立太子，我们是当谁的太师？谁的太傅太保？"

结果，忽必烈在八月间改命姚枢做"大司农"，窦默做翰林侍讲学士，许衡做国子祭酒。

在王文统死了以后的第三个月，中统三年五月，忽必烈下诏叫姚枢与"左三部尚书"刘肃"同商议中书省事"，换句话说，叫姚枢与刘肃二人参与中书省的机密与决策。如此重要的、关于中书省人事方面的变动，可惜《元史》与《新元史》的宰相年表以及《蒙兀儿史记》的宰相表都漏记了。

从这一年十二月起，忽必烈的儿子真金当了"守中书令"，于是中书省的第一主管便不是右丞相不花，而是真金了。

次年，中统四年，正月间，姚枢被任命为中书省左丞。左丞的地位虽低于右左丞相与平章政事，却有实权，比起"同商议中书省事"，可说是进了一步。《元史·百官志》说："右丞一员，正二品；左丞一员，正二品：副丞相，裁成庶务，号左右辖。"

姚枢做左丞，似乎无赫赫之功，实际上做了不少建设性的事。枢密院之设立，他很有关系。更早于此，当他还不过是"同商议中书省事"

之时，真金之所以被任命为"守中书令"，也是由于他在幕后策动。

中统四年正月，于姚枢实授左丞之后，忽必烈就下令全部汉军分为十个"奥鲁"，每一个奥鲁设一个总管府，从此不再隶属于各"万户"。"凡奥鲁内有万户的'弟男'及'私人'，皆罢之。"所谓"弟男"与"私人"，都是因被俘而成的奴隶之流。这一件敕令，是德政，可能也是由于姚枢的建议。

姚枢在至元二年闰五月外调。在此以前，又有几件大事，虽未必皆是姚枢一人的功劳，他至少是参加了一份的。这几件大事是：（1）中统五年八月初四，诏立新条格（标准），省并州县，定官吏员数、品级、职务。（2）同年同月，乙卯日（十四），改燕京为中都，与上都开平同为京城。（3）同年同月，丁巳日（十六），改年号为至元，大赦天下。（4）至元二年二月，诏以蒙兀人充各路达鲁花赤（掌印官），汉人充总管，回回人（包括畏吾儿与其他各伊斯兰教国家之人）充同知，"永如制"。

可惜，就在这不久以前（至元二年二月），廉希宪与商挺敌不过阿合马的恶势力，而外调。廉希宪去掉平章政事的官职，"分省山东"。商挺是在中统五年某月由四川行枢密院副使，内调为参加政事的，这时候也开缺，随着廉希宪"分省山东"。四个月以后，闰五月，姚枢也被外调，"以左丞、行省西京平阳等处"。

三一　阿合马

阿合马是花剌子模国、锡尔河边的别纳客惕城人。这个城，便是汉朝的大宛国的国都所在，今天的本地人称它为费儿汗那（Ferghana）。

他自幼被掳为奴，长大在翁吉剌惕部长阿勒赤那颜之家。阿勒赤那颜把"女儿"（可能是孙女儿）察必嫁给忽必烈。阿合马是陪嫁的奴隶之一。

进到了忽必烈的"王府"以后，阿合马在宫内洒扫等等的工作上十分卖力，获得忽必烈夫妇的喜欢。此人不仅是懂得以小忠小信讨主人喜欢，也颇能于"公余"之暇留心括地皮的大技术。因此之故，出乎一般人意料之外，他在忽必烈即位以后的第三年（中统三年）便平步青云，当了大官："领中书左右部事，兼诸路都转运使。"

所谓"领中书左右部事"，说来话长。当时的中书省下面，没有六部，只有两部，称为左部、右部。左部是吏户礼三部的混合，右部是兵刑工三部的混合。两部各设尚书二人、侍郎二人、郎中四人、员外郎六人。阿合马受任"领中书左右部事"，便是做两部官吏的总头目，很有实权，却并非"宰相"。他的官阶，次于"参知政事"，是"事务官"，不是"政务官"。

中统元年，祃祃曾经以燕京路宣慰使"领行省六部事"，其地位和阿合马在中统三年的"领中书左右部事"相仿佛。《元史》和《新元史》都错认了祃祃为"右丞相"。

阿合马的兼职，"诸路都转运使"，在"使"字上面省掉了一个"盐"字，以致我们容易茫然于他替政府转运些什么东西。他的这一项职务，堪比于今天的盐务总局局长。

阿合马晓得解州官盐的销售区，由于离太原很近，人民贪图便宜，喜欢买太原来的私盐，以致政府只能从解州官盐卖得七千五百两银子。阿合马向忽必烈奏请，把解州官盐销售区的人民，按户派购定额。这样，便可以卖得一万二千五百两银子，多出五千两。人民于买了官盐以后，政府准他们随意买太原的"小盐"（不再称为"私盐"）。忽必烈认为很好，准如所奏。

阿合马虽则准许山西人买太原的私盐，却不许东平等地的人买任何地方来的私盐。他在各地设立了"巡禁私盐军"。这巡禁私盐军不仅是政府的"缉私队"，实际上也成了他个人的基本武力。阿合马对于铁，也很有兴趣。他在中统四年，奏准了以三千户被"括"的人民开采钧州（河南禹县）与徐州等地的铁矿，预计每年可以出铁一百零三万七千斤，做成农具二十万件，向人民换取四万石粟，"输官"（缴入政府仓库）。

忽必烈对阿合马的"劲儿"十分欣赏，因此，便在至元元年（中统五年）十一月，升他为中书省的平章政事，地位与廉希宪相等，比姚枢、商挺高。姚枢是左丞，商挺是参知政事。

阿合马进了中书省不到三个月，便将廉希宪和商挺一齐挤走。原因是，廉商二人是重义轻利的儒家，不支持阿合马的弄钱政策。（廉希宪在血统上是畏吾儿人，由于生长在中国，受了纯粹中国式的教育，而成为不比商挺差的道地儒家。）

四个月以后，至元二年闰五月廉希宪与商挺重被起用，派到山东"分省"去工作。工作了两个月，两人又被内调，回任中书省的原官。为什么他们两人倒了以后又能起来？原因是，他们当年在开平，是劝进的功臣。

姚枢不曾在至元二年和廉商二人同被罢斥，却也在闰五月被外调，调为"行省西京平阳等处"。他不像廉商二人之于两个月内被召回，一直在外面住到至元四年，才被叫回来，当一个没有实权的闲差事："同议中书省事"。"同议"到至元十年，才得了一个"昭文殿大学士"。

阿合马在至元三年二月离开中书省，做了新设的"制国用司"的"制国用使"。中书左右部他早就不管。中书左右部在至元二年二月分为四部：（1）吏礼部；（2）户部；（3）兵刑部；（4）工部。四部的尚书是：（1）麦术督丁；（2）马亨；（3）严忠范；（4）别都鲁丁。

和阿合马关系最密切的，是户部。而户部尚书马亨刚好是他的"对头"。此人籍隶邢州南和，在廉希宪、商挺下面，当过陕西行省的左右司郎中，其后做了中书左部（吏户礼）的两个尚书之一，现在，他做了户部尚书，便成了阿合马的眼中钉。阿合马虽则奈何他不得，却以制国用使的身份，把户部应有的职权，夺去不少。

阿合马在制国用使的任上，做了不少的事。三种元史的阿合马传，都语焉不详，只说了：（1）他叫人把东京（辽阳）缴纳的布，在当地换羊。（2）他认为真定与顺天所出的金银不够标准，下令改铸。（3）他奏请忽必烈派人去"别怯赤山"采石棉，获准。（4）他奏请将桓州峪所出的锡，卖钱发给矿工。政府在桓州峪共采得粗矿十六万斤，其中百分之二十是锡，百分之零点一八（每百斤有三两）是银。

单就这四件事而论，阿合马不能算是坏人。

至元七年正月，他请准了忽必烈废掉制国用司，成立尚书省，以他自己为尚书省的平章政事。中书省仍旧存在，权力却被尚书省抢去了极大部分。中书省之下的四部，改隶尚书省，而分为六部：吏户礼兵刑工，各部的尚书人数不等。吏兵刑三部各设尚书一人，户工两部各设尚书二人，礼部设尚书三人。

尚书省不设尚书令，不设左右丞相。最高的主管只是平章政事一人。（中书省有平章政事二人。）这唯一的平章政事，是阿合马自己。在他之下，有"同平章事"一人、参知政事三人。

忽必烈规定：任用大小官吏由吏部开列合格人的名单，呈请尚书省圈选，再由尚书省咨请中书省上奏。阿合马却并不遵照规定，想用谁便用谁，既不等候吏部开列名单，也不咨请中书省上奏。有人在忽必烈面前告发他，他向忽必烈说："事无大小，既委之臣，所用之人，臣宜自择。"忽必烈竟然也不说什么。

阿合马做平章尚书省事的时候，卖官鬻爵、贿赂公行，使得一般的人对他不满。他叫忽必烈以叠床架屋的方式另设一个尚书省，由他主持，把中书省的大权削夺殆尽，尤其令中书省的大小官吏愤恨。

由于有很多人向忽必烈控告，于是尚书省在成立了整整两年以后，便在至元八年十二月被废除。阿合马却仍被重用，调回中书省当平章政事。他在尚书省的副手、"同平章尚书省事"张易，也被调回中书省，升为平章政事。原有的中书省平章政事忽都察儿，升做左丞相。尚书省的参知尚书省事张惠，是阿合马所最宠的亲信，也被调进中书省，升为左丞。曾经担任制国用司的佥事、尚书省的"参知尚书省事"的麦术督丁与李尧咨，也均调来中书省，当参知政事。经了一番如此的大更动，中书省变成了"面目全非"：除了名称仍是中书省三字以外，省内的实权都移入了"前尚书省"的大官之手。换句话说，所废的不像是尚书省，而很像是中书省。

中书省的旧人只剩下中书令真金、右丞相安童、左丞相忽都察儿，都是高高在上，奈何不了阿合马和他的一批干部。真金自从在中统三年十二月受任为"守中书令"以来，两度被以原职外调，一次去潮河，一次去称海，均是为了镇压当地的人心，防反侧于未然。回京以后他在实际也不曾怎样能够当家，右丞相以下的人凡事都要向忽必烈请旨，经过他与否并无多大关系；即使经过他，他也必须转奏忽必烈。阿合马主持尚书省之时，目无中书；现在进了中书，却不能不承认真金是中书省的主官，因此之故，也就对真金略存忌讳。真金对阿合马，心鄙其人，绝不假以辞色。然而，真金自己明白，忽必烈南征北讨，最需要钱，而当

三一　阿合马

时能够弄钱的，至少忽必烈认为，只有阿合马一人。于是，真金以父子之亲，却无法使忽必烈去掉阿合马。

安童是木华黎的玄孙，父亲叫作霸特鲁，祖父叫作塔思，曾祖叫作孛鲁。*安童的母亲，和忽必烈的皇后是姊妹，因此而常能带了安童进宫。忽必烈对安童很器重，当安童十六岁的时候，便叫他充任四怯薛（侍卫军）之一的长官。到了至元二年八月，安童还不过是二十一岁的青年，忽必烈又把他破格提拔，任命他为中书省右丞相，与老将史天泽同位。当时，已经做左丞相的是耶律铸；和安童同月发表为左丞相的是伯颜。平章政事有三个人：廉希宪、阿合马、宝合丁。安童年纪虽轻，却颇识大体、不负忽必烈的知遇。他受命以后，便奏请召许衡为自己的辅佐，忽必烈于是就把许衡召来，叫许衡每五日进中书省一次"议事"。中书省的编制之中，没有"议事"的名目。许衡在事实上是一位顾问，不仅是安童的顾问，也是忽必烈的顾问。安童在至元四年三月，奏请忽必烈将中书省的人事，加以调整，确定丞相只设二人，平章政事亦只设二人，右丞左丞各一人，参知政事二人。这件事，看来似乎很小，却充分显露了安童之懂得提纲挈领、建立制度。同年六月，忽必烈依照他的意思，重行选定中书省的八位重臣，仍叫他担任右丞相的位置。

阿合马从至元元年十一月，到至元三年二月，曾经在安童的下面充任平章政事，对安童的为人与作风很了解，因了解而视作敌人。阿合马于至元七年正月成立尚书省，自为"平章尚书省事"以后，便向忽必烈建议，说安童的威望很高，应该升为三公。这是敬而远之的老办法，而忽必烈不懂，竟然郑重其事，发交"诸儒"去讨论。所谓诸儒，是姚枢、窦默、许衡、廉希宪、商挺、王恂、王磐等等。商挺说："安童是国家的

---

* 关于木华黎世系，学界争议颇多，目前尚无定论，但较有依据的说法是，塔思为安童叔父，安童为木华黎曾孙，即三世孙。——编者注

柱石，一日不可出中书。"其他的诸儒附议，便拿这句话回复忽必烈。忽必烈这才留下安童在中书省。

阿合马在尚书省干了两年，对中书省摩擦失败；尚书省取消，他带了整批干部进中书省，占领了中书省，反败为胜。安童忍气忍了两年，忍到至元十一年，参阿合马一本，说阿合马任用非人、贪缘为奸。安童的这一本，参不倒阿合马，几乎因此而送掉性命。阿合马在次年向忽必烈建议，说西北方面有海都与笃哇的大威胁，必须"勋旧重臣"像安童那样的去镇守阿力麻里（在今日伊犁附近），才抵挡得住。忽必烈听了，果然就在七月间，派安童"行中书省兼枢密院事于阿力麻里"，去辅助原已驻在该处的皇子北平王那木罕。安童去到那里，因敬酒不周到而引起脱黑帖木儿的怨恨，这脱黑帖木儿鼓动了药不忽儿、撒里蛮等人在至元十三年十二月叛变，拥立昔里吉为可汗，把那木罕和安童两人捆了，押送给海都。海都把他们留下，留到了至元二十年才释放。他们在至元二十一年三月，回抵大都。

安童回来，见不到阿合马。阿合马在至元十九年（1282年）三月已被千户王著杀死。

阿合马之死，是戏剧性的死。王著对他并无私怨，只是看不下他的胡作非为，这才邀约了"妖僧高和尚"，计划出历史上的一大政变。肯参加他们政变的，竟有八十多人。

他们在三月十八日的夜里分批混进大都；次日（十九日）清晨，假传皇太子真金的令旨，说皇太子在晚上要进城回宫，吩咐枢密副使张易到时候发兵，在宫门口集合，同时也吩咐瓮吉剌带与阿合马以下的官员，到时候在宫门排班迎接。（真金于至元十年三月被册立为皇太子，仍旧做守中书令兼判枢密院事。阿合马在至元十八年十二月升任左丞相。同年同月，别勒古台的孙子瓮吉剌带被拜为右丞相。）

王著在傍晚时光亲自找阿合马，说是太子快到城门，叫阿合马派人

三一　阿合马

出城迎接。阿合马知道王箸是一位千户，深信不疑，就派了中书省右司郎中脱欢察儿率领几个人骑马出城迎接。脱欢察儿等人出城走了十几里，遇见了所谓皇太子，都被这一位假太子杀掉，马也被抢去。

假太子和他的若干随从，在夜间二鼓左右大大方方地进了健德门，又大大方方地走到宫门口。果然，瓮吉剌带与阿合马率领了中书省官员在宫门口等着迎接。假太子对阿合马骂了几句，便叫王箸将阿合马牵走。这时候王箸就拿出准备已久的铜锤，对准阿合马的脑袋，打了一下，阿合马当时就死。同时被杀的，是阿合马的亲信、中书省左丞郝桢。

一会儿工夫以后，东宫都总管张九思和同知高觿看清楚假太子的面貌，大叫"不是真的！"留守司的官长博敦，将假太子用棍子打下马，假太子随即被乱箭射死。"妖僧高和尚"与八十几个同党一哄而散。王箸挺身而出，承认自己是主谋，束手就缚。

忽必烈当时还在上都附近的白水泺，接到报告，立即启程返回大都。他吩咐把王箸与其后不久便捉到的"妖僧高和尚"在壬午日（三月二十二日）处斩。同时被斩的，有被骗发兵的枢密副使张易。

其后，忽必烈问孛罗，孛罗把关于阿合马种种罪行的事实，都告诉忽必烈，使得忽必烈相信阿合马果然该死，便吩咐把阿合马"戮尸"、"喂狗"。阿合马的财产，以及他的妻子亲属的财产，全部没收。他们的奴婢，一概释放。凡是属于阿合马一党的大小官吏，一概罢黜。其中，仅仅就中央的中书省与各部的而论，便有七百一十四人之多。

阿合马的正妻与阿合马所有的儿子与侄子，一齐处死。阿合马共有二十五个儿子：大儿子忽辛，当过大都路达鲁花赤，二儿子抹速忽当过杭州的达鲁花赤，其余儿子与若干侄子有的当过礼部尚书，有的当过会同馆的主官，有的在行省当"参知政事"。

阿合马的"次妻"与妾共有四百多位。忽必烈把她们一概"赐"给老百姓。（怎么样的一个赐法，无考。在这四百多位之中，有很多是抢来的良家妇女，可能被还给她们的娘家或夫家。也有很多，是她们的无耻的丈夫或父兄为了想做官而献给阿合马的。这些女人如何处理，很是一个问题。其余的，可能都是阿合马花钱买来的穷人家的女儿，大概都被赏还给她们的父母。）

阿合马除了强占良家妇女以外，也强占或强买了人民所有的"负郭良田"。他的最叫一般人痛恨的地方，是把盐、铁、药材、铜器，都定为政府的专卖品，同时也提高了各种正税的定额。他在至元十六年，向忽必烈请准了设立"诸路宜课提举司"，派出亦不剌金（亦必烈金）、札马剌丁、张暠、富珪等等，分赴各路，尽威吓搜括之能事。他而且奏请忽必烈下旨，叫御史台的人非先向中书省通知，不许"擅召仓库吏，究索钱谷数"。至于，他卖官鬻爵、贿赂公行，以及提取各路的中统钞准备金，使得中统钞的市场价值一跌再跌，我在以前已经说过。

三二　卢世荣

忽必烈戮了阿合马之尸，惩办了阿合马的家属和党羽以后，并未彻底觉悟，仍旧喜欢有本事帮他弄钱的人，先后重用卢世荣与桑哥，不惜如当年重用阿合马的前例，更动或更改中央的行政机构。

至元二十一年十一月，忽必烈叫卢世荣与中书省的右丞相和礼霍孙、右丞麦术督丁，参知政事张雄飞、温迪罕，在他本人面前辩论财政政策。卢世荣主张提高税额，被和麦张温四人反对。忽必烈把和麦张温四人同时免职，任命卢世荣为右丞，并且依照卢世荣的推荐，任命史枢为左丞、廉希恕（不鲁迷失海牙）与撒的迷失为参知政事、阿合马时代的户部尚书拜降为参议中书省事。

卢世荣当权的时间很短。他到了次年四月，便被捕下狱。在他被任命为右丞之时，安童于同一天也被任命为右丞相。安童是正经人，不与他同流合污，是他倒霉的原因之一，而不是主要的原因。主要的原因，是朝野对阿合马的记忆犹新，而卢世荣搜括得比阿合马更多、更急，虽则并不是为自己，而是为忽必烈。孟子说："是以君子恶居下流也，天下之恶皆归之。"

卢世荣未尝没有做了若干件的好事，例如：金银买卖的解禁，"竹监"的取消（不再以怀州孟州一带的竹货为政府的专利品）；驿使饮食改由政府供给；立"常平盐局"以调节盐价；制造"至元"铜钱与至元绫券，与纸钞同时流通，使得纸钞贬值的速度得以减低；用铁器的专卖制度，筹出买粟的钱，买足够的粟储入各地的常平仓，使得常平仓不至于像以前一样的空空如也、有名无实；在各路成立"平准周亟（急）库"，以纸钞低息贷给贫民；在各郡（州府）成立"市易司"，抽取商货税，按四十取一（千分之二十五），以此项税收的十分之六来增发地方官吏的薪俸，以十分之四抵充"市易司"的经费；由政府出钱，代江淮失业的人，买回他们所卖去的妻子儿女；命令江南的田主，向他们的佃户减收田租一成；增加中央与地方所有的官吏的薪俸二成；规定官吏考绩与升迁的条例。这些"德政"，都是从反对他的人的口中说出来的，相当可靠。不过，反对他的人认为，他施行这些德政的目的，只是为了"释怨要誉"。

卢世荣的罪状，远不如阿合马的严重。他的罪，大都是属于擅权一类，属于贪污自肥的部分简直没有。他未向右丞相安童报告，支了库钞二十万锭。这二十万锭，虽控告他的人也不曾指为贪污，可见是用在明处，只是手续不合而已。另一项罪状，是为了成立野面、木植、瓷器、桑枣、煤炭、匹段、青果、油坊等等牙行，以便抽取商货税，而动用了"县官"（皇帝、政府）的钞八十六万余锭，未能归垫。（这些牙行成立未久，当然一时归垫不出。）他的更大罪名，据安童指控，是曾经向忽必烈夸下海口：毋须增加人民的负担，只需"裁抑权势所侵"，便可以每年增加税收三百万锭，"令钞复实，诸物悉贱，民得休息，数月即有成功"；然而，安童说："今已四个月，所行不符所言，所出浮于所入。"这"所出浮于所入"六个字，最触动忽必烈的忌讳。于是，卢世荣便在"面质"以后被捕下狱。"面质"，是在忽必烈的面前，与控告他的人监察御史陈天祥辩论，有御史中丞阿刺帖木儿在场。

卢世荣的其他若干罪状，皆不严重。他引用了若干阿合马的党人。然而他事前曾经向忽必烈请示过，说阿合马的门下"不乏通才，废弃可惜。臣欲择任一二，然惧言者谓臣滥用罪人"。忽必烈回答说："可用则用之，何惧之有？"他叫驿站把公文分别缓急，用红青白三种颜色的袋子装。这件事，李璮曾经做过。控告卢世荣的人，说他模仿叛臣的行为。还有一件罪状是：未经与枢密院商议，便调动了三个行省的兵，共

三二　卢世荣

有一万二千人之多，驻在济州（济宁）。这件事非常奇怪。三个行省如何能随便奉了卢世荣的命令就调兵呢？倘若卢世荣真想造反，仅仅集中一万二千兵在济州，有什么用？大概是"欲加之罪，何患无辞"吧！

卢世荣在海外贸易方面的政策，为功为罪，要依评判人的立场为转移。他设立"市舶都转运司"于泉杭二州，"官自造船，募人驾以入番，官收其利七，商收其利三。禁私泛海者，拘其牲畜实货，官买之。匿者许告，没其财之半给告者"。主张国营对外贸易的人，会认为卢世荣的包办不够彻底，应该由政府设立一个机关，派职员入海，而不募商人入海；同时，陆地边界上的对外贸易，也应该由政府来包办。然而，无论如何，卢世荣可算是国营对外贸易政策的先驱。反过来说，主张自由贸易的人，认为卢世荣如此做法，是与民争利，而且所谓国营，实际上是政府营，也就是官吏营。官吏营，不如人民自己营的好。由人民自己营，而抽取人民的税，站在政府的立场说，是既可以免去由政府花本钱去投资，又可以免去管理上的浪费。卢世荣的办法，严格说来，并非国营，而是以政府为船主，以人民为船客。船客要付出百分之七十的经商赢利，这真是千古未有的昂贵船票。

忽必烈在至元二十一年十一月起用卢世荣之时，不惜为了卢世荣而于一天之内免掉右丞相和礼霍孙，右丞麦术督丁，参知政事张雄飞、温迪罕。到了次年四月，经监察御史陈天祥一告，于廷辩以后却又立刻把卢世荣逮捕下狱。

关了卢世荣七个月以后，他忽然想起，问近侍忽剌出："你对于卢世荣有什么意见？"忽剌出说："中书省新来的汉人说，卢世荣的罪已经确定，还关在牢里，天天用囚粮养他，太浪费了。"忽必烈听了，吩咐把卢世荣杀死，刲割其肉以饲禽獭。

中书省新来的汉人，仅有郭佑一人。郭佑原为御史中丞，在卢世荣被捕以后一个月，五月，受任为中书省参知政事。当时，御史中丞是从三品，参知政事是从二品。郭佑在审讯卢世荣之时很卖力，因此就升了官。

其实，不升官还要好些。中书省是是非之地。郭佑当参知政事当了两年又五个月，便不仅丢官，而且送命。害他的，是阿合马与卢世荣的继承者、忽必烈的另一言利之臣：桑哥。

忽必烈为了这桑哥，正如当年为了阿合马一样，不惜更改中央的行政制度，再度增设尚书省，使得中书省变成了冷衙门。

三二　卢世荣

三三　桑哥

桑哥是畏吾儿人，信过佛教，拜西藏人胆巴为师，可能也当过和尚。桑哥两字也很像是"僧伽"一词的讹写。此人很有点儿小聪明，会说好几国的话，不知怎样见到了忽必烈，和忽必烈谈弄钱，获得了忽必烈的宠信，先叫他做管理佛教事务与西藏的总制院使，其后渐渐把他看成了非正式的高等顾问兼人事处处长。"朝廷有所建置或人才进退"，桑哥"咸得与闻"。

到了至元二十四年（1287年）闰二月，忽必烈很像是完全忘记了阿合马的一段历史，又设立起尚书省来。桑哥，正如当年的阿合马，做了尚书省的平章政事。所不同的，阿合马之时尚书省只设一个平章政事，现在此省却有两个平章政事。桑哥以外，另一位是原任中书省左丞的帖木儿。在桑哥与帖木儿之间，事实上只是桑哥一人有权，帖木儿无非"伴食"而已。

桑哥做尚书省平章政事，不到十天便说动了忽必烈将中央的中书省六部改为尚书省六部，各地的行中书省改为"行尚书省"。中书省又从此等于是一个闲衙门，直至桑哥在四年半以后，至元二十八年八月，明正典刑之时。

桑哥的第一大政，是发行新的纸币，称为"至元宝钞"，以代替贬值已甚的"中统宝钞"，规定每中统宝钞五贯，等于至元宝钞一贯。纳税的人必须用至元宝钞缴纳。除了纳税以外，中统宝钞仍许流通。

这一种办法，可谓饮鸩止渴，徒然增加了纸币的发行总额，而无补于挽回币信。然而，忽必烈欣赏得很，对桑哥的宠任又进一步，授权给他"检核中书省事"。他借中书省的历年账目,亏欠好钞四千七百七十锭(二十三万八千五百两),与昏钞(破烂旧钞)一千三百四十五锭(六万七千二百五十两),便在中书省大发威风,责问参知政事杨居宽,何以有亏欠!杨说:"我管的是铨选,钱谷不是我管。"他听了,便叫人打杨的嘴巴,边打边骂,骂得毫无道理:"你管铨选,难道铨选得毫无黜陟失当的地方吗?"退一步说,即使杨居宽有黜陟失当的地方,也得找出证据才能加以处罚。打嘴巴更不是制度上的处罚方法。

他不仅打杨居宽的嘴巴,而且报告忽必烈,要杨居宽的命。忽必烈叫安童与桑哥再会同审讯杨居宽一番。这真是天大的冤枉。如果中书省有亏欠或黜陟失当的事,首先应该负责的该是总管中书省的安童,怎能叫安童来当审判官,会同桑哥去审一位不相干的可怜虫——参知政事杨居宽!最妙的是,忽必烈向安童说:"此辈(杨居宽之流)狡狯,毋使他日得以胁问诬服为辞。"既然以为杨居宽之流是狡狯的,那么,起先为什么要任用这些人呢?

和杨居宽命运相同的,是另一参知政事郭佑。郭佑从御史中丞调升到这个职务,无非是由于曾经在审讯卢世荣之时有功。他却忽略了一个事实,卢世荣本是桑哥所推荐的人。桑哥上了台,果然就要替卢世荣报仇。桑哥在问了杨居宽以后,当天或是过了几天,便问郭佑:"中书省亏欠如此之多,你怎么早不向上面说?"郭佑回答:"我有病。"桑哥于是又叫人打郭佑,也是边打边骂:"好一个参政,你自己没有力量纠正省内的腐败情形,为什么不向上面的蒙古人大臣说?"这所谓蒙古人大臣,是指的安童。桑哥这样骂,暗暗地也是在向安童表示好感,替他向忽必烈掩饰,说亏欠的事他不知道,因为下面的人不向他报告。

结果,忽必烈吩咐把杨居宽与郭佑同时处死(至元二十四年十月十九日)。

有两位小官,于闲谈之中表示不平,说将来尚书省也会有一天被中书省检核,"天下就只有你桑哥一个人不会死吗?"这闲谈的情报,被桑哥收到。于是两位小官也送了命。这两位,一是御史台的小职员王良弼,一是曾任江宁县尹的吴德。

十天以后,十一月初一,桑哥官星高照,又升了两级,当起"右丞相"来。忽必烈为他破例,在尚书省也设一个右丞相,以便他与安童在官阶上完全相等。

桑哥在财经方面做了些什么事?三种元史的桑哥列传,都说得极其含糊。除了发行至元宝钞一件事以外,三种元史仅仅提到他查账查得很仔细,并且设了一个"征理司"来主持其事,派遣了十二位大员到六个行省去"理算""钱粮耗失之数"。这六个行省是:(1)江淮;(2)江西;(3)福建;(4)四川;(5)甘肃;(6)安西。所派的十二位大员,以尚书省参知政事忻都与户部尚书王巨济为首。王巨济本是中书省的"参议",曾经反对过发行至元宝钞,几乎惹祸,却能随风转舵,一变为桑哥的红人,做了户部尚书。

《元史·食货志》载有迄于至元二十四年每年中统宝钞发行的数字,与至元二十四年以后每年至元宝钞发行的数字。中统元年的中统宝钞,只发行了七万三千三百五十二锭,亦即七百三十三万五千二百贯。其后每年增加,在至元二十三年达到了最高峰:二百一十八万一千六百锭,亦即两亿一千八百一十六万贯。桑哥在至元二十四年开始发行至元宝钞,在第一年便发行了一百万零一千零一十七锭。每锭至元宝钞等于五锭中统宝钞,这是在事实上发行了五百万零五千零八十五锭,亦即五亿零五十万八千五百贯,虽则这庞大的数目包括用以兑换中统宝钞的部分。

次年,至元二十五年,迄于至元二十七年年底,三年之间桑哥又发行了至元宝锭,共有二百二十万一千九百五十五锭,亦即两亿二千零十九万五千五百贯,等于中统宝钞十一亿以上。

他在至元二十八年二月被捕、下台,于五个月以后被斩。在至元二十八年这一年，由于三月以后便不是他主政，至元宝钞只发行了五十万锭。

桑哥的另一"劣迹"，是增加商税。他把"腹里"的酒醋税增加五万锭，江南的酒醋税增加十万锭。全国的盐税每引（三百斤）由三十贯提到一锭（一百贯）；茶税每引（短引九十斤，长引一百二十斤）由五贯提高到十贯。

然而，桑哥也并非全无是处。"海运"的政策他很支持。在他主政以前，每年用海运的方法所运的漕粮，以至元二十三年为最多；以五十七万八千五百二十石上船，有四十三万三千九百零五石运到。到了他主政以后，每年的数字是：

时间	共运	运到
至元二十四年	300 000石	297 546石
二十五年	400 000石	397 655石
二十六年	935 000石	919 943石
二十七年	1 595 000石	1 513 856石

他设立了一个"行泉府司"，专管海运之事，也增加了两个万户的漕丁，连原有的共为四个万户。海运之所以有如此的成绩，他不是没有关系。

桑哥在对外贸易方面的政策，我们所能知道的仅有两件事：（1）他不许商人把铜钱运出口，很有点儿像西欧17、18世纪的"重商主义者"。（2）他不许广州的"官民"把米运去占城等诸番邦。这可说是一种粮食政策，为了防免广州本地的米价上涨。

把桑哥打下台的是三个蒙古人：也里审班、也先帖木儿、彻里。他们三人借着在柳林陪忽必烈打猎的机会，联合告桑哥一状，说桑哥怎样怎样不好，有也里审班的哥哥、翰林学士承旨不忽木，可以作证。忽必烈于是派人把不忽木找来。不忽木说，由于桑哥苛敛，百姓很多失业，

三三 桑哥

因失业而成为盗贼的极多，倘若不赶快把桑哥除掉，蒙古人的江山将成问题。

忽必烈又问别的人。别的人由于见到已经有了也里审班等敢攻讦桑哥，而并未遭祸，于是也异口同声说桑哥不好，说桑哥是"盗贼蜂起"的原因，"盗贼"在当时确也不少。在广东与江西南部福建西南部之间，有钟明亮与董贤所领的两批，"往来劫掠"。在浙江台州，有杨镇龙所领的一批，势力更大。杨镇龙自称大兴国皇帝，年号安定，以厉某为右丞相，楼某为左丞相，军队的数目，在十二万人左右。他攻过东阳、义乌、余姚、嵊县、新昌、天台、永康。

忽必烈恍然大悟。他觉得自己吃不消有桑哥这么一个制造盗贼的专家。况且，在北面，又有乃颜；在西北，又有海都！

他很快地便下旨捕桑哥（至元二十八年二月）。三个月以后，他索性把尚书省又废一次。从此，中央的行政权的行使，仍以中书省为机构。

桑哥在尚书省的几名羽党，一概免职。尚书省的官吏，仅有右丞何荣祖，参知政事贺胜、高翥，被转到中书省担任同级职务。这三个人，都是在二月间，桑哥被捕以后，才从各方面调进尚书省去办事的。

连带下台的，是中书省右丞相安童。此人在早年颇有一番作为，却于做了九年俘虏以后，再度出任原官之时，毫无对恶人奋斗的勇气。所以，忽必烈对他也腻了，便在取消尚书省之时，把他这位中书省的右丞相也免了职。免得好。

三四　完泽

作为恢复了行政权力的中书省的新的右丞相的，是完泽。完泽是中统年间当过右丞相的线真的儿子，很有能力，心地也好。他就任以后，值得大书特书的事，便是向忽必烈请准了免除全国人民的欠税。

完泽做右丞相，做到成宗铁穆耳大德七年（1303年）。铁穆耳与铁穆耳的父亲、太子真金，都是完泽的学生。完泽从中统年间起，先后做真金的"王府僚属"与"太子詹事"。真金死后，他仍旧是太子詹事，以太子詹事的身份，随从铁穆耳驻防北边。铁穆耳于忽必烈死后之能顺利即位，完泽很有关系。

完泽死了以后，铁穆耳才在中书省添设左丞相（以哈剌哈孙为右丞相，阿忽台为左丞相）。此后，左丞相或设或不设，而不设左丞相之时，常为名臣或权臣担任右丞相之时。名臣是，伯颜、脱脱。权臣是，燕帖木儿、搠思监。

三五　脱虎脱

尚书省设了两次、废了两次，而每次主持尚书省的人都不得好死，这就够令后世警惕的了。然而，到了武宗海山的至大二年（1309年）八月，却仍然有脱虎脱、三宝奴、乐实等人，硬要请武宗再设尚书省，由他们来主持。尚书省大员的名单是：

兼尚书令　"皇太子"爱育黎拔力八达
兼右丞相　乞台普济
左丞相　　脱虎脱
平章政事　三宝奴
　　　　　乐实
右丞　　　保八
左丞　　　忙哥铁木儿
　　　　　刘楫
参知政事　王黑
　　　　　郝彬

爱育黎拔力八达是武宗的弟弟，于拥立武宗以后受封为"皇太子"。当时朝廷中没有什么像样的儒家，否则"皇太弟"三个字要名正言顺得多。他受封不久，便以皇太子的身份"守中书令"。这时候，被脱虎脱等人怂恿着"兼尚书令"，也就兼了下去。

右丞相乞台普济是"河西人"，西夏的遗民，做过武宗的"怯薛歹"（卫队长），此时已由中书省的平章政事升到中书省的右丞相。（同时升为右丞相的，是做过御史大夫的塔思不花。塔思不花是别勒古台的后裔。）乞台普济对于另设一个尚书省，没有什么意见。脱虎脱等人之所以捧他"兼尚书省右丞相"，正如他们捧爱育黎拔力八达做"兼尚书令"，无非是借重其声望而已。

乞台普济做了三个月的"兼右丞相"，在至大二年十一月便被罢免，连中书省的右丞相也丢了，受封为安吉王，"就第"。同月，加进了一位伽乃伯颜做平章政事。

尚书省右丞相的位置虚悬了六个月，在至大三年五月由脱虎脱调升。同时，三宝奴也由平章政事升做了左丞相。乐实与保八的位置仍旧。脱虎脱是谁？柯绍忞说他是畏吾儿种，武宗即位以前的旧人，武宗即位以后便被任命为宣徽使，由宣徽使而宣政使，由宣政使而尚书省左丞相。三宝奴是谁？柯绍忞只说他做过渤国公。"渤国公"可能是"渤海公"之误。他是否为帖木格的后裔、塔察儿的侄孙？乐实是高丽人。似乎这一项"恢复尚书省运动"的中坚人物，便是这位乐实。保八是谁？我们一点儿也不知道。

这一次的尚书省，正如以前的几次尚书省一样，把中书省的行政权力抢得一干二净。他对于财经方面也颇有更张，主要是发行新钞，称为"至大银钞"。这至大银钞，在原则上以银为准备，而事实上，又不许人民为金银的买卖。每"至大银钞"一两，等于白银一两，或赤金一钱，或"至元宝钞"五贯。至大银钞在至大三年开始发行，第一年便发行了一百四十五万零三百六十八锭。

所好，这"至大银钞"只发行了一年便不再发行。尚书省于武宗死后的第三天（至大四年正月初十日）便被仁宗爱育黎拔力八达取消。再过四天，正月十四，脱虎脱、三宝奴、乐实、保八、王罴，一齐被斩。爱育黎拔力八达之所以一定要杀死脱虎脱等五个人，倒不是因为他们在尚书省发行了至大银钞，而是因为他们太为武宗所亲信。

在这一次的尚书省被消灭以后，元朝直至结束，不再有尚书省。

三六　六部

在正常之时隶属于中书省而曾经三次改属尚书省的六部，前后在编制上也有过相当的变化。

在忽必烈中统年间，所谓六部，只有两部，称为"左三部"与"右三部"。左三部是吏部、礼部、户部的合并。右三部是兵部、刑部、工部的合并。左三部与右三部均各设尚书二人、侍郎二人。这似乎是省钱的办法。如果六部分设为六，每部只设一个尚书、一个侍郎，便至少要有六个尚书、六个侍郎了。省钱的事小。主要的原因是，大权属于尚书以上的右左丞相以至于参知政事。六部只是事务上的执行人员而已。右三部尚书，是宋子贞。左三部的尚书是谁？刘肃。

忽必烈在至元二年二月把"左三部"与"右三部"，由事实上的两部分为四部：吏礼部、户部、兵刑部、工部。这四个部的第一任尚书，据屠寄说，是：吏礼部，麦术督丁；户部，马亨；兵刑部，严忠范；工部，别都鲁丁。然而，依照当时的编制，吏礼部有三位，不仅是麦术督丁一位。户部的尚书也有三位。兵刑部与工部的尚书各有四位。换句话说，四个部的尚书共有十四位，而可考的仅有屠寄所列举的四位而已。

忽必烈主张不定。到了次年，至元三年，又把四个部恢复为"左三部"与"右三部"两部。再过两年，两部又改为四部。到了至元七年，四部才改为六部，吏户礼兵刑工各成一部。各部的尚书人数不等。其后，每一部的尚书及其下的侍郎、郎中、员外郎，人数屡有变动，不仅在忽必烈一帝之时如此。到了最后，六部或先或后都确定为尚书三人、侍郎二人、郎中二人、员外郎二人。最先有如此编制的是工部（1291年），其次是礼部（1295年），再其次是刑部（1300年），然后是吏户两部（1311年），最后是兵部（1323年）。

《明史》有"七卿年表"，把六部尚书与都御史的姓名与在任期一一表明。《清史稿》有"部院大臣年表"，其内容与《明史》的"七卿年表"相仿，所记载的也是六部与都察院的长官，增加了侍郎与副都御史。可惜，三种元史皆没有这样的一种表。《新元史》与《蒙兀儿史记》没有，值得原谅；因为，到了民国时代，离开顺帝北去已经有了五百多年，材料无从搜求。《元史》没有这个表，实在是怪不得人家责备它"草率"、"疏漏"。

我从三种元史的列传与《新元史》的氏族表之中，已经找出了一些六部尚书的姓名与在任的时期。

（1）吏礼部：高鸣（世祖时）。吏部：阔阔、别帖木儿、刘宣、刘正（以上世祖时）；吴元珪、王寿（以上成宗时）；李珏（仁宗时）；王结、傅岩起（以上英宗时）；苏天爵、偰哲笃（以上惠宗时）。

（2）户部：忽都鲁沙、亦不剌金、拜降、刘正（以上世祖时）；萧拜住、谢让（以上武宗时）；宋崇禄（武宗仁宗时）；张思明、韩若愚（以上仁宗时）；杨安札儿不花（可能为英宗时）；高纳麟（文宗时）；徐奭、师泰（惠宗时）。

（3）礼部：刘秉恕、阔阔、廉希贤、马月乃合、张孔孙（以上世祖时）；杨朵儿只（仁宗时）；曹元用（泰定帝时）；张起岩（文宗时）；吕思诚（文宗或顺帝时）；曹鉴、徐奭（以上惠宗时）；哈散（不知何时）。

（4）兵部：苫思丁（世宗时）；崔敬、师泰（顺帝时）；阿速氏者燕不花、札剌亦儿氏博罗（以上均不知何时）。

（5）刑部：李子忠、布伯（以上世祖时）；高克恭（成宗时）；谢让（武宗或仁宗时）；王结（英宗时）；韩若愚、马煦（以上泰定帝时）；吕思诚（文宗或惠宗时）；崔敬、马煦、陈思谦（以上惠宗时）。

（6）工部：段天佑、王倚（以上世祖时）；吴元珪（成宗时）；尉迟

三六　六部

德诚（武宗时）；韩冲、刘秉德、张思明（以上仁宗时）；成遵（惠宗时）；大食人也黑迭儿之子马合谟沙、马合谟沙之子木八剌沙（均不知何时）。

　　以上这许多位尚书，在当时都是显宦，然而过不了几时，姓名都被人们遗忘了。太史公所谓"当时则荣，没则已焉"。其中何尝没有好人？阿附阿合马与桑哥之流的究竟是少数。

三七　中央的其他机构

中统四年（1263年）五月，枢密院成立，皇子燕王真金以"守中书令"的身份"兼判枢密院事"。

至元五年（1268年）七月，御史台成立，第一任的御史大夫是先后担任过平章政事与左丞相的塔察儿（成吉思可汗胞弟帖木格的嫡孙）。

次年正月，成立了四个道的提刑按察司：山东东西道、河东陕西道、山北东西道、河南河北道。这四个提刑按察司的提刑按察使，是道道地地的中央官，直属于御史台。

独立于上列"三权"之外的，有"司农卿"，即中统四年以后的"大司农卿"。司农卿或大司农卿之下，有分派到各地的"劝农使"。

至于，大宗正府、詹事院、翰林兼国史院、蒙古翰林院、集贤院、宣政院、国子监、蒙古国子监、宣徽院、太常寺、符宝局、太史院、太医院、将作院、通政院、管领怯怜口（工匠）总管府、管领大都等路打捕鹰房胭粉人户总管府、大都留守司、卫尉院（尚乘寺）、武备司、太仆寺、太府监、度支监、利用监、都水监、秘书监、司天台、回回司天台、司禋监等等，都是于忽必烈在位之时，或先或后地设立起来的。这些衙门，虽则比不上唐宋的多，却也勉强可以算得上应有尽有了。

然而，一切都是草创。在枝节上，也就是中级以下的机构上，唐宋的先例与经验足够元初的君臣参考。在最高的行政决策上，由于当时的环境与唐宋迥不相同，元初的君臣便颇有凡事都得从头做起，甚至抱着准备失败的心情，做若干的尝试。因此之故，作为中央政府的轴心的中书省才成为改变的次数最多的机构。

三八　行省

元朝的所谓行省，便是中书省或尚书省的"行署"，与明清两代的所谓行省，迥不相同。明清两代的行省，区域的性质很重，虽则在理论上行省的长官也是"中央官"，亦即暂时驻在地方上的中央官，而不是纯粹的地方官。

行省的规模，仿自中央的中书省或尚书省（都省），有右丞相或左丞相，虽则在元朝初年事实上是由都省的右丞相或左丞相，带了都省的官衔到"行省"去领导一切；元朝中叶不在行省设丞相，只有到末年才又如此。行省的真正主持人，是"平章政事"。平章政事之下有右丞、左丞与知政事。这些人，在都省的都被称为"宰相"。宰相这个名字在其他的朝代之中，和"丞相"二字同义。唯有在元朝，宰相是范围比丞相较广的名词。在宰相之中，只有右丞相与左丞相才是丞相。行省的右左丞相，当然仍是丞相，亦即地位最高的宰相，在名义上与中央的几位宰相地位相等，不过事实上当然要比都省丞相的权力低。至于行省的平章政事等等，也是如此。

成吉思可汗在蒙古帝国自身还没有"都省"以前，便已于1214年，亦即取得中都（燕京）以前的一年，设置了一个行尚书省在宣平，用以统治"山后"（长城以北）的降民。主持这宣平行尚书省的，是撒木合·把阿秃儿。

次年，成吉思可汗取得中都，立即设置中都行尚书省，以耶律阿海为"太师、行中都省事"。不久，耶律阿海跟随成吉思可汗西征，一度充任薛米思坚（撒马儿干）的留守，其后做了花剌子模旧壤与今日新疆南部莎车、疏附、库车等地的"都达鲁花赤"（民政最高长官）。

"行中都省事"的位置，在耶律阿海走后，交给了石抹明安的儿子、石抹咸得不。此人充任"燕京行省"，是在丙子年乃父去世之时，亦即蒙古军取得燕京的次一年。

在石抹咸得不之上，有木华黎。木华黎的官衔很长，其中有"都行省"三个字。所谓"都行省"，好比"都达鲁花赤"，是长城以南一切"行尚书省事"的人的长官。

木华黎而且可以用"承制"的方式（受权奉行皇帝意旨），随时委派任何人为任何地方的"行尚书省事"（简称"行省"）。例如，严实之先做不附地名的"行尚书省事"，其后又做"权山东西路行省"，便是由木华黎任命的。

木华黎死后，他的儿子"嗣国王"孛鲁在丁亥年（1227年）也"承制"发表了李全为"山东淮南行省"。

窝阔台可汗于庚寅年（1230年）接受耶律楚材的建议，在燕京、宣德、西京（大同）等十个都会成立"十路课税所"。这些课税所，虽无行省之名，倒很像明清两代的"布政使司"。

次年，辛卯年，中书省在阴历八月间成立。似乎耶律楚材一时并不热心于在各地设立行中书省。原有的各地"行尚书省"，并未因中书省之成立而一概改称"行中书省"。

可考的新的"行省"长官，一个是孛罗忽勒的儿子塔察儿。此人是"行省、兵马都元帅"，会同了宋朝的孟珙打下金朝的蔡州（汝南）。另一个是刘敏，于窝阔台在位的最后一年（第十三年，1241年），受任"行尚书省"于燕京。

刘敏的前任的前任，是石抹明安的儿子、石抹咸得不。这位咸得不，于丙子年（1216年，取得中都的次一年）袭了父亲的封爵与官职，做"国公、太保，兼管蒙兀汉军兵马都元帅"。除此之外，添上"金紫光禄大夫、

三八　行省

燕京行省"的头衔。

石抹咸得不远不如他的父亲。他不仅贪污,而且暴虐。戊子年（1228年）监国拖雷派了塔察儿与耶律楚材两人到燕京来查办他。不久以后,他就丢官,由他的弟弟石抹忽都华接任。再其后,到了1241年,石抹忽都华不知为了何事也丢了官（可能是病死）,于是刘敏便被派来,做"行尚书省"。

刘敏是宣德人,自幼被蒙古军官收养,其后做了成吉思可汗的宿卫,学会了蒙古话与各部落的方言；其后随成吉思可汗西征,于木华黎死后奉派回中国,充任燕京的安抚使,颇受耶律楚材的赏识。

中央的"都省"叫作"中书省",而燕京的行省,却沿袭金朝的旧名称,称为"行尚书省"。这在今天的我们看来,似乎是很不一贯、"说不过去"的事。当时的人,却认为这是无关宏旨的"小不合理"。

燕京的行尚书省,在刘敏受任不久以后,窝阔台可汗加派牙剌洼赤来共理行省之事。牙剌洼赤与刘敏争权,被乃马真（乃蛮氏）皇后换了,改派奥都剌合蛮来做刘敏的同事。"定宗"贵由可汗即位,杀了奥都剌合蛮,又派牙剌洼赤来。刘敏勉强继续干了八年,请求辞职,以儿子刘世亨继任,获准。这时候,已经是甲寅年,宪宗蒙哥可汗在位的第四年了。

刘世亨干到哪一年,无考。可能是干到了世祖忽必烈可汗即位以后。忽必烈一向对刘敏颇好,刘敏死在己未年,亦即忽必烈即位以前的一年。

忽必烈可汗在中统元年四月所设立的"中书省",称为"行中书省",却并未冠以"燕京"二字。这个"行中书省"的主官,是平章政事王文统。

三个月以后,中统元年七月,忽必烈可汗又叫"燕京路宣慰使"祃祃"行中书省事"。同时也任命了赵璧为平章政事。

《元史》、《新元史》、《蒙兀儿史记》,都不谋而合地以为这两个"行中书省"是一个。其实,它们是两个。四月间所设立的"行中书省"是管理全国的,只是名义上为了和林尚在阿里不哥之手,暂时称为"行中书省"，而不直截了当称为"中书省"。七月间所设立的一个，是管理燕京一路的"行中书省"，虽则衙门的所在也是燕京。

由于把两个行中书省混为一谈，《元史》与《新元史》的宰相年表便"大胆假设"，祃祃为"右丞相"，同时也把赵璧和王文统放在一起。《蒙兀儿史记》的"宰相表"于依样画葫芦之余，"心有未安"，加上几个字的小注："无丞相之称，但行六部首领而已。"

祃祃这个人，倘若是忽必烈的第一任右丞相，不该在《元史》中无传，也不该在次年三月"罢为燕京路宣慰使"（《新元史》）。其实他本来就是燕京路宣慰使，在兼了燕京行中书省的主官以后，仍旧是燕京路宣慰使。

《蒙兀儿史记》把次年三月，改为次年五月，把"罢为"改为"仍出为"，较之《新元史》确是略高一筹。事实是：次年五月，忽必烈可汗把全国性的行中书省，正式改称为"中书省"，同时也把"燕京路的行中书省"取消。于是祃祃便"罢"为燕京路宣慰使，或"仍出为"燕京路宣慰使了。所谓"罢"，是罢的"行燕京路中书省事"；所谓"仍出为"是"仍为"，无所谓"出"，根本不曾"入"。

除了这昙花一现的燕京路行省以外，忽必烈也设了若干别的临时性的行省。例如为了奖赏刘整叛宋，而叫刘整"行夔府路中书省事"。这夔府路行省到不了一年，便由于刘整改任"行成都潼川路中书省事"，无疾而终。

伯颜伐宋，所带的头衔是"行省荆湖"（在荆湖一带代办中书省的政务，用现代的术语来说，是"行政院两湖办事处处长"）。其后，伯颜打到哪里，"荆湖行省"便跟着他到了哪里。伯颜运气好，打得超过了荆湖的地界。在打到建康之时，便把他的"行省"搬进了建康去。当时的官方文书，也就不再称他的行省为"荆湖行省"，而简称之为"行省"，不附地名；或是称它为"军前行省"。

三八 行省

伯颜的军前行省，到了宋恭帝投降、临安（杭州）易手之时，功德圆满。伯颜回京（大都），受任为"同知枢密院事"。行省的事务，交给了两个参知政事，阿剌罕与董文炳，留在临安处理。

五个月以后，至元十三年（1276年）六月，忽必烈创设两个新的行省，一个在临安，一个在鄂州（武昌），作为伯颜的所谓荆湖行省，亦即军前行省的继承者。临安的行省，其后发展为"江浙行省"；鄂州的行省，其后发展为"湖广行省"。

为了对付张世杰与文天祥，忽必烈又先后设立了所谓福州行省、赣州行省、泉州行省。这些行省衙门，一方面是"前进指挥站"，一方面是牢笼投机分子的工具，用行省的大小官职去诱降他们、监视他们。

张世杰与文天祥于至元十六年（1279年）二月及十月先后被解决，忽必烈便在至元十七年把赣州行省与泉州行省均并入江西行省。福州的行省改称福建行省。三年以后，泉州行省被抽出江西，划给福建。又过了两年，至元二十二年，整个的福建又被并入江西。忽必烈觉得仍旧有些不妥，到了次年又把福建改划进"江浙行省"。

此外，征东行省、征交趾行省、缅中行省，都是赤裸裸的军事机构。征东行省在至元十七年八月创设，为的是一雪至元十一年以一万五千兵吞并日本不成之耻；然而这征东行省虽则是动员了十万人以上，仍旧达不到吞并日本的目的，于是在次年十二月被废去。两年以后，二十年正月，忽必烈又想打日本，把这征东行省恢复起来，恢复了两年又七个月，在二十三年正月再度取消；全国上下白忙了一阵，原定于二十三年八月出兵的计划胎死腹中。

成宗铁穆耳可汗在大德三年（1299年）五月，又把征东行省恢复。这一次，倒不是为了征服日本，而是为了镇压高丽。前两次设立征东行省，高丽的国王王睶一直是征东行省的两个左丞相之一。这一次，由于高丽国王王昛"不能镇服其众"，征东行省便不再设左丞相，而只设一个平章政事，以阔里吉思充任。不料这位阔里吉思并无镇压高丽人民的能力，成宗铁穆耳可汗一时又找不到比他适当的人选，于是就在大德五年十二月把征东行省做第三度的取消。

最后，在英宗硕德八剌可汗的至治元年（1321年），征东行省又被恢复。原因是，高丽王王焘在正月间来朝，为了笼络他而任命他为"征东行省"的左丞相。此后，直至元朝结束，征东行省未废，然而只是为了送给高丽的历任国王一个"征东行省左丞相"的虚衔而已。征东行省的所有官吏，统由高丽国王自选。行省衙门设在沈阳。

征东行省以外，有"占城行省"、"缅中行省"及"安南行省"，其性质也是纯粹属于军事性的。占城行省设于至元十八年十月，于至元二十年九月并入湖广行省。缅中行省与"安南行省"均设于至元二十三年二月。缅中行省在至元二十七年结束。可能是在成宗大德四年八月或其以后。安南行省在至元二十四年正月，改为"征交趾行省"，于两年以后结束。到了至元三十年八月，忽必烈却又听了中书省的某一位平章政事的话，设立所谓"湖广安南分省"。这个分省，大概是在至元三十一年五月，成宗即位以后，被取消。

忽必烈派人征日本、征占城、征缅甸、征安南，没一次不失败。他在至元二十九年派人征爪哇，也是失败的，却并未设立什么爪哇行省或"征爪哇行省"，只是轻描淡写地任命亦黑迷失、史弼、高兴三个人做"福建行省平章政事"。

为了想征服琉球，成宗在大德元年二月特地把福建省改为"福建平海行省"，移省治于泉州。改了以后，刚满两年，不仅不再想"平海"，而且把整个福建行省也取消了，改设一个都元帅府与宣慰司于福建。

新旧元史百官志之中的十一个行省，除了征东行省的一设再设与又设的经过，我已经详细说了以外，其余的十个行省也是常有变动。简言之，仅仅举"陕西等处"一个行省为例：

三八 行省

宪宗蒙哥可汗曾经派阿蓝答儿与刘太平"行尚书省事于京兆",为的是稽查忽必烈及其部下在陕西河南经收的钱谷(据屠寄的世祖本纪。新旧《元史》的世祖本纪,只说这两人奉命至京兆钩考财赋)。

世祖忽必烈可汗在中统元年设立"秦蜀五路四川行中书省";中统二年改为"陕西四川行中书省";至元八年,把陕西部分的京兆等路改为中央直属,四川部分单独设省;九年,京兆等路还是设省,称为"京兆等路行中书省";十六年,四川行省被取消;十七年,改京兆等路行省为"陕西四川行省";到了十八年,又把四川分出去;二十一年,再把四川并回来;最后在二十三年,还是把四川分出去。从此,陕西单独成为一个行省,以至于元朝结束为止。它的正式名称,是"陕西等处"四个字而不是"陕西"两个字的"行中书省"。

其他九个行省,确定了名称与辖区而迄于惠宗即位不再更改的年代是:四川,成宗大德七年;甘肃,成宗元贞元年;河南江北,至元二十八年;湖广,成宗大德七年;云南,成宗大德七年;江浙,至元二十八年;江西,至元二十三年;辽阳,至元二十四年;岭北,仁宗皇庆元年。

惠宗妥懽帖睦尔可汗于即位以后,为了应付风起云涌的反元的汉人,在行省的划分上颇多更张。他在至正十二年闰五月割出原属河南江北行省的若干地区,设立"淮东江北行中书省",以扬州为首府。同年十月,又在扬州设了一个"行枢密院"。他又于某一年设立了山东分省,在至正十七年正月叫这分省招募"义兵",对反元的汉人作战。到了至正二十三年,亦即他丢掉大都的前五年,他并且增设了广西与胶东两个行省。这些设施,总而言之,不过是元朝行省制度的尾声而已。

三九　达鲁花赤

在行省之下的路、散府、州、县，都有所谓达鲁花赤，而行省衙门本身反而没有。原因是行省的最高长官，无论左丞相或平章政事，或右左丞，或参知政事，总可以用蒙古人或色目人担任，而路府州县的"总管"由于是"亲民之官"，在事实上非用汉人不可，于是就添设一个达鲁花赤在这总管之上。

"达鲁花赤"与屠寄所喜用的"答鲁合臣"是同一个词，前者是少数，后者是多数。

与"达鲁花赤"同源的另一个字：答鲁合剌秃孩，意思是"做了提调的人们"。因此，达鲁花赤也可以视为兼有"提调"、"派遣"的字义。

所以，元朝的汉人常常把达鲁花赤翻译为"宣差"、"节使"。其实，宣差是暂时性的，不甚恰当。译为"节使"较妥。不过，路与散府的达鲁花赤，还可以勉强称为"节使"；州与县的达鲁花赤，似乎太小，当不起"节使"的称呼。

路的达鲁花赤，在官阶上是正三品，与中央的六部尚书相等。"散府"的达鲁花赤是正四品。州的达鲁花赤，依户口之多寡而分等级，最大的是从四品，最小的是从五品。县的达鲁花赤，最大的是从六品，最小的是从七品。

四〇　路、府、州、县

世祖忽必烈可汗在至元二年二月规定，全国各路一概以蒙古人为达鲁花赤，汉人为总管，回回人为同知。这个原则，在大体上是被遵行的，虽则例外也很多。

忽必烈对于一般的"例外"很不同意，先在至元五年三月下诏"罢诸路女真、契丹、汉人为达鲁花赤者，回回、畏兀、乃蛮、唐兀人仍旧"；接着又在至元十六年九月，"议罢汉人之为达鲁花赤者"。

忽必烈却也同意湖广一省可以例外。湖广行省在至元二十五年（1288年）十月请求"变例"，用汉人充任达鲁花赤，忽必烈予以照准。为什么偏偏湖广一省可以获得如此的"异数"呢？也许是由于该省所辖的区域，居民十分复杂，除了有以倔强著名的"湖南人"（湖南的汉人）以外，又有苗、瑶、僮等等山胞。

蒙古人在整个元朝之中担任过达鲁花赤的，据札齐斯钦教授所列的表，共有一百零三人，其中包括了若干并非地方官性质的达鲁花赤，如"大护国仁王寺总管府"、"宫相都总管府"、"本投下诸色匠户达鲁花赤"、"随路炮手达鲁花赤"等等；也包括了若干来路不明、冒用蒙古名字的非蒙古人。至于乃蛮人，严格说来，虽不是蒙古人，也包括在一百零三人之内。

畏吾儿人，有三十三名之多，虽则比汉人少些。（汉人在整个元朝任达鲁花赤的，共为四十七人。）

有一位意大利人达鲁花赤，不载于札齐斯钦教授所列的表。（屠寄在《蒙兀儿史记》说这位意大利人当过"扬州路总管"，"在职四年"。）此人自己向笔录他的《游记》的人说,当过扬州的"总督"(governor)。此人是谁?马可·波罗。我看马可·波罗的官职,可能不是扬州路的总管。总管而由非汉人担任的,在忽必烈时代或其以后,尚无别例。

除了马可·波罗以外,有没有其他的欧洲人,尤其是俄罗斯人,在中国当过地方上的达鲁花赤?这是一个很有趣味的问题。

就路府州县的达鲁花赤而论,他们的工作并不繁重。琐碎的事,都已经由当总管、知府、知州、知县的汉人去料理了。达鲁花赤所负的,只是监视的责任。他们之中的多数是蒙古人。是蒙古人,便直接间接和可汗有密切的关系。非蒙古人而能当到达鲁花赤的,那更是特别为可汗所认识而相信的人了。因此之故,他们被若干儒者尊称为"宣差"、"节使"。

因此之故,每个地方机构,摆一个太上的总管、知府、知州、知县(达鲁花赤)在上面作为偶像,再用一个能办事而听话的汉人当实际上的主管,便把地方行政的基本问题解决了。

依照至元二年二月的规定,各路以汉人充总管、回回人充同知。汉人充总管的,的确不少。回回人充同知的,见于《元史》的极少。我只找到一位,廉惠山海牙。此人在英宗硕德八剌的至治元年(1321年)担任顺州(河北顺义)的同知。然而顺州是州,不是"路"。廉惠山海牙是布鲁海牙的孙子、廉希宪的侄子,家世久已汉化,实际上等于是一个汉人。

为什么回回人担任"路"的同知的,竟然如此之少,也许一个也没有呢?我想,有能力的回回人早就当了路的达鲁花赤,没有能力的回回人即使充当一个同知,也未必能胜任。所谓能力,包括蒙古语文或汉语汉文的说与写。

在回回人之中,畏吾儿的人最重要。《元史》有时将畏吾儿人称为回鹘人,或是称他们为高昌人。高昌国早就在唐太宗的时候被消灭了。不过,元朝自身封过所谓高昌王,很像是恢复了高昌国,虽则这些元朝的高昌王并非唐朝高昌国国王的后裔,而是畏吾儿国归顺成吉思可汗的那位亦

四〇 路、府、州、县

都护，巴而术·阿而忒·的斤的后裔。（元朝的第一代高昌王是此人的玄孙，纽林·的斤，受封于元仁宗爱育黎拔力八达可汗延祐三年〔1316年〕。纽林·的斤及其子孙对畏吾儿境内仍称亦都护，在"汉地"则称高昌王。）

畏吾儿人之担任过"路"的达鲁花赤的，据札齐斯钦教授所列举，计有兀鲁失海牙等十三人。担任过散府的达鲁花赤的，有八丹等四人。

畏吾儿以外的回回人，或是来自花剌子模的旧壤，或是来自"西域"其他各地。这些回回人担任过路的达鲁花赤的，似乎仅有忽赛因等六人。

钦察人也信伊斯兰教，却不在所谓回回人之内。钦察人担任过路的达鲁花赤的共有苦彻·拔都儿等三位。

西夏的遗民被称为唐兀人。其实唐兀或唐兀惕（Tang'ut）只是西夏的部落之一。唐兀人有四位当过路的达鲁花赤：小铃部在大名路、立智理威在嘉定路、昔里铃部在大名路、昔里铃部的儿子爱鲁先后在大名路与中庆路。

契丹人多数都已汉化，事实上被元朝政府视作汉人，只有其中未曾汉化、不懂汉语的才被给以与蒙古人相同的待遇。他们之中有两位当过真定北京两路的达鲁花赤：石抹查剌与他的儿子石抹库禄满；又有两位当过中都路的"也可"达鲁花赤：耶律绵思哥与他的儿子耶律买哥。

汉人之担任过各路达鲁花赤的，忽必烈时代有若干人。忽必烈以后，汉人充任路的达鲁花赤的，一个也没有。有占过勉强相当于这个地位的，仅有谢孛完一人。他是成宗铁穆耳可汗之时的"冀宁等路管民提举司达鲁花赤"。

路府州县的总管，全由汉人担任。

除了担任总管与知府以外，汉人担任路府的"同知"的比比皆是。其原因，正是回回人之极少能担任这个同知职务。同知是总管或知府的最主要的助手，非深通汉语汉文不可。

州与县是地方上的基本单位。州与县分为上中下三等，以人口的多寡为标准。在华北，亦即淮河以北，一万五千户以上的称为上州，六千户至一万五千户的称为中州，六千户以下的称为下州。在华南，五万户以上的是上州，三万户以上的是中州，三万户以下的是下州。县的区分也是华北华南不同。在华北，六千户以上是上县，二千户以上是中县，二千户以下是下县。在华南，三万户以上是上县，一万户以上是中县，一万户以下是下县。

华北与华南的州县，户口如此不同，然而官员的人数却无分别。上州设达鲁花赤，从四品；州尹，从四品；同知，正六品；判官，正七品。中下州所设的官相同，品级略低。中下州的州尹不称州尹而称知州。中州的达鲁花赤与知州均为正五品，下州的是从五品。中州的同知为从六品，判官为从七品。下州的同知为正七品，判官为正八品。此外，上州有所谓"知事"与"提控案牍"，中州没有知事，而有所谓"吏目"。下州连提控案牍都没有，只有"吏目"，不过吏目的人数有时可以增加为二人。知事以下，是"不入流"的，没有所谓品级。

上县设达鲁花赤与县尹，从六品，丞（县丞）、簿（主簿）、尉（县尉）各一人，典史二人，品级依次由正七品递降。中下县不设丞。中县的达鲁花赤与县尹，是正七品，丞是从七品，其下依次递降。下县的达鲁花赤与县尹是从七品，丞是正八品，其下依次递降。下县如果户口太少，事情不多，便不设尉，而以主簿来兼领。

元朝州县的官吏，真是少得出乎我们意料之外。最大的州，才有六位官吏而已。在这六位官吏之下，可能有几位"师爷"、"书办"、"佐杂"，像清朝的州县衙门一样；即使如此，其总数也不过是十几人而已。

蒙古帝国部分的州县官，迄于至元二年，一向是世袭，而且没有薪俸。这两点，绝非今天的人所能想象。我们习惯于秦汉以来的郡县制度，连县长民选开始都看不惯，怎能相信成吉思、窝阔台、贵由、蒙哥这几位可汗之时，甚至在忽必烈可汗即位以后的头五年，各地的州县官竟然

四〇　路、府、州、县

是可以当官当一辈子,死了还让儿子继位?清朝的县知事几年一任,好的可以升调,坏的便卷了铺盖回家,在我们看来很合理,也的确是很合理。所谓合理,是合于我们今天的理。历史却常常是不合理的,也就是不合于我们今天的理。

成吉思及其以后的几位可汗,为了扩张领土、招降纳叛,作风很大方,一点儿也不吝啬名器。逆我者死,顺我者生;顺我者不仅能生,而且生得极其舒服。刘邦说过:"从吾游者,大者王、小者侯耳。"这句话,道破了历代帝王的"成功秘诀"。成吉思可汗对于花刺子模的来降者,给他们以花刺子模的官与爵;对于华北的来降者,则除了给以金朝的各种官爵以外,再加上一个世袭。世袭的办法,是他从蒙古带来的。他在1206年即位之时,大封千户万户。这些千户万户,都是兼管军民的世袭官。于是,金朝的元帅、都元帅、知府、知州、知县,到了蒙古人来了以后便被可汗们改成了世袭的官。甚至所谓"行省"("行某地尚书省事")也变成了世袭的了。例如,严实传给了严忠济。

石天应在兴中府投降,木华黎任命他为"兴中尹";他的儿子石焕中做"知兴中府事",侄儿石佐中做兴中府千户。何伯祥跟随张柔投降,立了若干战功,受任为"易州等处军民总管";死后,他的儿子何玮"袭父职,知易州"。

知县、县令或县尹的姓名,存于《元史》的极少;他们的世袭情形,很难找出例证。在蒙古人初来之时,而受任为县令的,我们仅能查出邸顺受任为"行唐令"。此人其后立了不少的功,升到"归德万户"。死后,儿子邸荣仁袭为归德万户。在邸荣仁以后,又一连传了三代:邸贯、邸士忠、邸文。

忽必烈可汗在至元二年下诏停止州县官的世袭。万户千户的世袭,由于是成吉思可汗立下的根本法之一部,忽必烈不曾敢加以取消。

蒙古人初入中原之时,为了招降纳叛而因人授官,常常由于被授官者的意愿而给以所希冀的名义。因此，那沿袭自金朝的副元帅、元帅、都元帅、兵马都元帅、蒙兀汉军都元帅，不胜枚举。这些元帅，也竟然有不少将所佩的"虎符"、"金虎符"以及元帅的职务，传给了他们的儿子。

万户千户到了世祖忽必烈可汗之时，便逐渐"正常化"而改成了总管、府尹等等官职。例如，张晋亨本是恩州（山东恩县）的"管民万户"，到了忽必烈的至元八年，就改为"怀远大将军，淄莱路总管"。岳天顺本是"管军百户"，在奉化打平地方武装人士，立了功，升做"管军千户"，最后却又"升"为福州路的总管。

在忽必烈以前，受封的贵族都有权委派封地内的大小地方官。这是割据。再加上，这些被贵族们委派的地方官，又是世袭的，使得割据又进一步，变成了相当程度的封建。廉希宪说得好："国家自开创以来，凡纳土及始命之臣，皆令世守，至今将六十年，子孙皆奴视其部下，郡邑长吏皆其僮仆，此前古所无。"宋子贞也说："州县官相传以世，非法赋敛，民不堪命。"

于是，忽必烈不仅在至元二年"罢州县官世袭"，而且在至元四年"罢世侯，置牧守"。所谓"世侯"，包括"王"以下的所有贵族，以及像严实与严忠济那样的"世袭"的"行军万户"与"行尚书省"（严实是东平路行军万户兼"行东平尚书省事"。严忠济袭为行军万户"兼管民长官"）。

忽必烈的另一德政，是听从姚枢的话，给予州路长官及其他大小百官以俸禄。以前的几位可汗，皆不曾想到这一点，以为当官的自有老百姓供养，毋庸可汗另外再按月赏赐。这几位可汗生长蒙古，没有俸禄的观念。结果，当官的自以为可向老百姓做种种的需索，老百姓疲于应命。

我们现在所知道的百官俸禄，是至元二十二年的修正额。最初，在中统元年、二年所颁定的数目，已经颇难查考。正一品的官，以右丞相为例，是中统钞一百四十贯、米十五石。中统钞在当时的官定价值，是每贯等于白银五钱。一百四十贯，等于白银七十两。这个数目，是月俸，

四〇　路、府、州、县

不是年俸。

从一品分上下两等。上等每年中统钞六锭（三百两，中统钞六百贯），下等五锭（二百五十两，中统钞五百贯）。正二品也分上下两等，上等四锭二十五两，下等四锭十五两，相差仅有十两，也就是中统钞二十贯。

忽必烈在灭了南宋以后，于至元二十一年规定"江南行省及诸司职田比腹里减半"。江南行省以外的其他原属南宋的若干地区，是否也减半？我想，大概也是减半的。依常理而论，江南及原属南宋的其他地区，人口比华北多，事情比华北多，民心怀念南宋，不易统治，在这种地方充任地方官的人虽不能待遇比华北的地方官好，至少也该一样。而忽必烈竟然采取与常理相反的措施，很费解。也许是因为，在他与一般的蒙古人看来，"南人"很贱，南人所住的地方不值得派遣上等的人去充任官吏。

四一　其他的地方机构

元朝在州县之下，有乡，有里，有社。这三级，沿袭了宋朝及其以前的自治传统，而社的组织比宋朝完备。

州县之上，有路府。夹在路府与中央之间的，是行省。

在行省与路府州县之间，有所谓"宣慰司"。宣慰司的职务是"掌军民之务，分道以总郡县。行省有政令，则布下于郡县。有请，则为达于省"。由此看来，宣慰司很像是小规模的行省，不仅是"承转"的中间机构而已；"掌军民之务"五个字很要紧。尤其是，"有边陲军旅之事则兼都元帅府。其次，则止为元帅府"。

宣慰司的宣慰使，品级很高：从二品。中央与行省的参知政事也不过是从二品。

在边远地带，有所谓宣抚司与安抚司、招讨司。这些，是其后明清两代所谓"土司"的起源。宣抚使、安抚使、招讨使，都是世袭的。他们的品级，都是正三品。这些，可算是相当于路府州县的地方机构。

四二　四大汗国

元朝在中央直辖的领土以外,有所谓"四大汗国"。这四大汗国不是四个"大汗"的国,而是四个"大的""汗国"。

其中,窝阔台汗国的幅员最小,历史最短。幅员,包括蒙古的西部与新疆的北部,以及额尔齐斯河、额敏河、伊犁河这三条河的下游。历史仅及于海都之子察八儿,也就是窝阔台可汗的曾孙。

察合台汗国的幅员稍广,历史也较长。当察合台受封之时,封地东及于伊犁河,西及于锡尔河,南及于阿姆河,而以垂河(吹河)流域为其核心。重要的大城,是伊犁附近的阿力麻里。其后汗位传到了笃哇之时,窝阔台汗国的旧壤大部分转入笃哇之手。新疆的西南部,由于忽必烈可汗鞭长莫及,也变成了察合台汗国的领土。

察合台汗国在1370年为铁木儿·阑克所篡,前后有过三十位君主,其中有两位并非察合台的苗裔,而是窝阔台的苗裔。这两位是第二十一汗阿里,与第二十四汗达尼斯乃次;他们皆只在位两年,并不重要。重要的,是第一汗察合台与第十汗笃哇。察合台是开国之君。笃哇很会打仗,始终站在海都的一边,跟忽必烈可汗过不去,到了成宗铁穆耳可汗之时,才约了海都的儿子察八儿,一齐归顺中央;归顺中央不久,便与察八儿失和,把窝阔台汗国吞去。

伊尔汗国的版图,更比察合台汗国的版图大:包括今日的伊朗、伊拉克、阿富汗、约旦及一部分的叙利亚,与今日的乔治亚,属于土耳其的小阿美尼亚等。它的历史,也略久于察合台汗国的历史;到了1394年,才被铁木儿·阑克吞并。

伊尔汗国的汗，前后共有若干，很难数清。原因是，自从第九汗阿布·沙衣德（布赛因）在1335年去世以后，全国沦入军阀割据的局面，小汗林立，篡弑相寻。

它的第一个汗，是雄才大略的旭烈兀：曾经在1252年灭掉木剌夷，在1256年打下巴格达，杀死最后的一个伊斯兰教教主谟斯塔辛，其后一度占领叙利亚的阿勒颇与大马士革（基督教圣经上的"大马色"），却败在埃及的"奴隶王朝"之手。他对钦察汗拜儿克（别儿哥）作战，也是先胜后败。

旭烈兀死后，伊尔汗国的最重要的汗是第七汗合赞。此人改信伊斯兰教，摧毁塞尔柱王朝的突厥国，一度占领大马士革。

四大汗国之最西边的一个，是钦察汗国。这钦察汗国实际上有两个：西钦察与东钦察。西钦察创立于1242年，第一位君主是术赤的次子拔都，版图相当于苏联的欧洲领土，加上罗马尼亚与保加利亚，与今日属于波兰的加利西亚。

拔都以后，重要的君主是第四汗拜儿克、第五汗忙哥·帖木儿、第九汗月思拜格（月思别乞，Uzbeg）。拜儿克信伊斯兰教，拥护阿里不哥，反对忽必烈可汗与旭烈兀。忙哥·帖木儿不信伊斯兰教，一度拥护忽必烈可汗，打海都，其后与海都连和。月思拜格信伊斯兰教，把国内治理得很好。

西钦察汗国到了1357年以后，盛极而衰，也演变成篡弑相寻、小汗林立的局面，在1480年，亡于俄罗斯的伊凡三世之手。

东钦察的创立者，是术赤的长子斡儿达。封地是拔都让给他的，亦即术赤原有的封地：东边有花剌子模旧壤（锡尔河与阿姆河的上游），北边有"林中的百姓"，西与西钦察为邻，南与察合台汗国为邻。

东钦察的君主，除了斡儿达以外，著名的只有第十一汗托克塔米失。此人在1381年借铁木儿·阑克之助，吞并了察合台汗国的西半部。其后，他与铁木儿·阑克失和，终于败在铁木儿·阑克之手，于1405年窜死于西伯利亚西部。

他死后二十年，东钦察汗国化为乌有。

四三　马可·波罗

马可·波罗是意大利威尼斯国的人,生于1254年,卒于1324年。在1271年,刚刚满十七岁的时候,随着父亲尼科罗·波罗与叔父马泰莪·波罗,从家乡出发,经黑海、伊拉克、波斯、帕米尔高原、今日的疏附、莎车、和田、罗布泊、甘肃、宁夏,而到达内蒙古的多伦(上都),觐见忽必烈可汗。

二十一个年头以后,他离开中国,从"刺桐"即泉州出发,经爪哇、苏门答腊、印度、波斯、君士坦丁,在1295年回抵故乡。途中耽搁了三年,其中有两年是在苏门答腊。

回国以后,他在1298年9月参加对热那亚的战争,充任一艘兵舰的舰长,战败被俘,被关了十个月。(另一说法,是关了四年多。)

和他同时被关的,有位比萨国的人鲁思梯谦。他向鲁思梯谦口述在东方的所见所闻与所做的事,被鲁思梯谦用法文记载下来,成为其后七百年间畅销于全世界的《马可·波罗游记》。此书有冯承钧的中文译本,由商务印书馆出版;前后有过拉丁文译本四部,意大利文译本二十七部,英文译本十二部,德文译本九部,俄文译本两部,葡、西、荷、丹、捷克、瑞典文译本各一部,法文的不同版本十部,手抄稿本八十五部。

哥伦布生平最喜欢读的一部书,便是拉丁文译的《马可·波罗游记》,且在上面写了很多注解。

《游记》之中,有很多极宝贵的史料,如:成吉思可汗对王汗的战事,忽必烈可汗对海都的战事,伊尔汗国内部阿鲁浑与阿合马德的争位之战,盖喀图、贝杜与合赞之间的争位之战,以及钦察汗拜儿克对伊尔汗旭烈兀之战，钦察汗国内部脱脱与那海之间的战事，等等。

《游记》也记载了忽必烈可汗对乃颜的讨伐、对缅国及蒲甘的侵略。蒲甘（Pagan）被鲁思梯谦写作邦加剌（Bangala），原因是：蒲甘的古名是芒加剌（Mangala），"M"被讹写成"B"。

忽必烈可汗对日本的战争，《游记》也有所记载：说有三万中国兵在1279年（事实上为1281年），袭据了一个日本城市，死守了七个月，最后由于无法与可汗取得联络而投降，留居日本。这一件掌故，不见于中国的史籍，值得今后的学者加以考订。

《游记》又记载了蒙古兵用石炮攻襄阳城，说是全由尼科罗·波罗及马泰莪·波罗与马可·波罗三人献计，石炮也是这三人会同一位景教教徒与一位日耳曼人所制造的。石炮的名称是"茫贡诺"。伯希和很怀疑，以为襄阳城被炮攻之时（1272年阴历十月），三位"波罗"不在中国。（尼科罗·波罗与马泰莪·波罗兄弟二人在1255年第一次由威尼斯启程来中国，于1266年离中国回威尼斯。到了1271年阴历十月，才带了马可·波罗从阿克儿城启程，再度东来，不可能在1272年阴历十月便已到了上都，转道抵达襄阳。）这件三位"波罗"助攻襄阳的事，也是值得学者加以进一步研究的问题。

更值得研究的是：马可·波罗是否如他自己所说，在扬州"治理亘三整年"。

传说，在扬州的天宁寺中，有一位罗汉，相貌很像意大利人。雕塑这位罗汉的人，可能是请求了当时当扬州"达鲁花赤"的马可·波罗。

1881年，在威尼斯城有一次地理学者会议。有人在会议中提出报告，说广州某一所庙宇中也有一尊罗汉，是以马可·波罗为"蓝本"而塑成的。（伯希和认为：此项报告甚为"荒谬"。）

我以前在现已忘记的某一本书之中看过：杭州灵隐寺的某一号罗汉，也是马可·波罗的塑像。

四三　马可·波罗

马可·波罗到过扬州，也到过"京城"（杭州）。关于杭州，《游记》的文字涉于夸张：说石桥有一万二千座，户口有一百六十万家，房屋有一百六十万所，大街有一百六十条。

他在"汗城"（北京）住得很久，因此《游记》所描写的"汗城"十分确实：说它的周围有二十四英里，每面各有六英里，"环以土墙，墙根厚十步，墙头仅厚三步，墙高十步。全城有十二门，各门之上有一'大宫'（城楼），颇壮丽。四面各有三门五宫，盖每角亦各有一宫"。

在"汗城"的外围，另有一道城，"宽广各八英里，其外绕以深壕，各方中辟一门"。

在汗城的中央，"有一第三城墙"（宫城），宽广各一英里，"此周围四英里墙垣之内，即为大汗宫殿所在。宫基高出地面十掌，四围环以大理石墙，厚有两步"。"大殿宽广，足容六千人聚食而余"。

《游记》所提到的城市，除了襄阳、扬州、杭州、汗城以外，尚有可失合儿（疏附）、鸭儿看州（莎车）、忽炭州（和田）、车尔成州（婼羌）、罗不城（罗布淖尔）、沙州（敦煌）、哈密、肃州、甘州、亦集乃城（居延）、哈剌和林（和林）、天德军、上都（多伦）、涿州、太原、京兆（长安）、成都、叙州、邛州、淮安、宝应、高邮、泰州、南京（开封）、镇江、苏州、福州。

这些城市，虽则马可·波罗都是以"走马看花"的笔法略加交代，却也多多少少令我们窥见当时当地人民生活的一斑。另有若干城市，如所谓"哈寒府城"、"中定府城"、"新州马头"等等，由于译名太过离谱儿，我们就颇有莫知所云之感。

东南亚与西南亚，也有不少地区见于《游记》。其中有马可·波罗所亲自到过的，也有他从未去过而纯属得之传闻的。因此《游记》所载的可靠性，甚不一律。然而，这些记载，从西方人的观点来衡量，却都是空前的、极宝贵的材料。（在马可·波罗以前，仅仅有过阿拉伯人苏赖曼的游记,并且这苏赖曼的游记,西方人看过的极少。几位在蒙古帝国建立以后,到过和林的神父,所走的路是经由欧亚大陆。例如在1246年觐见贵由可汗的卡皮尼与班奈狄克特;在1254年觐见蒙哥可汗的卢布卢奎斯。)

《马可·波罗游记》最叫西方人惊奇到难以置信的一点,是其中所叙述的中国地方之大、物产之富、人口之多。

威尼斯国的幅员、物产与人口,如何能与蒙古帝国相比?威尼斯国的人,当然难以相信马可·波罗的"海外奇谈"。他们总以为马可·波罗是在一味夸张。

尤其叫他们难以相信的是,马可·波罗所说,中国人用一种黑色的石头做燃料。他们不曾用过煤炭,甚至也难以相信世界上竟有这么一种可以燃烧的黑色的石头。马可·波罗又说,"大汗用树皮所造之纸币,通行全国"。这句话,在威尼斯国的人听来,也同样像是马可·波罗在寻他们开心。

马可·波罗在中国住得很久,前后有十七年。他的父亲尼科罗与叔父马泰莪在中国住得更久,前后有二十八年(除了第二次偕同马可·波罗留居中国十七年以外,第一次在1255年来,1266年走,有十一年住在中国)。他们兄弟父子叔侄三人在中国究竟干了些什么?这是历史上的一大悬案。

从《游记》的字里行间,我们可以揣测到:他们三人做了忽必烈可汗的情报及外交人员。

忽必烈可汗曾经在1266年,派遣尼科罗及马泰莪送一封信,给天主教的教宗克赖芒四世。二人在1269年回到地中海边的阿克儿城,听说克赖芒四世已死,便回了威尼斯国,住了两年,然后带了马可·波罗到阿克儿城,向"教廷大使"梯博要了一封回答忽必烈可汗的信,向东走,准备回中国向忽必烈可汗复命。可是,走到了小阿美尼亚的拉牙斯城,又接到消息:梯博当选为继任的教宗,改名为格累果阿儿十世(Grégoire X)。

四三 马可·波罗

他们三人于是又折回阿克儿城，从这位新任的教宗的手中，取得了一封他以教宗地位所写的回答忽必烈可汗的信，偕同他所指派的两位教士，尼古勒与吉岳木，重新首途东向。这两位教士走到了拉牙斯城，不愿再走。波罗一家三人继续前进，于1275年夏季到达上都，觐见忽必烈可汗。

忽必烈可汗对尼科罗·波罗与马泰莪·波罗兄弟二人之有始有终，完成使命，十分满意；对马可·波罗也很喜欢，说"他来甚好"。

此后，除了《游记》所说尼科罗等三人建议用石炮攻打襄阳以外，我们不再知道尼科罗与马泰莪二人在中国做过什么事，直至最后在1292年奉忽必烈可汗派遣，带了马可·波罗偕同蒙古使臣护送阔阔真公主去伊尔汗国，嫁给阿鲁浑。他们到达伊尔汗国之时，阿鲁浑已死，便把阔阔真公主交给了新任的汗乞合都（盖咯图），继续向西走，于1295年回到了威尼斯国。（阔阔真其后嫁给了阿鲁浑的儿子合赞。）

至于马可·波罗，由于来中国之时年纪很轻，便学会了蒙古话与蒙古文字，因此而似乎替忽必烈可汗做了比父亲与叔父更多的事。《游记》说，他来了不久便奉可汗之命，到一处"程途距离有六个月之地"（可能是云南大理）。其后，又到过很多地方，包括杭州。任务如何，我们不知其详。很可能是做密探，或公开的查案之官。他可能也在扬州"治理"了三年。除此以外，我们便不晓得他如何消磨那十七年的悠悠岁月了。

颇蒂埃说，他便是《元史》上面的"孛罗丞相"。沙海昂也如此说。

倘若我们不忘记，马可·波罗在1271年离家东行之时才只满十七岁年纪，到了1292年离华西回之时，也不过才满三十八岁，便不至于轻信人言，以为他在元朝当过"丞相"。

事实上，不仅是他，他的父亲或叔父，也绝不是《元史》之中的孛罗丞相。伯希和考订得很精：孛罗丞相是属于杜尔伯特族的蒙古人，不是属于威尼斯国的意大利人。他的蒙古名字，是波禄德（Bolod），写成波斯文是普拉德（Pulad）。拉施特称他为普拉德丞相（Pulad Chingsang）。

颇蒂埃之所以错认孛罗丞相与马可·波罗为一人，原因之一是：当马可·波罗与父亲叔父护送阔阔真公主到了伊尔汗国之时，恰好孛罗丞相也在伊尔汗国。（盖咯图汗于1294年在其国内仿照中国"交钞"的办法发行纸币，据拉施特说，"普拉德丞相"曾经表示赞成。）

沙海昂在所注《马可·波罗游记》的第一册，沿袭了颇蒂埃的说法，以为马可·波罗便是拉施特书中的普拉德丞相。其后在所注《游记》的第二册中，放弃了颇蒂埃的如此说法，却仍旧主张马可·波罗是《元史》之中的孛罗丞相：加上一种假设，说孛罗丞相与普拉德丞相不是一个人。关于这一点，伯希和也加以驳斥。

剩下的另一问题，是马可·波罗是否与忽必烈可汗征讨日本的战事有关。沙海昂说："若是说他在预备远征日本一役里未曾划策，日本人决不能将他视作忽必烈征伐日本的主谋。现在只说事实，当马可·波罗被任为扬州总管继续在职三年之时，就在忽必烈远征日本失败、预备报复之际。"

伯希和在"通报"中对沙海昂的此书，有严厉的评语。书评中说："沙海昂君所言马可·波罗在扬州所执之任务，也不确实。首先应该摒除的，就是日本尚记得有马可·波罗一说；因为日本在19世纪翻译欧洲书以前，从未知有此人。此外，好像马可·波罗从未做过扬州总管。""扬州之为〔河南江北〕行省治所，似在1276至1291年之间。……可是说他做过总管，我同玉耳（Yule）一样怀疑。按照马可·波罗之文，推想固然如此，而喇谟西我（Ramusio）的本子尤为确定；可是中国〔其他〕史书同扬州府志皆无纪录，未免甚奇。或者他曾做过省或路的达鲁花赤的副贰，容或有之，但是现在不能作推定。"

然而，沙海昂言之凿凿，说了日本人将马可·波罗"视作忽必烈征伐日本的主谋"，也许有所根据。

四三　马可·波罗

总而言之，关于这一个小问题，最后的发言权应该是属于日本学者。日本学者之曾经做过有关马可·波罗的研究的，有藤枝晃、桑原隲藏、伊藤述史、岩村忍等等。

做过关于"元寇"的研究的日本学者，为数更多。池内宏在昭和六年八月发表了一部《元寇の新研究》，计有四百五十八页，列在"东洋文库论丛"之内，最值得我们参考。

四四　南方民众的反抗

忽必烈可汗灭宋以后，南方的所谓"盗贼"特别多。《元史纪事本末》第一卷的标题，是"江南群盗之平"。

被《元史纪事本末》记载得最早的一位"盗贼"，是漳州的陈桂龙。他和侄儿陈吊眼，曾经在宋端宗景炎二年帮助过张世杰，其后据守高安砦，"有众数万"，一度占领漳州城。忽必烈派福建都元帅完者都与副元帅高兴去打他们，打到至元十九年三月，才杀了陈吊眼。又过了一个月，陈桂龙才投降。

比陈氏叔侄崛起得更早的，是所谓"建宁贼"黄华。旧《元史·世祖本纪》在至元十五年十一月辛丑日之下，有这么二十八个字："建宁政和县人黄华，集盐夫，联络建宁、括苍及畲民妇自称许夫人，为乱。"黄华在至元十八年被完者都招降，受委为"征蛮副元帅"，追随完者都击溃陈吊眼，积功升至"建宁路管军总管"，却又在至元十九年再反，有"叛众几十万"，"伪称宋祥兴五年"。祥兴是宋朝帝昺的年号。（祥兴五年相当于至元十九年，《元史纪事本末》把这件事错列在至元二十年。）

黄华声势浩大，一连攻破了崇安、浦城等县，几乎攻下了建宁府。忽必烈先派了卜怜吉带与史弼带两万五千人去打，其后又派刘国杰率领高兴、贾文备、贺祉等人会同江淮行省参政伯颜、福建行省左丞忽剌出去打，打到至元二十一年正月二十四日，才告结束。（旧《元史·世祖本纪》把黄华败走自杀的事记载在这一天。这一天可能是消息传到大都的日子，而不是黄华自杀的日子。）

黄华以后，最著名的是钟明亮。他是循州（广东龙川）人，在至元二十五年四月左右起事,"拥众万余",于至元二十六年正月进展到江西的赣州。五个月以后,他率领一万八千五百七十三人,接受江西行省左丞管如德的招安。主持"江西行枢密院"的月的迷失保荐他为循州知州,忽必烈可汗不肯,要月的迷失把他捆送到大都。又过了四个月(至元二十六年十月),他再度反元,回攻梅州(广东梅县)。这一次,漳州、韶州、雄州(南雄),都有人响应他。他反到至元二十七年二月,又再度接受招安。然而,忽必烈仍要月的迷失把他捆送大都。月的迷失,和上次一样,无法办到。三个月以后,钟明亮又打到了赣州。此后,旧《元史》不再有关于他的记载。

旧《元史》却记载了不少此伏彼起的其他"盗贼"。到了成宗铁穆耳可汗大德年间以后才比较稀少。"盗贼"最多的一年,正是钟明亮开始起事的一年:至元二十五年。御史大夫玉昔帖木儿向忽必烈报告说:"江南盗起,凡四百余处。"

所谓"江南",包括淮南及岭南而言,指的是南宋的旧壤。为什么南宋旧壤的盗贼,竟有四百余处之多?人心思宋,是其中的一个原因。张溥说得很好:"史皆目为盗贼,抑以大宋观之,亦有殷多士之伦也。"陈吊眼、黄华、钟明亮,事实上都是不甘心做奴隶的义士。元朝政府在行政与司法方面把南宋的遗民称为"南人",置于所谓"汉人"(金朝的遗民)之下,又把"汉人"置于蒙古人及"色目人"之下,太不平等。

而且,正如福建按察使王恽所说:"由平宋以来,官吏残虐,故愚民往往啸聚。""愚民",诚然。不愚的,早就钻到元朝新政权的空隙之中,求个一官半职了。

四五　宋末诸儒

在"不愚"的南宋遗民之中，最无耻的是状元留梦炎。他在南宋政府官至"左丞相、兼枢密使、都督诸路军马"。临安危急之时，他弃职而逃，逃去衢州。元兵到达衢州，他便迎降。降了以后，替敌人写信招降若干旧友。忽必烈可汗赏他钞若干锭，又先后任他为礼部尚书及吏部尚书。然而，忽必烈心中，最看这留梦炎不起，曾经对赵孟頫说："梦炎在宋为状元，位至丞相，当贾似道误国罔上，梦炎依阿取容。"

忽必烈心中所最佩服的人，是宁死不肯向他投降的文天祥。文天祥也是南宋的"状元宰相"，比起留梦炎来，相去不啻霄壤。人与人之不同，竟至如此。

与留梦炎同样无耻，而多加一副可怜相的，是王积翁。此人读过书，得过功名，替南宋守福州，却在元兵未到以前便暗递降表；其后，又残杀了与他同守福州的淮兵。他为了向忽必烈讨好，竟然有脸试劝文天祥投降。其后，他又向忽必烈自告奋勇，说有把握到日本去劝日本天皇上表称臣。忽必烈派他去，他在中途被水手杀死。

由于有了留梦炎和王积翁这一批人，后世对宋末诸儒便颇不以为他们堪与明末诸儒相比。其实，忠义之士也未尝不多。谢枋得便是其中之一。谢枋得于至元二十五年被征召，托词不肯就道。次年，被捉来大都，他绝食而死。死前，留梦炎曾经叫人用米汤灌他，他把那盛米汤的碗摔在地上，摔得粉碎。

另一位千古不朽的人，是王应麟。王应麟于宋亡以前，建议广召各路勤王之师，"并力进战"。他说，"惟能战，斯可守"。那时候，留梦炎位居"左丞相、兼枢密使、都督诸路兵马",所主张的却始终是向元朝上表称臣、称侄、称侄孙！宋亡以后,王应麟闭门著书二十年,写成了《困学纪闻》二十卷、《通鉴地理考》一百卷、《玉海》二百卷,及其他的书十八部、三百七十五卷。

在学养上堪比于王应麟的,是金履祥。金履祥于襄樊告急之时以一介书生的地位上书朝廷,建议"以重兵由海道直捣燕蓟"。他把海道沿途所经州郡县邑、岛屿滩礁的远近难易,都描写得很详尽而准确。可惜当时主政的是贾似道,他的这个建议石沉大海。宋亡以后,他隐居在金华山中教书写书:所教的弟子以许谦为最有成就;所写成的书以《论语孟子集注考证》为最具贡献。他的其他著述,是《通鉴前编》、《大学章句疏义》、《书表注》等等。

值得表彰的另一位大儒,是忧患余生的赵复。赵复是德安(湖北安陆)人。德安在宋理宗端平二年(1235年)被窝阔台可汗的儿子阔出攻陷,全城的居民被杀的杀、被俘的俘。赵复要投水自杀,被姚枢阻止,带回北方。到了北方以后,他把程颐、朱熹关于诸经的传与注,写出来传授给姚枢、杨惟中与一百名学生。不久,姚杨二人办了一个"太极书院",请他主讲。忽必烈召见他,问他如何伐宋。他说:"宋,吾父母之国也。未有引他人以伐吾父母者。"忽必烈因此也就不勉强他做官。

姚枢一度退隐在辉州的苏门山,把赵复交给他的程朱的传与注刻了出来。许衡常从大名府来看姚枢,于是也获得了程朱之学,传授给他自己的若干学生。许衡的朋友肥乡人窦默,这时候也住在大名府,因许衡的介绍而结交了姚枢,对程朱之学有了进一步的了解,便回去肥乡,开门授徒。

姚许窦三人其后对忽必烈的影响很大,使得忽必烈渐渐地成为中国式的君主。

姚枢原籍柳城（热河朝阳），迁居洛阳，在金朝当过军资库使。金亡以后，他被杨惟中带去见窝阔台可汗，官至燕京行中书省郎中，与牙剌瓦赤合不来，便退隐在苏门山。忽必烈那时候还不过是一个"皇侄"，却喜欢接见"四方文学之士"，因窦默之荐而把姚枢也找了来，"问以治道"。宪宗蒙哥可汗即位以后，忽必烈受封"京兆"（陕西长安一带），以姚枢为"王府尚书"，到京兆设立宣抚司，以布琳与杨惟中二人为宣抚使。不久，改任姚枢为京兆的劝农使。忽必烈当了可汗以后，叫姚枢去山东的东平当宣抚使，监视严忠济。其后，他历官大司农、中书左丞、西京平阳太原等路行中书省事、昭文馆大学士、翰林学士承旨。

姚枢从若干代的祖宗起，便已经是鲜卑化了的汉人，他历仕金元两朝，在内心里不感觉有什么愧怍。许衡和他不同。许衡原籍河内（河南沁阳），生在新郑，是金朝的遗民，而不是宋朝的遗民，原可坦然出仕，却由于儒书读得比姚枢多，忘不了春秋大义，内心里充满了矛盾。他因姚枢之荐而先后担任了"提举京兆学校"、"国子祭酒"、"入中书省议事"、"集贤大学士兼国子祭酒"，最后又被加委了"领太史院事"。然而，他常常吩咐儿子，说："我平生虚名所累，竟不能辞官，死后慎勿请谥，勿立碑，但书许某之墓四字，使子孙识其处可矣。"

许衡不仅"汉化"了忽必烈，也汉化了若干蒙古子弟。忽必烈设立了一个"蒙古国子学"，交给许衡主持，许衡亲自讲授，并且选了自己的弟子十二人作为"伴读"。

窦默，字汉卿，是广平府肥乡县人，于肥乡被蒙古兵攻占以后，辗转逃到蔡州（汝南），学会了针灸；在蔡州城快破之时，他再逃到德安（安陆），遇到了谢宪子教他以"伊洛性理之书"。其后，蒙古又攻占了德安，窦默回北方，隐居在大名府。忽必烈派人去找他，他改姓换名，不愿应召，却终于被忽必烈所派的人找到，带到忽必烈的面前。忽必烈把儿子真金交给他教，其后任命他为翰林侍讲学士，在至元十七年加给他以"昭文馆大学士"的名义。他为人耿直,敢于犯颜直谏。忽必烈说:"朕求贤三十年,惟得窦汉卿及李俊民二人。"

李俊民,字用章,是泽州(山西晋城)人,金朝的状元。金亡以后,隐居在"西山"。忽必烈召见过他,他始终不肯做官,仍旧回到西山去做隐士。他所研究的,不是程朱的理学,而是邵雍的"皇极"。

四六 经学

元朝的时间很短,在经学上的成就赶不上宋朝,更赶不上清朝,却比明朝高明。

明朝在永乐年间,有胡广奉了成祖之命,编出一套《五经大全》,作为官方的标准本。其中,《诗》、《礼》、《春秋》三部大全,完全是抄袭元朝刘瑾、陈澔、汪克宽三人的遗作,《周易大全》是汇抄董楷、董真卿、胡一桂、胡炳文四人的遗作。《书传大全》是汇抄陈栎与陈师凯二人的遗作。不仅是抄,而且隐没了各书原著者的姓名。

类别	书名	原著者	书名
易	《周易大全》	董 楷	《周易传义附录》
		董真卿	《周易会通》
		胡一桂	《周易本义附录纂疏》
		胡炳文	《周易本义通释》
诗	《诗经大全》	刘 瑾	《诗传通释》
书	《书传大全》	陈 栎	《尚书集传纂疏》
		陈师凯	《书蔡传旁通》
礼	《礼记大全》	陈 澔	《云庄礼记集说》
春秋	《春秋大全》	汪克宽	《春秋胡传附录纂疏》

在上列九部元人的著作之中,陈师凯的一部最好,把《尚书》中的名物考证得很详尽;陈澔的一部最差,大率望文生义,借题发挥作者的"义理",不甚注意自己立论的根据。

其余各部,大率是继承宋儒朱熹、蔡沈、胡安国的余绪,虽则发明不多，却也旁征博引，做了这三家的功臣。

元朝最杰出的一位经学家是吴澄。吴澄是江西崇仁人，生于宋理宗淳祐七年（1247年），卒于元文宗图帖睦尔可汗至顺元年（1330年）。他对《易经》、《尚书》、《礼记》、《仪礼》，都有很深入的研究。

在《易经》方面，他以吕祖谦的《古周易》为依据，参考许慎、马融、郑玄、王肃、王弼诸家的说法而加以校正，写出一部《易纂言》；又写了一部《易纂言外翼》，发挥自己的见解，作为《易纂言》的姊妹篇。

在《尚书》方面，他毅然舍弃伪古文各篇，而只论今文各篇，著了一部《书纂言》。

在《礼记》方面，吴澄也有一部《礼记纂言》，其中各篇的次序，完全与小戴的不同，《大学》、《中庸》也被他依照朱熹的意思抽出来另成专书。可惜他关于学庸的著作，今已散佚。

此外，吴澄也著了《仪礼逸经传》一部、《孝经定本》一部。他一生重视版本，精于考订，配得上称为乾嘉考证家的前驱。

元朝于吴澄以外，另有一位程端学。此人对春秋三传一律怀疑，而且直截了当，说《左传》是伪书，很像康有为在《新学伪经考》中的论调。

元朝有一位不值得一提而不能不提的说经家，叫作倪士毅。倪士毅剽窃陈栎的《四书发明》与胡炳文的《四书通》，编了一部《四书辑释》，这部《四书辑释》被胡广"翻版"，改名《四书大全》，成为明清两朝八股家的圭臬。

四七　史学

元朝在史学方面的成绩，以马端临的《文献通考》为开端，以脱脱所主编的宋辽金三史为收尾。这四部书都是不朽之作。

《文献通考》的价值，次于唐朝杜佑的《通典》而优于宋朝郑樵的《通志》。次于《通典》，是不够精简；优于《通志》，是题外的话很少。关于宋朝的制度，这部《文献通考》又每每详于《宋史》各志。

在性质上，《文献通考》只不过是一部史料汇抄，不算著作。倒是《通志》上的各篇的"略"，提纲挈领、一气呵成，值得清儒章学诚加以推崇。在这个意义上，陈栎的《历朝通略》以仅仅四卷的篇幅，能够把以前各朝之史说个大概，颇像今日的《中国通史》。这是唐宋的人所不曾做到的一件工作。

写历史写得长，不难；写得短，很难。有一部编年体的《宋史全文》，现存三十六卷，著者的姓名今已无考，其人可能是宋末元初的人。书中的北宋部分，由删节李焘的《续资治通鉴长编》而成；高宗孝宗两代，由删节留正的《中兴圣政草》而成；光宗宁宗理宗三代，似乎并无蓝本可以依据，全由著者自己搜集各种材料来写出的；度宗以后，有录无书，大概是著者不曾来得及写，便得病而死。

脱脱所主编的《宋史》，共有四百九十六卷，在纪传体的各部正史之中卷数最多。有人以它的卷数之多为缺点。金毓黻说，这正是它的长处。我也认为如此。所谓正史，实际上只是第二手的史料。史料，本是越多越好。宋朝的历代皇帝，生时有"日历"，死后有《实录》（除了理宗、度宗、端宗、恭帝、帝昺、帝昺），因此而保存在临安的史料特别多，都被伯颜一股脑儿由海船运到了大都去。奇怪的是,为什么等候到了元朝快亡之时才交给脱脱及其属僚贺惟一等人"仓卒成书"?原因是,元朝君臣事先不知道元朝会亡得那么快,同时又想慎重其事,于是耽搁了几十年,拖到至正年间群雄蜂起以后,才又不得不草草了事。另一原因,是宋朝遗老肯出仕于元朝的极少,金朝遗老又甚不明了南宋的故实,元朝自己的大臣什九为蒙古人,不懂汉文。

《辽史》只有一百六十卷。辽朝的官方材料与民间书籍,大多数或散或毁于辽末的丧乱。脱脱等人所依据的,仅为耶律俨所编的《实录》七十卷与陈大任所著的《辽史》,对当时现成的《续资治通鉴长编》、北宋诸帝的《实录》、有关对辽和战的宋臣的传记,以及《契丹事迹》等书,一概不曾参考。然而,这部元朝官修的《辽史》,仍不失为一部正史,足以与《宋史》相参证,永不可废。它的平实,较之宋人叶隆礼所编的《契丹国志》,有过之而无不及;虽则论取材的丰富,略逊一筹。

脱脱等人所修的《金史》,在三史之中是最好的一部。金朝的年代,不及辽朝的一半,而《金史》的篇幅仍有一百三十五卷。它的内容,"首尾完密,条例整齐,约而不疏,赡而不芜"。《金史》之所以能够如此之好,应该归功于金朝遗老王鹗与元好问二人。王鹗是曹州东明人,金哀宗正大元年(1224年)的状元,于蔡州城破之时,被张柔救了命,带回保州(保定),其后当了忽必烈可汗的"翰林学士承旨"。张柔献出在蔡州所获得的金朝《实录》,王鹗向忽必烈建议设立一个机构,纂修金史,蒙准。可惜王鹗年事已高,在至元十年去世(享年八十五岁),这机构不曾能够完成任务。然而《实录》已获保存,而且有了初步的整理。元好问是太原秀容人,北魏皇帝的苗裔,金宣宗兴定五年的进士,于金亡以后隐居,一度向张柔借用《实录》来自著金史,不曾借到,便自建一座"野史亭",独力搜寻史料,写下了一百多万字的稿子,其后成为脱脱等人主修《金史》时的蓝本。

元好问不仅有功于《金史》，也有功于《元史》。在他的文集《遗山先生文集》之中，有不少关于元朝人物的碑传。

真定（正定）人苏天爵写了一部《国朝名臣事略》，把木华黎等四十七人的事迹一一记载了下来。以后明朝宋濂主编《元史》之时，便用了这部《国朝名臣事略》作为蓝本之一。

苏天爵又编了一部《国朝文类》，其中除了各家的诗文以外，有王鹗等人替元朝历代皇帝所写的诏二十六篇、册文十六篇、制五十三篇；他们呈给皇帝的奏议十篇、表二十六篇；他们所写的有关元朝人物的碑文十四篇。在这十四篇碑文之中，最为西洋学者所重视的，是阎复的《驸马高唐忠献王碑》与虞集的《高昌王世勋碑》。（高唐忠献王是汪古部长阿剌兀思剔吉忽里*的曾孙，阔里吉思。高昌王，指畏吾儿国的帖睦儿补化；"世勋"，是详叙自从该国的亦都护巴而术·阿而忒·的斤归顺成吉思可汗以来，历代子孙的勋绩。）

虞集是宋朝虞允文的五世孙、元朝吴澄的学生，在成宗铁穆耳可汗之时，由大都路儒学教授，历升国子助教、博士监；于仁宗爱育黎拔力八达可汗之时及其以后再升太常博士、翰林待制兼国史院编修、国子司业、秘书少监、翰林直学士兼国子祭酒、奎章阁侍书学士。他和赵世延奉命同修《经世大典》。这《经世大典》在体裁上仿照《唐会要》，共有八百卷之多。可惜原书久已散失，只有一部分被保存在《永乐大典》之中。

元朝除了《经世大典》以外，另有不知是谁所杂抄成书的所谓《元典章》，其中充满了第一手的史料。这部书只编到仁宗一朝为止，称为《前集》，现今还在。

元朝有一部奇怪的书，叫作《脱卜赤颜》，是秘藏在宫中的用蒙古文写成的历史，写到1240年（窝阔台可汗在位的第十二年）为止。这部书

---

* 《蒙古秘史》中译作"阿剌忽失·的吉惕·忽里"。——编者注

原文已经佚失，只有汉文的音译与意译对照本尚在人间。汉文译本是世祖忽必烈可汗之时写成，被保存在《永乐大典》以内，称为《元朝秘史》，已由姚从吾与札齐斯钦两位教授重新翻译了一遍，加上注解，改称为《蒙古秘史》。这部《蒙古秘史》是关于成吉思可汗迄于窝阔台可汗之时的最有价值的史料。德国汉学家海尼士与法国汉学家伯希和均曾经把它分别译为德文、法文，加以缜密的研究。

与《蒙古秘史》颇有连带关系的另一部史料，是《皇元圣武亲征录》，用中文写成，而内容与《蒙古秘史》颇有出入。是谁写的？今已无考。伯希和对于这部书，也下过一番功夫。

元朝有翰林国史院，负责编撰《实录》。《蒙古秘史》在体裁上距离《实录》甚远。从太祖迄于宪宗的《实录》，由翰林国史院编成，在成宗铁穆耳可汗大德七年十月进呈，主编的人姓名不详。世祖以后，迄于宁宗懿璘质班可汗，主编《实录》的是董文用、程钜夫、元明善、吴澄、王结、欧阳玄等人。

惠宗妥懽帖睦尔可汗一代，没有《实录》。这是史学界的一大憾事。

元朝有几部地方志，被收在清朝的《四库全书》之内：徐硕的《至元嘉禾志》、冯复京等的《大德昌国州图志》、袁桷的《延祐四明志》、张铉的《至大金陵新志》。不曾被《四库全书》收入的，尚有王元恭的《至正四明续志》、卢镇的《重修琴川志》及杨谌的《昆山郡志》。地方志以外，有关地理沿革的史料有李志常的《长春真人西游记》、刘郁的《西使记》、潘昂的《河源记》、周达观的《真腊风土记》等等。朱思本画了一幅七尺见方的地图，为明朝罗洪先的蓝本，可惜今已不传。

四八　文学

元朝的古文散文，以虞集的为最好；苏天爵《国朝文类》所选录的，也以虞集的为最多。至于古文韵文、各家的赋，很难分出多少高低。尽管如此，我个人却认为虞集的赋也以清新见长，不像别人的一味堆砌。在诗的方面，刘因可谓首屈一指。此人志趣清高、生活严肃，可惜天不永年，在四十二岁之时便死，留下了一部《静修先生文集》二十二卷，其中十五卷是诗，第三卷完全是"和陶"之作，证明他对陶渊明的为人与诗学最为钦佩。我很爱他的《会饮北山》："相逢相饮莫相违，往事纷纷何足悲？别后几经沧海浅，归来岂止昔人非！此山变灭终如我，后会登临知与谁？今古区区等如此，不须辛苦叹斜晖。"

元朝人写词写得好的不多。诗在唐后难写，词在宋后更难写。因此之故，"曲"便应运而起。曲并非开始于元，而是到了元时臻于极盛。

曲的发展，先为"小令"，次为"合调"，再次为"套子"，终于形成四个套子或五个套子的"杂剧"。

小令，用今天的话来说，便是"小调"。例如，马致远的《青哥儿》："前村梅花开尽，看东海桃李争春。宝马香车陌上尘，两两三三见游人，清明近。"又如，无名氏的《塞鸿秋》："影儿孤，房儿静。灯儿照，枕儿敧。床儿卧，帏屏儿上靠。心儿里思，意儿里想，人儿俏。不能够床儿上、被儿裹、怀儿抱。怎生捱今宵？梦儿里添烦恼。几时捱得更儿静，月儿落，鸡儿叫？"

"合调"是两个或三个不同的调子合在一起的。例如，无名氏的《沽美酒》与《太平令》合调："画梁间乳燕飞，绿窗外晓莺啼，红杏枝头春色稀。芳树外,子规啼,声声叫道不如归。雨过处残红满地,风来时落絮沾泥。酝酿出困人天气,积趱下伤心情意。怕的是日迟,柳丝影里,沙晓处鸳鸯春睡。"又如,曾瑞的《骂玉郎》、《感皇恩》、《采茶歌》,三个调子的合调:"无情杜宇闲淘气,头直上,耳根低,声声聒得人心碎。你怎知,我就里,愁无际。帘幕低垂,重门深闭,曲阑边,雕檐外,画楼西。把春醒唤起,将晓梦惊回。无明夜,闲聒噪,厮禁持?我几曾离这绣罗帏?没来由,劝我道,不如归。狂客江南正着迷。这声儿好去对俺那人啼。"

用两个或三个调子合起来,连续唱完自己想说的话:这是以前填词的人所从未尝试过的。倘若用同样的词牌连填两首或三首,就显然"单调"得多。

合调有一个规矩:除了意思贯串以外,韵也要贯串到底,不可一调一韵,要两调三调同用一韵。

然而这合调的韵,正如其他各式的曲一样,并非像词牌限于平声与平声相叶,仄声与仄声相叶。平上去三声可以通叶。于是,音调铿锵爽利,更便于唱,更能表情。

"套子"是三个调子以上的合调,最多的可以多到三四十个调子。那么,它和普通的合调,除了数量以外有什么不同呢?其不同在于合调是抒情,而套子是叙事。(当然,所叙的事,夹有浓厚的情的成分。)

从小令到套子,都叫作"散曲"。套子再一步扩展,以四个套子连在一起,便成为"杂剧"。杂剧中的套子,称为"第一折"、"第二折"等等。在第一折的前面,或其他各折的中间,可以放一个"楔子",也可以不放。"楔子"长的用一个合调,短的用一个小令,甚至连小令也不用。杂剧之中的楔子与各折,都夹有"说白"与"做"。"做",称为"科"。例如,"递酒科"、"笑科"等等。

除了少数的杂剧像《西厢记》以外,每一折都只有一个角色在唱,其他的角色只能做说白与做科。这是杂剧不够进步,不如莎士比亚式戏剧之处。然而,我们不可忘记,元朝比莎士比亚早三百多年。

元朝的大杂剧家,除了《西厢记》的作者王实甫以外,有马致远、关汉卿、白朴等人。最好的一部杂剧是《西厢记》,而马关白等人的曲子各有千秋,他们在文学史中的地位并不逊于王实甫。王实甫的《西厢记》是以文字精练见长。

马致远最会用"衬子"。"衬子"不受曲谱的拘束,使得曲词更加自由。例如,在他的《汉宫秋》第二折里面:"(体态是)二十年挑剔就(的)温柔,(姻缘是)五百载该拨下(的)配偶,(脸儿有)一千般说不尽(的)风流。"《汉宫秋》所写的,是汉元帝与王昭君的故事。

白朴的《梧桐雨》,是唐明皇与杨贵妃的故事。白朴的文言根底太好,因此写出来曲词倒反不够口语化,令我们有美中不足之感。例如,在《梧桐雨》的第三折里面:"[驻马听]隐隐天涯,剩水残天五六搭。萧萧林下,坏垣破屋两三家。秦川远树雾昏花,灞桥衰柳风潇洒。煞不如碧窗纱,晨光闪烁鸳鸯瓦。……[鸳鸯煞]黄埃散漫悲风飐,碧云黯淡斜阳下。一程程水绿山青,一步步剑岭巴峡。唱道感叹情多,恓惶泪洒,早得升遐,休休却是今生罢。这个不得已的官家,哭上逍遥玉骢马。"

关汉卿所写的杂剧最多,所用的文字也最近于口语,而且他最喜欢写民间匹夫匹妇的故事。他写过六十几部杂剧,今日存在的有十六部完全的、两部残缺的。哪一部最好?可能是《窦娥冤》。窦娥是蔡婆婆的媳妇,婆媳二人均守寡在家,不幸遇到坏人张老头与张老头的儿子张驴儿。张驴儿从"赛卢医"那里买了毒药,想毒死蔡婆婆,以便逼迫窦娥嫁他。恰巧毒药放在羊肚汤里,被张老头误尝一口,中毒而死。张驴儿借此又恐吓窦娥,问她愿意"私休",还是"官休"。私休是嫁他,官休是拖她到山阳县衙门里告状。窦娥宁愿官休,不愿嫁他。于是,她被拖进了衙门,屈打成招,含冤而死。死后三年,她阴魂不散,告诉她父亲——官居两

四八 文学

淮提刑肃政廉访使的窦天章。窦天章这才捉了张驴儿,处以凌迟之刑。

《窦娥冤》的结构、说白与曲词,都很好。在说白方面,例如:

(张驴儿做叫科云)四邻八舍听着,窦娥药杀我老子哩!

(卜儿〔蔡婆婆〕云)罢么!你不要大惊小怪〔怪〕的吓杀我也。

(张驴儿云)你可怕么?

(卜儿云)可知怕哩。

(张驴儿云)你要饶么?

(卜儿云)可知要饶哩。

(张驴儿云)你教窦娥随顺了我,叫我三声嫡嫡亲亲的"丈夫",我便饶了她。

(卜儿云)孩儿也,你随顺了他罢。

(正旦〔窦娥〕云)婆婆,你怎么这般言语!

(张驴儿云)窦娥,你药杀了俺老子。你要官休,要私休?

(正旦云)怎生是官休?怎生是私休?

(张驴儿云)你要官休呵,拖你到官司,把你三推六问,你这等瘦弱身子,当不过拷打。怕你不招认药死我老子的罪犯!你要私休呵,你早些与我做了老婆,倒也便宜了你。

(正旦云)我又不曾药死你老子,情愿和你见官去来。

在曲词方面,例如,窦娥在被押赴刑场之时所唱的调子:

(正宫端正好)没来由,犯王法。不提防,遭刑宪。叫声屈,动地惊天。顷刻间,游魂先赴森罗殿。怎不将天地也生埋怨?

(滚绣球)有日月,朝暮悬。有鬼神,掌着生死权。天地也,只合把清浊分辨。可怎生糊突了盗跖颜渊?为善的,受贫穷,更命短。造恶的,享富贵,又寿延。天地也做得个怕硬欺软,却元来也这般顺水推船。地也,你不分好歹,何为地?天也,你错勘贤愚,枉做天!哎,只落得两泪涟涟。

关汉卿的另一杂剧,也写得很好,叫作《救风尘》,所写的是一个老妓女救出一个遇人不淑的小妓女的故事。他姓关,对关云长颇有兴趣,写过《关大王单刀会》与《关张双赴西蜀梦》。

在所有的杂剧作家之中,关汉卿是在生活上最能和剧中的角色及其扮演人结合在一起的。他没有士大夫自居"高人一等"的习气,生平喜欢与优伶娼妓为伍,常常粉墨登场,因此所写的作品十分逼真。

在王马白关以外,元朝会写散曲与杂剧的人还有很多。散曲作家之可以考出姓名来的,据任中敏说,有二百二十七人;杂剧作家的人数,任中敏不曾计算过。杂剧的数目,依明朝初年《太和正音谱》,有五百三十五部,存在到今天的,约有一百六十部左右。

元朝的读书人,不像在宋明两朝容易找到做官的机会。"汉人"与"南人"根本被歧视。而且,科举到了仁宗爱育黎拔力八达可汗之时才被恢复。这便是散曲与杂剧之所以盛行的一大原因。另一原因,是白话文学占了上风。皇帝下圣旨都用白话,难怪写曲子的人也用起白话来了。用了白话,曲子自然比古文诗词容易流行得多。

当杂剧盛行的时候,以温州为发祥地的"南戏",不甚为有名的作家们所重视。到了元末明初,这南戏却已由附庸蔚为大国,蜕变成为"传奇"。

南戏起自民间,正如杂剧一样。温州人说话,与北方人不同,用韵不能像北方人那么准。正因为不准,才更自由。杂剧每部限于四折,每折限用一韵,限由一个角色主唱。南戏全不依这些规矩。每部长短自由,不分折,也不分后来明朝的所谓"出",韵可以随意更换,唱的人也不限于主角一人,可以由两个角色对唱,也可以由几个角色合唱。唱词,可以比杂剧更"粗俗"、更口语化。(楔子称为"家门",或"开场"、"开宗",全用唱,不用说白,内容是就全剧的故事做一概括的说明。)

今日宋元南戏之可考的,有一百多部;完全的本子留下只有三部:《小孙屠》、《张协状元》与《宦门子弟错立身》。

元末最成功的三部传奇,是无名氏的《杀狗记》、《拜月亭》与《白兔记》。《杀狗记》的故事,采自无名氏的杂剧《杀狗劝夫》;《拜月亭》的故事,采自关汉卿的《闺怨佳人拜月亭》。在这一点上,我们可以看出杂剧所施于南剧及传奇的影响。《白兔记》的故事来源更古,金朝已有《刘知远诸宫调》,所唱的是刘知远如何由投军当了皇帝,他的太太李三娘如何在娘家受哥哥嫂嫂的气。

传奇到了明朝初年以后,渐渐地古典化,成为读书人所专享的贵族文学。再变而为明末的昆曲,规矩越来越严格。昆曲原称昆腔,本是南戏的一种,其后压倒了海盐腔、弋阳腔、余姚腔,而成为南戏的主流、传奇的主流。

昆曲虽有说白,而以唱词为主。纯粹说白的,叫作"平话",就是说书。

元朝留下来的说书人的"话本",只有一部《全相平话三国志》,与四部说周秦汉三朝历史的《武王伐纣书》、《乐毅图齐》(七国春秋后集)、《秦并六国》、《吕后斩韩信》(前汉书续集)。

《全相平话三国志》的内容,与罗贯中的《三国演义》大不相同。他说,曹操是韩信转世,汉献帝是汉高祖转世。他也把张角写成"张觉"、糜竺写成"梅竹"、华容道写成"滑荣道"、街亭写成"皆庭"。这些,都证明了它纯粹是民间文学,不曾经过文人学士的修饰。

罗贯中生在元朝,死在明朝。说他是元朝人可以,说他是明朝人也可以。他在中国小说史上的地位很高。因为他是第一个以全部生命力从事于写作小说的人。然而，他的成就并不太高。他太重视朝代的正统，也夹了太多的文言于白话之中。尽管如此，他也总算是把曹操、张飞、诸葛亮这三个人写活了。

把人物写得更活的，是施耐庵的《水浒传》。施耐庵是元朝人，比罗贯中年长。罗贯中曾经就"施耐庵的本"，加以"编次"，但不像是更动过原文。宋江等人的故事，最早见于北宋末年的《宣和遗事》，很简单。其后，被说书人及若干杂剧作家一代一代地加以扩大，到了施耐庵的手中，借了施耐庵写口语的天才，便成为一部空前的名著。

四九　成宗铁穆耳

忽必烈在至元三十一年（1294年）阴历四月去世。他的庙号"世祖"，蒙文的谥法是"薛禅可汗"，汉文的谥法是"圣德神功文武皇帝"。汗位该由谁继承？一时颇成问题。

忽必烈生前，本已模仿汉人，用预立太子的方法来防免君位继承之争。他在至元十年立嫡子真金为太子，不幸这位真金却在至元二十二年先他而亡。

真金留下了三个儿子：甘麻剌、答剌麻八剌、铁穆耳。忽必烈似乎对这三个"皇孙"都很喜欢，一时不能决定以谁来立为"皇太孙"。甘麻剌于至元二十七年受封为梁王，至元二十九年改封为晋王，率兵镇守北边，统领成吉思可汗的四大斡儿朵与"达达"的军、马、国土。答剌麻八剌先后一直被留在真金与忽必烈的身边，于至元二十八年受命出镇怀州（河南沁阳），不曾到达怀州就生了病，回京，在次年春天去世。铁穆耳曾经随从忽必烈讨伐乃颜，其后留在辽东打乃颜的余党哈丹，又其后驻防在金山（阿尔泰山），防备海都。忽必烈在至元三十年六月接受玉昔帖木儿的建议，把当年赐给真金的一颗印，"皇太子宝"，派人送给铁穆耳，用来作为"行军之印"的代替品。

在忽必烈去世时，论声望、论力量，甘麻剌均比铁穆耳占优势。诸王、诸驸马、文武大官，集合在上都举行忽里台大会；大会开了十二天，以甘麻剌的呼声为最高。甘麻剌是"嫡长孙"，甘麻剌已经是王，而铁穆耳不是。

为什么铁穆耳终于当选呢？《新元史》甘麻剌传，说甘麻剌自动让给铁穆耳。《元史》玉昔帖木儿传,说甘麻剌之所以肯让,是因为玉昔帖木儿先劝甘麻剌:"畴昔储闱符玺,既有所归,王为宗盟之长,岂俟而不言?"于是甘麻剌才赶紧说:"皇帝践祚,愿北面事之。"然而,《元史·伯颜传》,却把铁穆耳之所以能够得位,全归于"伯颜握剑立殿陛,陈祖宗宝训,宣扬顾命,述所以立成宗之意,辞色俱厉。诸王股栗,趋殿下,拜"。

伯颜在当时是"知枢密院事"。玉昔帖木儿是御史大夫,主持和林的行枢密院。伯颜与平章政事不忽木,的确曾经于忽必烈病危之时,在忽必烈的榻前。忽必烈有没有对他们"顾命",难考。他们两人就扶立铁穆耳这一件事上,有了共同的决定,这是很可能的。

值得注意的是:伯颜与不忽木两人不肯让右丞相完泽进去看忽必烈的病,又不肯让真金的妃子阔阔真和他们讨论大位的继承问题。是不是完泽与阔阔真均不赞成以铁穆耳继位呢?然而,在铁穆耳当了皇帝以后,完泽继续担任右丞相到大德七年七月,死在任上,不像是铁穆耳对他存何芥蒂。阔阔真呢,她是甘麻剌的母亲,也是铁穆耳的母亲。她对两个亲生儿子,该不会存有太大的轩轾。(屠寄在《蒙兀儿史记》卷二十八里面说,阔阔真希望立铁穆耳。)

总而言之,铁穆耳之所以得位,主要是由于伯颜的拥戴。其次是由于不忽木与玉昔帖木儿的支持。

伯颜是灭宋的元勋巴阿邻氏、成吉思可汗功臣阿里黑千户的孙子,因父亲晓古台随旭烈兀西征而生在波斯、长在波斯,受洗为基督徒;回到大都,历任中书左丞相、同知枢密院事、左丞相行省荆湖、左丞相知淮西行枢密院、左丞相领河南等路行中书省事、太尉。于至元十二年七月升"右丞相,领河南等路行中书省事"。灭宋以后,再任同知枢密院事,讨蒙哥可汗的儿子昔里吉,驻扎别失八里(新疆孚远);又改驻和林,防备海都,由同知而升为"知枢密院事,分院和林"。至元二十九年,奉命

四九 成宗铁穆耳

改驻大同，以分院的职务交给玉昔帖木儿接管。次年十二月，在大同奉召回京。

玉昔帖木儿，阿鲁剌惕氏，成吉思可汗功臣右手万户孛斡儿出的孙子。他的父亲叫作孛栾台，袭封右手万户，驻扎阿尔泰山。其后玉昔帖木儿再袭右手万户，也驻扎阿尔泰山，于至元十二年受任御史大夫。至元二十四年，他移师东向，与铁穆耳共讨乃颜的余党哈丹。至元二十九年，加"录军国重事，知枢密院事"，接替伯颜在"和林分院"的职务。

铁穆耳于至元三十一年（1294年）四月即位为可汗。次月，拜玉昔帖木儿为太师，仍兼"御史大夫，知枢密院事"；拜伯颜为太傅，仍兼"知枢密院事"，加衔"开府仪同三司，录军国重事"；同时，拜"宣徽使兼知枢密院事"月赤察儿为"太保，录军国重事，依前宣徽使，兼知枢密院事"。

月赤察儿，许兀慎氏，是成吉思可汗功臣孛罗忽勒千户的孙子，父亲叫作失里门。失里门于随从忽必烈南征大理之时阵亡。月赤察儿于十六岁以后在忽必烈身边先后当怯薛（侍卫）、保兀儿臣（厨子）及宣徽使兼领尚膳院、光禄寺，以告发桑哥及助浚通惠河立了大功，在至元三十年受任"兼知枢密院事"。此次得拜为太保，大概是由于位居忽必烈的近侍，帮助了伯颜与不忽木接受"顾命"。

太师、太傅、太保，是所谓三公。自从窝阔台可汗以来，并没有全设：直至世祖忽必烈至元元年为止，仅仅有过太傅。从至元二年到十一年，不设太傅而改设太保。再其后，有十五个年头，连太保也没有。到了至元二十六年，才又设太傅，而享有此项荣衔的是玉昔帖木儿。

成宗铁穆耳升拜玉昔帖木儿为太师，又以伯颜与月赤察儿为太傅、太保，无非是酬庸他们的"定策"之功。

伯颜去世于至元三十一年十二月（铁穆耳即位以后八个月），玉昔帖木儿去世于（次年）元贞元年十二月。于是三公只剩下太保月赤察儿一人。过了四年半,在大德四年六月,月赤察儿升任太师,完泽以"右丞相"加了太傅的头衔。完泽在大德七年去世,太傅又虚悬了四个年头,到大德十一年五月才补了一位朵儿朵哈。同时,补进哈剌哈孙。

此后,迄于元顺帝丧失大都,三太的位置在大体上都有人占着,只有在仁宗皇庆五年,与至正八年至十一年、二十四年、二十八年至二十九年,没有太师;在"后至元"四年、五年,与至正十二年至十三年、二十四年,没有太傅。

三太只是虚衔,并无实权,甚至是"尊而不亲"的一种地位。

铁穆耳的中书右丞相,前后为完泽与哈剌哈孙二人。

完泽,秃别干氏。祖父土薛在成吉思可汗之时位居裨将,在窝阔台可汗之时位居都元帅。父线真在世祖忽必烈可汗之时,官至中书右丞相。完泽本人,先做太子真金的右詹事,于至元二十八年二月做忽必烈的尚书右丞相;五月,改中书右丞相。铁穆耳即位以后,仍叫他做中书右丞相,直至大德七年五月,他死在任上。此人为政,尚识大体;虽则与中书平章政事不忽木处得不好,把不忽木挤到陕西做行省的平章政事,颇有妒贤的嫌疑。他的另一件被人批评的事,是支持刘深对"八百媳妇"用兵。

哈剌哈孙,斡罗纳儿氏,是成吉思可汗的千户乞失里黑的曾孙。祖父博理察,于窝阔台可汗之时,跟随拖雷对金作战。父亲囊加台,于蒙哥可汗之时,参加对宋作战,阵亡在四川。哈剌哈孙本人,于世祖忽必烈可汗至元二十二年受任为大宗正("也客·札鲁忽赤",大断事官);于至元二十八年改任湖广行省平章政事。铁穆耳即位以后,他在大德三年正月升任中书左丞相。这时候,中书省已经有十三年不曾设左丞相了。大德七年五月,完泽去世;七月,哈剌哈孙转任中书右丞相。他生平不识汉字,却很崇拜孔子,提倡读儒书,为政也颇有儒家风度:反对打"八百媳妇",主张慎选地方官吏,严惩贪污。

铁穆耳是一个不太好也不太坏的中等皇帝。他喜欢喝酒，花钱摆阔，袒护幸臣（阿里）；却也留心到人民的疾苦，对兵灾、水灾、旱灾与地震的地区舍得免税、减税、放赈；对母亲很孝顺，对乳母很有恩，对哥哥与叔父、侄儿很有礼貌，对迁入内地的蒙古人与色目人均很体恤。

在铁穆耳的时候，海都死，笃哇降，西北方的威胁已经消失。南方汉人的反抗也入于尾声。他大可把国家治得比忽必烈时候更好，然而能力不够，见解不够。平心而论，一般人民却也获得了休养生息的机会，虽则是西南边省由于对"八百媳妇"之战而大受创伤。

财政方面，也勉强过得去。大德二年（1298年）二月，完泽向他报告：岁入金一万九千两、银六万两、钞三百六十万锭（每锭票面价值五十两）。岁出超过岁入的数目，是银二十万锭，也就是一千万两。这数目在当时不能算小。好在，中央与行省的"钞母库"尚有相当的现银储存，可以放胆再印制一些纸钞。通货早已膨胀，至元钞的实际价值在开始发行之时便已经降成中统钞的五分之一。再略为膨胀一点儿，还不至于到恶性的程度。

况且，自从至元二十二年忽必烈叫朱清、张瑄试行海运以来，一向很成功。有了海运，江南的漕粮颇可作为中央财政的挹注。（朱张二人是海盗出身，封了万户，官至行省参政，生活奢侈，于大德七年被和尚石祖进诬告谋反。朱清自杀，张瑄被斩。这时候铁穆耳已经长年卧病，政务全由皇后巴牙兀氏主持。）

五〇　武宗海山

铁穆耳在病榻上缠绵到大德十一年（1307年）正月，去世，被谥为"完泽笃可汗"，庙号成宗（汉文的谥法是钦明广孝皇帝）。

他只生过一个儿子：德寿。德寿于大德九年六月被立为皇太子，同年十二月病死。

于是，在成宗去世之时，皇位的继承成了问题。皇后巴牙兀氏与中书左丞相阿忽台属意于安西王阿难答；中书右丞相哈剌哈孙却属意于怀宁王海山。

阿难答是成宗的堂弟。他的父亲，是忙哥剌。忙哥剌是忽必烈可汗的爱子，太子真金之弟，先封秦王，后封安西王，死于至元十六年。阿难答袭封以后，参加对海都作战，有功。他的年纪比海山大，这时候恰好带了来降的阿里不哥的儿子明理帖木儿来，住在大都。

海山是成宗的侄子。他的父亲是成宗的二哥，答剌麻八剌。答剌麻八剌于至元二十八年出镇怀州（河南沁阳），不曾到达怀州，中途生病回京，于至元二十九年春天去世。海山于大德三年奉派北御海都，在大德四年深入海都的根据地阔别列；次年与海都大战于合剌合塔，战败，突围。大德八年，受封为怀宁王；十年，袭击海都的儿子察八儿，俘虏了察八儿的弟弟斡鲁温孙，受明理帖木儿等人之降。

论功劳、论血统关系的亲疏，海山均比阿难答更够资格做成宗的继位人。

为什么皇后巴牙兀氏与左丞相阿忽台属意于阿难答呢？可能是阿难答在未来的用人行政上，与他们有了默契。

哈剌哈孙在表面上不加以反对；暗中派人分头敦促海山与海山的弟弟爱育黎拔力八达，带兵入京。

爱育黎拔力八达先到，以迅雷不及掩耳的方式将皇后、阿忽台、阿难答、明理帖木儿及平章政事八都马辛、卸任平章政事赛典赤伯颜、中政院使客列亦道兴、济南王也只理，一齐捕捉，关了起来。

海山带了三万兵，于大德十一年三月走到和林，得到爱育黎拔力八达政变成功的消息，便于五月间在上都召集了一次形式上的忽里台大会，大会判决阿难答等人死罪，公推海山为可汗。

海山即位以后，把中书省阿忽台与八都马辛以外的大员一概更换，连拥护他最力的哈剌哈孙，也只留了不到两个月，便外调去和林，做行省的左丞相。新的中书省右丞相，是五月间补为左丞相的塔剌海。此人是月赤察儿之子，原为"知枢密院事"。塔剌海调升右丞相之时，左丞相的位置便由原任御史大夫的塔思不花继任。塔思不花是成吉思可汗弟弟别勒古台的苗裔。

海山的亲信，是新任平章政事乞台普济。此人是西夏人，自称姓史，为周朝的史佚之后。祖父叫作立吉儿威，是成吉思可汗的宿卫。父亲叫作算智儿威，跟随过忽必烈可汗打大理国、打阿里不哥。乞台普济本人做过太子真金的侍卫，有二十年左右。海山与爱育黎拔力八达，从小便和伯父的这位老"家人"混得很熟。海山于铁穆耳可汗之时率兵抵御海都，乞台普济被带在海山身边做一名"扈从"。海山获得了可汗之位，这乞台普济便平步青云，荣任了中书省平章政事。

乞台普济在大德十一年五月做了中书省平章政事以后，十一月，又升为"中书右丞相"，与塔思不花同官，而位置列在塔思不花之上。至大二年八月，海山可汗设立尚书省，中书省名存实亡，乞台普济改任"尚书右丞相"，晋衔（皇帝的）"太傅"。

不久，他辞去了"尚书右丞相"，被封为"安吉王"，于至大三年六月受赐（江西）安吉州的人民（赋税）五百户。代替他做尚书右丞相的，是脱虎脱。

脱虎脱在《元史》中没有专传。我们从武宗本纪、仁宗本纪与宰相年表之中可以钩出此人的宦海升沉。他做过管理佛教的宣政院使，于大德十一年九月，与教化、法鲁忽丁，共掌"尚书省"的事；十一月，仍领宣政院使。至大二年八月，尚书省正式成立，海山以爱育黎拔力八达在名义上"兼尚书令"，脱虎脱便做了尚书省左丞相。次年六月，升为尚书省右丞相。尚书省左丞相的位置，由"太保"三宝奴接替。至大三年六月，奉海山旨令，与三宝奴"总治百司"；十一月，加"太师"衔，"录军国重事"，封"义国公"。至大四年正月，海山去世，仁宗爱育黎拔力八达即位，尚书省被取消，脱虎脱与他的助手三宝奴、乐实、保八、王罴，统统被逮捕，处死。

爱育黎拔力八达是海山的同母弟。母亲叫作答己，翁吉剌惕部孛思忽氏，成吉思可汗内弟阿勒赤那颜的曾孙女。海山与爱育黎拔力八达的父亲答剌麻八剌，早死，答己带他们二人住在太子真金的宫中，由太子的元妃阔阔真（福隆太后）请了李孟做二人的教师。李孟将爱育黎拔力八达教得比海山好。

海山之所以能获得可汗之位，爱育黎拔力八达的功劳最大。因此，海山即位以后，便在大德十一年六月立他为"皇太子"，也就是指定他作为皇位的继承人。（严格说来，"皇太子"三个字并不恰当，应该称为"皇太弟"才对。）

海山不仅立他为"皇太子"，而且任命他为"中书令"兼领枢密院。这是叫他总揽全国的民政与军政。他对中书省的事，确也负责办理了一个极短时期（从五月到八月），由于受不了海山常常直接由宫中下旨任用百官，以及九月间中书省的六部被分出三部（户、工、刑）交给所谓尚书省去主持，他也就消极起来，一切不管，只做一个名义上的"中书令兼领枢密院"而已。

海山的错误，在于信任私人。始则摒弃哈剌哈孙，重用乞台普济，继则急于整理金融，于至大二年八月正式成立尚书省，交给脱虎脱、三宝奴等一批"言利之臣"来主持，把中书省六个部的大权完全挪空，又把各地的"行中书省"改为"行尚书省"，重蹈忽必烈可汗时代的覆辙，求治得乱。

平心而论，脱虎脱等人的见解并非完全不对。"至元钞"确已因膨胀而贬值，到了必须整理的地步。他们于是发行"至大银钞"来更换至元钞，并且铸了两种铜钱来争取人民的信心：至大通宝（一文）与"大元通宝"（当十）。可惜，他们说是要毁掉"至元钞"的版子，却仍旧印发"至元钞"；称"至大银钞"为"银钞"，而并未赋予它以"兑现"的功能。同时，他们仍旧禁用金银，再加上禁止铜的使用与买卖。此外，他们设立"常平仓"来平抑米价，这常平仓也不曾办得好。

五一　仁宗爱育黎拔力八达

海山在至大四年（1311年）阴历正月去世，总计在位的时期还不满三年又七个月。他享年仅有虚岁三十一，由于太好酒好色。死后，被谥为"曲律可汗"，庙号"武宗"，汉文的谥法是仁惠宣孝皇帝。

爱育黎拔力八达于武宗死后，立即以"皇太子"、中书令兼领枢密院的地位接掌政权，把尚书省废了，把脱虎脱等人捕杀。然后，在三月十八日正式即位。

他一共在位有九年之久，算是忽必烈以后元朝的唯一贤主。然而，他过于孝顺母亲答己（兴圣太后），为了不敢拂逆母亲之意，而始终对于奸臣铁木迭儿姑息。

铁木迭儿，巴阿邻部速客讷氏，是成吉思可汗功臣者该的玄孙、速客该的曾孙。祖父叫作卜怜吉带，父亲叫作木儿火赤。铁木迭儿本人在成宗铁穆耳之时，当过"同知宣徽院事，兼通政院使"；在武宗海山之时，当过宣徽使、中书平章政事、江西与云南的行省平章政事。兴圣太后喜欢他，于武宗去世以后、仁宗爱育黎拔力八达正式即位以前，不征求爱育黎拔力八达的同意，便直接用"懿旨"召回铁木迭儿，任他为中书右丞相。

爱育黎拔力八达即位以后，仍让铁木迭儿做中书右丞相，做到皇庆二年正月；一年又八个月以后，却又让他官复原职，做到延祐四年六月。其后，不到一年，于兴圣太后的压力之下，爱育黎拔力八达又任命铁木迭儿为太子太师，作为太子硕德八剌的保护人。

硕德八剌是爱育黎拔力八达的亲生儿子，于延祐三年十二月被爱育黎拔力八达立为太子。爱育黎拔力八达做这一件事，铸成大错。当年，武宗海山与爱育黎拔力八达有过成约：武宗不传位给自己的儿子和世㻋，而以爱育黎拔力八达为"皇太子"（皇太弟），传位给他，将来他也必须传位给和世㻋，让和世㻋再传位给爱育黎拔力八达的一个儿子（例如，硕德八剌）。

爱育黎拔力八达现在却背弃了诺言，不立海山的儿子和世㻋为"太子"，而以自己的儿子硕德八剌为太子。谁叫他这样？不是别人，是铁木迭儿。铁木迭儿怂恿他，于延祐二年十一月封和世㻋为"周王"，于延祐三年三月命和世㻋出镇云南（在事实上等于流放）。和世㻋在三年十一月走到半路，在延安陕西行省丞相阿思罕为他抱不平而造反，失败。和世㻋由延安改向西北走，逃去了察合台汗国，依附察合台汗也先不花。

铁木迭儿乘此说动了爱育黎拔力八达，立硕德八剌为太子，伏下了其后硕德八剌（英宗）被弑、和世㻋（明宗）回来争位等等乱事的祸苗。

铁木迭儿只懂得迎合兴圣太后与爱育黎拔力八达心理上的弱点，而不肯向国家的长治久安方面着想。他处理行政，非无干才，却又颇贪小利，广布私人。爱育黎拔力八达始终摆脱不了他，这是元朝历史上的悲剧。

否则，以爱育黎拔力八达之俭用爱民，又有李孟在中书省做平章政事，成绩当更加可观。

李孟是（山西）潞州上党人，生长（陕西）汉中，于成宗铁穆耳可汗之时一度被任命为礼部侍郎；其后随从兴圣太后与爱育黎拔力八达住在怀州（河南沁阳），于成宗铁穆耳去世以后一齐到大都，劝爱育黎拔力八达发动宫廷政变，先发制人。武宗海山即位以后，李孟在中书省做了几十天的参知政事，因不容于同僚，逃到河南许昌的陉山去隐居。至大三年正月，他被召回大都，充任集贤大学士、同知徽政院事。至大四年正月，海山去世，他被升任为中书平章政事；干到皇庆元年年底，改任"议事平章"；延祐元年十一月，复任平章政事；四年七月，因病辞职，改任"翰林学士承旨"。

李孟在朝,有古大臣之风,知无不言、言无不尽。害民的地方官,被他免职;病民之政,被他减除(例如铁木迭儿所行的"括田",强指人民的墓地为田,抽税毁墓,拘罚墓主)。

他的最大贡献,是说动爱育黎拔力八达在延祐二年恢复科举制度。爱育黎拔力八达任他为主考,录取了护都沓儿为蒙古色目榜的状元、张起岩为汉人南人榜的状元。

他做过海山与爱育黎拔力八达的老师,使得爱育黎拔力八达一生崇敬儒学,曾经叫人用蒙文翻译《孝经》、《列女传》、《大学衍义》、《贞观政要》等书。"国子学"也被他扩充,教出了不少的蒙古子弟与汉人南人子弟。

爱育黎拔力八达虽则对蒙汉界限之见仍未完全消除(一再申汉人南人弓矢之禁),却很肯任用汉人南人做中书的官。先后被用作中书平章政事的,李孟以外,有张闾、张珪、剧正、王毅。王毅先做过中书右丞、左丞。另一做过右丞与左丞的是高昉。做过左丞的汉人,有李世英、郭贯。高昉与郭贯也做过参知政事。其他几个汉人参知政事,是贾钧、许思敬、薛处敬、赵世延、曹鼎、王桂、张思明。

爱育黎拔力八达在位的九年,没有什么大的内忧外患。较为引人注意的,是蔡五九的起事,此人曾经攻占汀州;不过,从开始起事,到失败被杀,前后也只有五个月而已(延祐二年四月至九月)。

爱育黎拔力八达本人很信佛教,对其他各种宗教一律宽容,遵行成吉思可汗以来一贯的国策,却把僧侣及各教教士在财政上与司法上所受的优待,予以取消;把江南的"白云宗总摄所"与"江南释教总统所",先后废止。(白云宗的分子,是带发修行的"行者"。)湖广等地的"头陀禅"僧官(如僧禄、僧正、都纲司)、道官(如"道纪司")、伊斯兰教的"哈的所"、基督教、答失蛮派伊斯兰教等等的教会首领,从此也不得自管教内分子对一般人民的诉讼,必须听由地方官判决。

爱育黎拔力八达生平不好色,不好打仗,不乱盖宫殿庙宇,只有一个小毛病:喜欢喝酒。他只活到了虚岁三十六岁,便是因为酒喝多了的缘故。可惜得很。

他被谥为"普颜笃可汗",庙号"仁宗"。汉文的谥法是"圣文钦孝皇帝"。

五二　英宗硕德八剌

英宗硕德八剌是仁宗爱育黎拔力八达的嫡长子，十四岁立为太子，十八岁即可汗位，二十一岁遇弑。

仁宗死于延祐七年（1320年）正月二十一日，四天以后兴圣太后便把当时的中书右丞相伯答沙换了，叫铁木迭儿复职。

铁木迭儿把中书省的人事彻底更动，引用黑驴与赵世荣为平章政事、木八剌为右丞、张思明为左丞。铁木迭儿而且逮捕了曾经参劾他的四川行省平章赵世延，杀了曾为御史中丞的杨朵儿只、中书平章萧拜住，抄了这两人的家。铁木迭儿而且也把御史大夫脱欢（哈剌哈孙的儿子）调走，以其私人脱忒哈为御史大夫。

于是，硕德八剌在三月初十即位之时，铁木迭儿等于已经是事实上的皇帝。硕德八剌年纪虽轻，却不服这口气。

两个月以后，他毅然决然，先把那与铁木迭儿一党的左丞相合散免职，改任木华黎的苗裔拜住为左丞相。铁木迭儿与合散、脱忒哈、黑驴以及徽政使识烈门等人，说动兴圣太后，准备废掉硕德八剌，改立硕德八剌的弟弟、安王兀都思不花为可汗。

他们事机不密，被硕德八剌知道，硕德八剌召拜住进宫决策，先发制人，以迅雷不及掩耳的手段，率领宫中卫士把合散、脱忒哈、黑驴、识烈门与亦列失八（桑哥之党要束木的寡妇），一齐捕杀。若干天以后，亦列失八的儿子、江西行省平章买驴，也被逮捕、抄家；参与废立阴谋的徽政院另一院使米薛迷被流放，前太子詹事状兀儿被处斩。安王兀都思不花被降封为顺阳王，到了十一月也被杀死。

铁木迭儿由于有兴圣太后做保护人，不曾被处分。他自己心里明白，便称病躲在家里，不敢再过问中书省的事。至治元年十一月，拜住一度离京，为祖父安童立碑，铁木迭儿入宫，想朝见硕德八剌，销假。硕德八剌叫人告诉他："你年纪老了，应该保重，不必朝见，到明年元旦再来。"于是铁木迭儿仍旧回家"养病"，养到至元二年八月，病故。十月，兴圣太后去世。

至治三年五月，硕德八剌下诏，夺铁木迭儿生前的封爵；七月，下诏抄他的家，将他的长子、宣政院使八里吉思处斩，次子、知枢密院事班丹杖免（打了一顿以后，免职）。

铁木迭儿的另一个儿子，翰林侍讲学士锁南，在至治三年八月和铁失等人共弑硕德八剌。其后，硕德八剌被谥为"格坚可汗"，庙号"英宗"，汉文的谥法是"睿圣文孝皇帝"。

铁失·亦乞列思氏，父亲是昌王阿失，母亲是益里海涯公主，妹妹是英宗的皇后速哥八剌。他在爱育黎拔力八达之时，官居翰林学士承旨、宣徽院使；硕德八剌即位以后，兼太医院使、中都威卫都指挥使（至治元年改称忠翊侍卫亲军都指挥使）、御史大夫、阶一品光禄大夫，领左右阿速卫。

铁失为人贪财好货、品格卑鄙，于铁木迭儿当权之时拜铁木迭儿为养父，自居养子。铁木迭儿失势以后，铁失很怕迟早也免不了受处分，就在至治三年（1323年）八月初四日，伙同锁南、知枢密院事也先铁木儿，在上都之南三十里的南坡，杀害英宗于英宗的帐篷之中；同时，也杀害了中书右丞相拜住。

五三　泰定帝也孙铁木儿

铁失等人于杀害英宗以前的两天，派他们的党羽斡罗思，到土拉河河边，向甘麻剌的长子晋王也孙铁木儿秘密讨好，说要在事成以后迎立他为可汗。

晋王也孙铁木儿很不愿意参加他们的阴谋，便一面拘禁斡罗思，一面派自己的亲信别烈迷失，到上都向英宗告密。别烈迷失还不曾走到上都，英宗业已离开上都，在上都之南的南坡遇弑。

不久，铁失等人的正式代表、"诸王"（普通的王）按檀不花与淇阳王也先帖木儿，带了皇帝的玺绶来到晋王也孙铁木儿驻扎之处，请他早登大位。他便将错就错，在九月初四日即位。

《元史》保存了他的白话文即位诏书："薛禅皇帝（世祖忽必烈）可怜见嫡孙、'裕宗皇帝'（太子真金）长子、我仁慈甘麻剌爷爷根底，封授晋王，统领成吉思皇帝四个大斡儿朵思及军马达达国土，都委付来。〔甘麻剌〕依着薛禅皇帝圣旨，小心谨慎，但凡军马人民的，不拣甚么勾当里，遵守正道行来的上头。数年之间，百姓得安业。在后，完泽笃皇帝（成宗铁穆耳）教我继承位次，大斡儿朵思里委付了来，已委付了的大营盘里看守着，扶立了两个哥哥曲律皇帝（武宗海山）、普颜笃皇帝（仁宗爱育黎拔力八达），侄硕德八剌皇帝。我累朝皇帝不谋异心，不图位次，依本分与国家出气力，行来诸王哥哥兄弟每（们），百姓每，也都理会的也者。今我的侄皇帝生天了么道，迤南诸王大臣，军士的诸王驸马臣僚，达达百姓每，商量着，大位次不宜久虚，惟我是薛禅皇帝嫡派，裕宗皇帝长孙，大位次里合坐的体例有。其余争立的哥哥兄弟每，也无有。这般晏驾,其间比及整治以来,人心难测,宜安抚百姓,使天下人心得宁,早就这里即位,提说上头。〔我〕从著众人的心,九月初四于成吉思皇帝的大斡儿朵思里大位次里坐了,也交(叫)众百姓每心安的上头。赦书行有。"

也孙铁木儿即位以后,任命也先帖木儿为右丞相、铁失与完者均为知枢密院事、同党的章台为同知枢密院事、秃满为同佥枢密院事;也任命了自己的人旭迈杰为宣政院使、纽泽为通政院使、倒剌沙为中书平章政事。

也孙铁木儿派旭迈杰与纽泽到大都,于十月十一日行祭告礼。就在这一天,旭纽二人依照也孙铁木儿的密旨,出其不意,把铁失、章台及其同党失秃儿、赤斤铁木儿、脱火赤,连同他们的子孙,一齐捕杀。

在同一天,也孙铁木儿在他的驻扎之处,也把新任右丞相淇阳王也先帖木儿、新任知枢密院事完者、铁失的弟弟锁南(与铁木迭儿的儿子锁南同名)、新任同佥枢密院事秃满,一齐捕杀。

也孙铁木儿能如此做,显见他是一位有为之君。

也孙铁木儿铲除了铁失之党以后,叫旭迈杰做中书右丞相,倒剌沙做左丞相,纽泽做御史大夫。倒剌沙的平章政事位置,由兀伯都剌接替。

其后,旭迈杰在泰定二年八月去世,塔失帖木儿被任命为右丞相。也孙铁木儿当皇帝,前后不满五年,于至治三年(1323年)阴历九月即位,致和元年(1328年)阴历七月去世。去世的时候,虚岁三十六岁。

此人生平没有大的过失,而且心地很好。他崇信佛法,一再受戒,叫皇后与儿子也受戒。有一次,他赏给"大天源延圣寺"良田十万亩。这可算是小过。在他的朝中,没有奸臣与小人,地方上的贪官也不多。他曾经派出二十二位宣抚,分十八道查访民间疾苦与冤狱,授权给这二十二人"凡可以兴利除害者,从宜举行。(遇官吏)有罪者,四品以上,(将他们)停职申请(中央处分);五品以下,就便处决(判决)"。

可惜,元朝到了他的时候,已经盛极而衰;他的才干与学识又不足以扭转乾坤,创造新的中兴局面。

自从英宗硕德八剌的时候以来,西南边省差不多每年均有苗族与瑶族的民变。这,虽则似乎是"癣疥之疾",然而日子长了,确是财政上的一大漏洞。纸币,一直不曾有过彻底的整理,不曾有过取信于民的充分准备金。仁宗爱育黎拔力八达开放了铜禁,却没有勇气对金银的买卖也解禁。

水旱之灾,是中国历代政府一向无法避免的大问题。政府清明,虽有灾而不致扩大;政府昏聩,小灾成为大灾,大灾不可收拾。黄河于泰定三年七月在阳武县决口,冲毁了一万多家,也孙铁木儿总算应付得快,却也不曾能够治本。旱灾来了,也孙铁木儿也正如在他以前的若干皇帝一样,略施赈济、减税、免税。他知道"义仓"的重要,不惜以七品以下的官爵为饵,鼓励人民捐粮。

元朝政府的最大问题,是蒙汉之界。如何把政权交给汉人,而自己完全接受汉化,如同来自德国的汉诺弗儿皇室在英国的作风:这是元朝皇室以及一般蒙古人所不曾想得到,即使觉察到也不甘心去实施的一种办法。于是,始则"人心思宋",继则白莲教与"摩尼教"在"地下"不断发展。泰定二年六月,河南息州的赵丑厮与郭菩萨二人,因"妖言弥勒佛当有天下"被捕,朝廷如临大敌,命令宗正府、刑部、枢密院、御史台与河南行省,会同审讯,可见其严重到什么程度。次年,广西普宁有一个和尚陈庆安造反,自称皇帝,虽则很快便被打败,却也是自从成宗铁穆耳以来所不曾有过的事。

也孙铁木儿为了防免身后的皇位继承之争,在泰定元年三月便立了五岁的儿子阿速吉八为太子。阿速吉八于致和元年八月,九岁的时候,即位,改元"天顺",不到两个月,兵败而死。也孙铁木儿与阿速吉八父子两人,均不曾在死后被尊谥,也没有所谓庙号。历史家称他们为"泰定帝"与"天顺帝"。

五四　文宗图帖睦尔

倘若泰定帝也孙铁木儿不按照元朝世祖以来历代皇帝的惯例，每年移驾到上都去避暑，而留在大都坐镇，也许他死后不致发生燕帖木儿窃占大都，偷迎图帖睦尔，拒天顺帝阿速吉八入京的事。

泰定帝为人忠厚，注意到当年仁宗爱育黎拔力八达违背对乃兄武宗海山的约定，舍武宗之子和世㻋与图帖睦尔，而立他自己的儿子英宗硕德八剌，以致造成了皇室内部的裂痕。仁宗本已把和世㻋赶走（叫和世㻋远戍云南，和世㻋走到延安，逃去察合台汗国）；英宗硕德八剌因奸臣铁木迭儿的诬控，又把图帖睦尔流放到琼州（海南岛）。泰定帝也孙铁木儿觉得自己是太子真金一系长房的成员（真金长子甘麻剌的儿子），犯不着介入二房内部的矛盾（武宗仁宗都是真金次子答剌麻八剌的儿子），便在泰定元年把图帖睦尔从琼州召回大都，封为"怀王"，叫他镇守建康（今天的南京）。两年以后，在泰定三年三月叫他移镇（湖北）江陵。

平心而论，图帖睦尔本人一再受到泰定帝的恩遇，直至泰定帝去世、太子阿速吉八即位，始终没有背叛泰定帝父子、入京争位之意。叫他入京争位的，是泰定帝遗留下的权臣燕帖木儿。

图帖睦尔的哥哥和世㻋，对泰定帝父子也没有造反之意。泰定帝派人把和世㻋的妃子八不沙送到察合台汗国与他团聚；和世㻋也派人带了礼物向泰定帝朝贡。

乱子是由燕帖木儿一个人造成的。

燕帖木儿在血统上是钦察人。高祖忽鲁速蛮、曾祖班都察，是钦察的酋长。班都察于拔都西征之时，向蒙哥投降。班都察的儿子（燕帖木儿的祖父）土土哈是世祖忽必烈的猛将；土土哈的儿子（燕帖木儿的父亲）床兀儿是成宗铁穆耳与武宗海山的猛将，抵御海都有功，受封句容郡王，在仁宗爱育黎拔力八达之时打败察合台汗也先不花，官至"知枢密院事"。

燕帖木儿在武宗海山即位以前当过海山的宿卫十几年，即位以后当过"同知宣徽院事"。仁宗叫他充任"左卫亲军都指挥使"。泰定帝历升他为太仆卿、同佥枢密院事、佥枢密院事。泰定帝从来不曾怀疑过此人心怀叵测。

泰定帝于致和元年（1328年）阴历三月二十五日带了太子阿速吉八、右丞相塔失帖木儿、左丞相倒剌沙、平章政事买闾、太尉不花、御史大夫纽泽、梁王王禅，离开大都，去上都避暑，留下平章政事兀伯都剌与伯颜察儿主持大都的中书省，留下燕帖木儿主持大都的枢密院，担任"环卫"大都。

七月初十，泰定帝在上都去世。不知何日，太子阿速吉八即皇帝位。二十五日，阿速吉八会同他的母亲、泰定帝的皇后八不罕，下诏安抚百姓。

八月初四，燕帖木儿在大都造反。

燕帖木儿在八月初四这一天清早，带了十七名兵士进宫，用安西王阿剌忒纳失里的手谕，召集文武百官开会，拔出刀来，大喊："祖宗的正统，属于曲律可汗（武宗）的儿子！谁敢反对，就杀！"喊完这两句话，他亲手捉了两位平章政事兀伯都剌与伯颜察儿，叫兵士捆起。又叫兵士捆了左丞朵朵与参知政事王士熙等十个人。他吩咐把这十二人送到牢里。文武百官一哄而散。

燕帖木儿一面占据了宫廷与各衙门，一面派人去江陵迎接图帖睦尔。

图帖睦尔在八月二十七日到达大都，任命燕帖木儿为"知枢密院事"，授权燕帖木儿带兵到居庸关，抵御皇帝阿速吉八的右丞相塔失帖木儿与梁王王禅等人的军队。

九月十三，在燕帖木儿的敦促之下，图帖睦尔在大都自称皇帝，改致和元年为"天历"元年，任命燕帖木儿为"中书右丞相、兼知枢密院事"，加衔"开府仪同三司、录军国重事"。

燕帖木儿于九月十七失掉了居庸关，其后对梁王王禅等打赢，也在通州打赢了从辽东来的营王也先帖木儿，在枣林打赢了从河南来的阳翟王大平，吓走了从山西进入紫荆关的汝宁王忽剌台。

这时候（十月间），忠于阿速吉八的其他几路勤王之军都还占有优势：湘宁王八剌失里占了晋宁（山西临汾），御史大夫也先帖木儿占了河中（山西永济），靖安王阔不花进逼虎牢关，铁木哥破了武关，进兵邓州襄阳。陕西、四川、云南这三省的官吏也完全不接受图帖睦尔的伪命，而效忠阿速吉八。

不料，由于上都后方空虚，燕帖木儿的叔父不花帖木儿说动齐王月鲁帖木儿，从今日的科尔沁左翼前旗的附近，偷袭上都，于十月十四日将上都攻破，杀死守城的辽王脱脱与皇帝阿速吉八。皇太后八不罕被流放到东安州（河北安次县西北）。

阿速吉八曾经在九月某日，改致和元年为天顺元年。因此，他在元朝的历史上被称为"天顺帝"。

阿速吉八的右丞相塔失帖木儿，向图帖睦尔投降。左丞相倒剌沙被押解到大都，被杀。中书平章政事兀伯都剌，则早已于被捆以后不久遇害。另一被捆的平章政事伯颜察儿，被流放。

图帖睦尔于上都既破以后，一再派代表到察合台汗国，迎接哥哥和世㻋，说是要让位给和世㻋。这件事，是否图帖睦尔本人的主意，还是燕帖木儿的主意，难考。不管是谁的主意，其真正原因可能是由于陕西、四川、云南三省的官吏对图帖睦尔与燕帖木儿抗命，全国各地一般的民心看来也十分动荡。

和世㻋本不想接受图帖睦尔的邀请，终于拗不过代表们的甘言蜜语，以及察合台汗笃来帖木儿的怂恿、自己左右诸人的功名心切，而启程东来，在天历二年（1329年）阴历正月到达和林之北，于二十九日即皇帝之位。四月某日，册立图帖睦尔为"皇太子"。

他当皇帝当到了八月初八日，"暴崩"在上都。暴崩以前的四天，他曾经与"皇太子"图帖睦尔及"太师、右丞相、开府仪同上司、上柱国、将军国重事、监修国史、答剌罕、太平王"燕帖木儿，相会于上都之北的旺兀察都，偕同他们二人进入上都。

和世㻋的庙号是"明宗"，汉文谥法是"翼献景孝皇帝"，蒙文谥法是"忽都笃可汗"。

明宗和世㻋暴崩以后，过了七天，在八月十五日，文宗图帖睦尔再度即了皇帝之位。然后，在九月间回驾到大都。

次年五月，改天历三年为至顺元年。至顺元年十二月，图帖睦尔立儿子阿剌忒纳答剌为太子。次年正月，太子病故。

至顺三年（1332年），阴历八月十二日，图帖睦尔也病故，虚岁二十九，庙号为"文宗"，蒙文谥法为"札牙笃可汗"，汉文的谥法是"圣明元孝皇帝"。他哥哥明宗和世㻋暴崩之时，虚岁三十。

燕帖木儿做图帖睦尔的右丞相，做到图帖睦尔病故了以后，在元统元年五月，才死在任上。（一度在天历二年正月转任御史大夫，到二月间回任右丞相。）

图帖睦尔没有什么作为，一切依从燕帖木儿。国内也不曾发生什么大事，只有流放在云南的前平章政事伯颜察儿及其兄万户伯忽，随同自称云南王的秃坚，在天历三年正月起兵抗命，抗到年底，失败。

图帖睦尔曾经在至顺二年八月，把自己的另一个儿子古纳答剌，交给燕帖木儿做养子，改名燕帖古思。因此，燕帖木儿便在至顺三年八月图帖睦尔死后，想立这位燕帖古思做皇帝。

图帖睦尔的皇后不答失里，虽则是燕帖古思的亲生母亲，却不愿意叫他当皇帝。她的理由是太子阿剌忒纳答剌，也是她的亲生子，已经由

五四　文宗图帖睦尔

于文宗对不起明宗而被菩萨叫了走,剩下这个儿子燕帖古思,她不忍心又让他被菩萨叫了走。

她主张立明宗的小儿子,年方七岁、养在宫中的懿璘质班。于是,燕帖木儿便在至顺三年十月初四把这懿璘质班立为皇帝。此人当皇帝当到十一月二十五日,短命而死。死后,汉文庙号为"宁宗",谥法是"冲圣嗣孝皇帝"。蒙文谥法不详。

燕帖木儿向不答失里皇后再度请求立燕帖古思为皇帝,不答失里依然不肯。她主张立宁宗的哥哥、明宗的长子,妥懽帖睦尔。

妥懽帖睦尔此时年方十三,被安置在静江(广西桂林)。不答失里一面临朝称制,一面派人到静江,迎接他来。

他在次年阴历二月间到达大都,一时却即不了皇帝之位,因为燕帖木儿从中作梗。

燕帖木儿是元朝历史上空前的权奸。文宗图帖睦尔只不过是名义上的皇帝而已。泰定帝的妃子某氏,被燕帖木儿收为己有。皇室与皇族的女子,先后被他"娶"了去的,有四十人之多。他的叔父不花帖木儿,在朝中官居"知枢密院事";他的弟弟撒敦,官居太傅、左丞相;他的儿子唐其势,官居"总管高丽女直汉军万户府达鲁花赤"。文宗的儿子燕帖古思是他的养子。他的儿子塔剌海,也是文宗的养子。他的女儿答纳失里,嫁给了妥懽帖睦尔做妃子。

妥懽帖睦尔倘若当了皇帝,对燕帖木儿应该有利。然而,燕帖木儿很怕,怕这位女婿将来长大成人,追问父亲明宗被害的经过,甚至对燕帖木儿报杀父之仇。

于是,直至燕帖木儿病故,妥懽帖睦尔老是在大都等候着,即不了皇帝之位。

五五　惠宗（顺帝）妥懽帖睦尔

燕帖木儿死了以后，妥懽帖睦尔才在六月初八日顺利即位，此人被明朝君臣称为"顺帝"；元朝君臣给他的庙号是"惠宗"，谥他为"乌哈克图可汗"，汉文的谥法不详。

惠宗在位有三十八年之久（从1332年至1370年），比世祖忽必烈多四年，是元朝在位最久的君主。

明朝的官方史料把他形容为典型的昏君；蒙古人自己，以《蒙古源流》的著者为例，并不认为他是一个应该亡国的坏皇帝。

为了叙述的便利，我们不妨把他在位的时代，分作三个时期：第一是篾儿乞惕伯颜当权的时期，第二是脱脱当权的时期，第三是脱脱死后的时期。

篾儿乞惕伯颜，与世祖时代的巴阿邻氏伯颜及成宗时代的赛典赤伯颜同名而不同氏。篾儿乞惕伯颜的祖父叫作称海，随从太宗窝阔台伐宋，死在四川。父亲叫作谨只儿，当了太子真金之妃、成宗之母隆福太后（阔阔真）的宿卫。篾儿乞惕伯颜跟随武宗海山北征，于海山即了皇帝之位以后，历官吏部尚书、御史中丞、尚书省平章政事兼领右阿速卫亲军都指挥使司达鲁花赤；在仁宗之时，历官南台御史中丞、江浙省平章政事、西台御史大夫、南台御史大夫；在泰定帝之时，历官江西与河南的行省平章政事。燕帖木儿迎立文宗图帖睦尔，篾儿乞惕伯颜以河南行省平章政事的地位与权力，赞成燕帖木儿的密谋，杀了同僚的平章政事曲烈与右丞别铁木儿，募兵护送文宗到大都。文宗即位以后，先后任他为御史大夫，加太尉衔、进位太保，加储庆院使、兼领忠翊侍卫亲军都指挥。

文宗让位给明宗，退为"皇太子"，篾儿乞惕伯颜的官位仍旧，只是把储庆院使改为詹事院太子詹事。明宗死，文宗再度即位，篾儿乞惕伯颜升任中书左丞相，不久，改为"知枢密院事"，封浚宁王，由太保晋位太傅。

惠宗妥懽帖睦尔即位，篾儿乞惕伯颜由太傅晋位太师，拜中书省右丞相、上柱国、监修国史，兼奎章阁大学士，领学士院太史院，兼领司天监，加"知经筵事"。元统元年（1333年），由浚宁王进封为秦王（"一字王"），提调彰德威武卫事，不久又兼领太禧宗禋院、中政院、宣政院、隆祥使司，总领蒙古、钦察、阿速、斡鲁速诸卫亲军都指挥使司。

总而言之，他集文武大权于一身，比起他的前任燕帖木儿，有过之而无不及。

在他当权八年多的时期，燕帖木儿的儿子唐其势、女儿答纳失里（妥懽帖睦尔的皇后）、弟弟答怜答里，先后被杀。地方上，从至元三年开始，有广东人朱光卿、河南人胡闰儿、四川人韩法师、福建漳州人李志甫、江西袁州人周子睦等等，先后造反。

篾儿乞惕伯颜在至元六年（1340年）阴历二月失势。他之所以失势，原因是"树大招风"，引起了年龄渐大的惠宗妥懽帖睦尔的不满。他作威作福，办范孟端刺杀河南行省平章月禄帖木儿的案子，牵连了五百余家。他诬杀郯王彻彻秃，贬逐宣让王帖木儿不花与威顺王宽彻不花。他在至元五年十月，自称所谓"大丞相"，破坏了元朝历代相传的官制，正如汉朝异姓只能封侯，而王莽曹操前后"自封"为"公"，显然有"不臣"之心。连他的亲侄儿脱脱，也看他看不顺眼。

脱脱的父亲马札儿台，是伯颜的同胞弟弟。马札儿台于伯颜入主中枢以后官居御史大夫，改知枢密院领岭北分院院事。脱脱做了惠宗妥懽帖睦尔的宿卫，于元统二年兼"同知枢密院事"，至元元年改兼御史大夫。

脱脱是吴直方的学生，颇有儒家思想，常常"袒护"汉人南人，而渐渐引起伯颜的疑忌。脱脱在伯颜与惠宗之间，又选择了惠宗作为效忠的对象，更增加伯颜对他的恶感。他为了自救，同时也为了救惠宗，救自己的父亲、兄弟、全家，以免于因伯颜擅权而可能惹来的"灭门之祸"，便在至元六年二月乘着伯颜去柳林打猎，把大都的城门关了，不让伯颜进城，请惠宗下诏免伯颜的本兼各职，调任河南行省左丞相。次月，请惠宗下诏贬谪伯颜于南恩州（广东阳江）。伯颜走到中途，"病死"在龙兴路（江西南昌）。

脱脱于推翻伯颜以后，由御史大夫转任"知枢密院事"。他的父亲马札儿台，继伯颜为右丞相。

马札儿台做右丞相做了八个月，辞职，由脱脱继任。

脱脱做右丞相，做到了至正四年（1344年）阴历五月，辞职。继任的是孛斡儿出的玄孙阿鲁图。阿鲁图做到了至正六年十二月，被惠宗免职。惠宗叫成宗时代左丞相阿忽台的儿子别儿怯不花做右丞相，别儿怯不花谦逊，只肯做左丞相，做了三个多月，惠宗仍旧叫他做右丞相，他勉强做了不到一个月，辞职。右丞相的位置于是又虚悬到（至正七年）十二月，才由木华黎的五世孙朵儿只继任。朵儿只干到至正九年七月。

次月，闰七月，脱脱东山再起，做右丞相做到至正十四年十二月，被贬谪而死。

总结脱脱两度当权，从至元六年六月到至正十四年十二月，减去从至正四年五月到至正九年七月他家居的时期，一共为十四个半年头，减去五年零两个月，足有九年又四个月，可以分作三段：

第一段，他第一次当权，从至元六年六月到至正四年五月。他叫惠宗废去"皇太子"文宗的儿子燕帖古思。惠宗也把文宗的牌位（木主）移出了太庙，下诏指斥文宗杀害（惠宗的父亲）明宗之罪。脱脱也叫惠宗恢复了伯颜所停掉的科举，放松了不许汉人南人骑马养马的禁令，蠲免了人民所欠缴的田赋，设局纂修辽金宋三朝的正史。

第二段，从至正四年五月到至正九年七月，阿鲁图、别儿怯不花与朵儿只当权的时期。阿鲁图是脱脱所推荐的，为政颇知大体，却被别儿怯不花排挤了走。别儿怯不花先当过行省的官吏，富有行政经验，可惜为了小事而与脱脱发生误会，恨脱脱，连带也恨阿鲁图、恨脱脱的父亲马札儿台，把马札儿台贬死在甘肃。朵儿只与汉人贺惟一很好，向惠宗要求以贺惟一为左丞相，惠宗照准。贺惟一以前做过御史大夫。依例，御史大夫非蒙古色目人不能充任，惠宗特地赐贺惟一以"蒙古"二字为氏，"太平"二字为名。太平做了左丞相以后，颇能与右丞相朵儿只合作，提拔了若干正人君子，却得罪了脱脱左右的一个小人：汝中柏。汝中柏用挑拨离间的手段，弄得脱脱对太平如水火之不能相容。

在阿鲁图当政的时期，值得记载的大事，是《大元通制》被删修成功，改名《至正条格》。这是中国法制史的极好史料。

在别儿怯不花当政的时期，吴天保于至元七年二月在沅州起兵，五月攻破武冈，七月攻破溆浦、辰溪，九月再破武冈，十一月三破武冈。

在朵儿只与太平当政的时期，黄河决口，惠宗叫贾鲁做"都水监"，设法应付。吴天保在至正八年十一月以六万人打到广西全州，九年二月回攻沅州。方国珍也在至正八年在浙江黄岩起事。

第三段，亦即脱脱再度当权的时代，是从至正九年闰七月到至正十四年十二月。脱脱在至正十年十一月，铸"至正通宝"铜钱，准许人民以历代铜钱与至正通宝同时使用。贾鲁动员了十五万伕子、两万兵士，开了一条"贾鲁河"。有不少已被征召或恐惧被征召的伕子，加入了革命的队伍。刘福通在至正十一年（1351年）五月起事于（安徽）颍州，在六月间连破（河南）罗山、真阳（正阳）、确山、上蔡。八月，李二（芝麻李）起兵于徐州，徐寿辉起兵于（湖北）蕲水。九月，刘福通攻破汝宁（汝南）、光州（潢川）、息州；徐寿辉攻破蕲水、黄州（黄冈）。十月，徐寿辉在蕲水称帝，国号"天完"，年号"治平"。至正十二年正月，孟海马攻破襄阳、荆门；丁普郎攻破汉阳，邹普胜攻破武昌，鲁法兴攻破安陆，倪文俊攻破沔阳。二月，徐寿辉的兵又攻破江州（九江）、南康、（湖南）岳州。郭子兴起兵于濠州（安徽凤阳东北）。闰三月，朱元璋来到濠州，向郭子兴投效。

此后，各方面的武力，风起云涌。详细情形，我在《细说明朝》中已经有所叙述。

脱脱在至正十二年亲自带兵，击败李二，屠杀徐州全城的百姓。他的令名与他的事业，从此也走向下坡。

至正十三年六月，惠宗立自己的儿子爱猷识理达腊为皇太子，叫爱猷识理达腊做"中书令"兼枢密使，叫脱脱以中书右丞相的原官兼"太子詹事"。

在此一个月以前，至正十三年（1353年）五月，张士诚起兵于（江苏）泰州。不久，便占领了泰州、兴化、高邮。十四年正月，张士诚在高邮自称"诚王"，国号"大周"，年号"天祐"。

脱脱在十四年十一月，率兵南至高邮，围城。十二月，惠宗以康里定住为中书左丞相，哈麻为平章政事。哈麻向惠宗说，脱脱师出无功，"倾国家之财为己用，半朝廷之官以自随"。惠宗轻信哈麻的谗言，一怒而免去脱脱本兼各职，"安置淮安"。不久，改贬脱脱于亦集乃路（宁夏居延）；至正十五年三月，再改贬于（云南）大理。至正十五年十二月，哈麻矫诏，令脱脱饮鸩自尽。

元朝于脱脱再度当权之时，大势已去，本无可为。脱脱即使不被哈麻推翻，也未必能挽回狂澜。

继脱脱而充任右丞相的，是汪家奴。此人当右丞相，只当了两个月，过渡给康里定住。康里定住当了七个月，休息一个月，又当了一年又五个月。然后，从至正十七年五月起，到十八年十月，右丞相是搠思监。（太不花在十八年三月以右丞相的名义，总兵山东，干了两个月，无功，被惠宗处斩。）搠思监休息了四个月，又做右丞相，从至正二十年二月做

五五　惠宗（顺帝）妥懽帖睦尔

到二十四年四月，被贬赴岭北，不曾启程，为孛罗帖木儿所杀。孛罗帖木儿继为右丞相，在二十五年七月被惠宗叫人打死。其后，迄于二十九年正月，先后充任右丞相的，是伯撒里、完者帖木儿、也速。这三人皆无能力。最后的一个右丞相，是汉人扩廓帖木儿，原名"王保保"。王保保于至正二十九年正月受任命，那时候惠宗已经丢掉了大都有一年零四个月了。

王保保是李察罕的养子，孛罗帖木儿的对头。李察罕，号庭瑞，生于河南沈丘，原名察罕帖木儿，祖籍西夏。李察罕于至正十一年，招募沈丘子弟，号为"义兵"，对刘福通作战，屡屡获胜，打到至正二十二年六月他本人遇刺身亡之时，已经掌握了河南、山东与陕西三省的地盘，官居"中书平章政事，兼知河南山东行枢密院事、陕西行台御史中丞"。

刺死李察罕的，是刘福通的部下田丰、王士诚。王保保把田丰、王士诚击败、处死，替李察罕报了仇。

孛罗帖木儿是蒙古人，成吉思可汗侍卫孛罗带的六世孙，官居河南行省平章政事，颇有战功，驻军在大同。

孛罗帖木儿对王保保很看不起，于至正二十年九月开始打王保保，想夺取王保保所驻扎的大同；打到至正二十三年正月，抢到了王保保的真定（河北正定）。

这时候，惠宗与"第二皇后"高丽女子奇氏有了意见。奇氏皇后是太子爱猷识理达腊的母亲，想联络王保保，逼迫惠宗退居为太上皇，让爱猷识理达腊做皇帝。拥护奇氏皇后的是右丞相搠思监，反对她的是御史大夫老的沙。奇氏皇后准备杀老的沙，老的沙逃到孛罗帖木儿的军营，鼓动孛罗帖木儿带兵进京。孛罗帖木儿于至正二十四年四月及五月两度进京，第一次获得高官，"太保、中书平章政事、兼知枢密院事"；第二次杀掉搠思监，幽禁奇氏皇后。皇太子逃走，逃到王保保的营里。

王保保在二十五年七月也带兵进抵京城城下，惠宗叫人把孛罗帖木儿打死，劝王保保不必进城。两个月以后，王保保又带兵来，进了城，把皇太子送回，受拜为太傅、左丞相，释放了奇氏皇后，却不肯依照奇氏皇后的意旨，逼迫惠宗让位。

其后，王保保的部下貉高等人对王保保叛变，惠宗于奇氏皇后的影响之下，设立"大抚军院"，叫皇太子主持，"悉总天下军马"，同时免了王保保的本兼各职，令他"退居"河南（洛阳）。

王保保既气愤而又灰心，坐视朱元璋的军队席卷山东河南河北，而毫不抵抗。于是，惠宗丢掉了大都，退回蒙古。其后，王保保才在（甘肃）定西与太原和朱元璋的军队打了两仗，失败，走去沙漠以北，于洪武八年死在库伦。

惠宗于至正三十年（洪武三年，1370年）四月死在应昌。皇太子爱猷识理达腊继位，于洪武十一年（1378年）病故。"北元"的君臣谥他为"必里克图可汗"，庙号"昭宗"。

再其后的北元历史，我在《细说明朝》中已有四章加以叙述：第十六章，深入沙漠；第十七章，北元概略；第五十五章，成祖北征；第五十六章，北元世系。

图书在版编目（CIP）数据

细说元朝 / 黎东方著. — 北京：商务印书馆，2015
（2019.8重印）
（黎东方作品）
ISBN 978 - 7 - 100 - 11212 - 3

Ⅰ.①细… Ⅱ.①黎… Ⅲ.①中国历史 — 元代 — 通俗读物 Ⅳ.①K247.09

中国版本图书馆 CIP 数据核字（2015）第072040号

权利保留，侵权必究。

细 说 元 朝

黎东方 著

商 务 印 书 馆 出 版
（北京王府井大街36号 邮政编码 100710）
商 务 印 书 馆 发 行
鑫艺佳利（天津）印刷有限公司印刷
ISBN 978 - 7 - 100 - 11212 - 3

2015年6月第1版　　　开本 787×1092　1/16
2019年8月第3次印刷　　印张 17
定价：55.00元